从古汉字谈中国先秦哲学

CONG GUHANZI TAN ZHONGGUO XIANQIN ZHEXUE

兰夏【著】

四川教育出版社
Sichuan Eduation Press

图书在版编目（CIP）数据

从古汉字谈中国先秦哲学 / 兰夏著.—成都：四川教育出版社，2017.5

ISBN 978-7-5408-6758-4

Ⅰ.①从… Ⅱ.①兰… Ⅲ.①先秦哲学 - 研究 Ⅳ.①B220.5

中国版本图书馆 CIP 数据核字（2017）第 097570 号

从古汉字谈中国先秦哲学

兰夏 著

责任编辑 杨 键
封面设计 毕 生
版式设计 毕 生
责任校对 吴映泉
责任印制 杨 军 陈 庆
出版发行 四川教育出版社
地 址 成都市黄荆路 13 号
邮政编码 610225
网 址 www.chuanjiaoshe.com
印 刷 三河市明华印务有限公司
制 作 成都完美科技有限责任公司
版 次 2017 年 6 月第 1 次版
印 次 2021 年 5 月第 2 次印刷
成品规格 170mm×230mm
印 张 15
书 号 ISBN 978-7-5408-6758-4
定 价 49.00 元

如发现印装质量问题，请与本社调换。电话：（028）86259359
营销电话：（028）86259605 邮购电话：（028）86259605 编辑部电话：（028）86259381

目录

自序

兰夏自年轻时起就喜欢阅读西方哲学经典，尤其喜欢柏拉图、亚里士多德、黑格尔和海德格尔等西方哲学家的著作，对马恩著作也喜爱有加。工作之余，书卷在手，与先哲们神会，倍感精神愉悦。从前，在与朋友们交谈中论及中国先秦哲学，总感到西方哲学和中国先秦哲学仿佛只有差异，很少有共同点。细读中国先秦哲学书籍之后，又感到很多概念似曾相识，似乎有道理，但道理何在，又说不出所以然。许多朋友甚至认为，中国先秦哲学家们仿佛都是只给结论，但没有给出这些结论的详细论证过程。面对中国先秦哲学，笔者也在追问，其源头在何处。为什么被很多人认为是筮书的《周易》，给后人留下了如此多的辩证法语言和观点，但很少有哲学史家明确地提出，中国先秦哲学的开端就是《周易》。诸多的问题，使笔者萌发了研究中国先秦哲学的念头。十年潜心研究，终成小册一本。扪心自问，书中的观点，回答了笔者之前提出的问题。与一些朋友谈论笔者的观点时，无论这些朋友是否喜欢中国先秦哲学，都认为笔者的论述是有道理的，并建议公开出书。

十年研究，管中窥豹，方知中国先秦哲学博大精深，中华文明源远流长。哲学是什么？是玄学吗？哲学是讲道理的学问。西方哲学如此，中国先秦哲学也是这样，需要我们的艰辛探索和考证。也许其道理是隐藏在古汉字的初期含义中，或者是湮没在当时的社会环境中。笔者认为，唯有通过训诂，通过读史，并结合近期发现的考古材料，方能揭示那些湮没在历史长河中的先秦哲学的思想真谛。《周易》有六阴六阳，中国古音律中有十二律，叫六律六吕，也是六阴六阳，这是巧合吗？非也，这实际上是《周易》的推衍者试图用数律，用美妙动听和谐的音律来解释和预测周围的世界，试图用“同律度量衡”的哲学思想来构建一个和谐的社会。《史记》曰：“王者制事立法，物度轨则，壹禀于六律，六律为万事根本焉。”[①] 中国哲学的开端中就已经包含了追求“和谐”的思想萌芽。

老子曰：“此两者同出而异名，同谓之玄，玄之又玄。”[②] 这是老子故弄玄虚呢，还是有着其他的含义？正因为这个谜，人们把难以理解的学问称为玄

① 司马迁：《史记》，第 1032 页，上海古籍出版社 2013 年版。

② 楼宇烈校释：《老子道德经注校释》，第 2 页，中华书局 2013 年版。

学。笔者的考证表明，老子是用诗性的语言，用“玄之又玄”来论证自己的洞见：开端和结束都是变易，因为它们都是“同谓之玄”，无论如何运动和变化，都遵从并按照音乐数律的规律运动和变化。老子正是用这样深刻的语言，用“这个勇敢的精神第一次说出了这样深刻的话：‘有不比无多’，它是同样的少；或者：‘有与无是同样的’。本质是变。真理只有被认作对立物的统一”[①]。也就是说老子已经认识到：“有与无都只是没有真理的抽象物，第一个真理只是变——这是人们在认识方面所得到的一个伟大的洞见。”[②] 这就是“道”，它表明“道”这个范畴也是建立在音乐和谐的基础上的。

自七八千年前，中国先民在贾湖骨笛上轻轻地一点，就预示着中华文明在追寻着音乐的和谐，在聆听着天籁之音。几千年的中华文明，经历了多少变革，却绵延不绝，是世界历史发展长河中唯一没有中断的文明，这不值得深思吗？黑格尔说“凡是现实的东西都是合乎理性的”[③]，一个唯一没有中断的文明，其存在难道不是因为其有更为合理的核心思想体系吗？我们追根溯源就会发现，中华先民思想意识的核心价值就是追求和谐。“夫和实生物，同则不继。以他平他谓之和，故能丰长而物生之。”[④]

十年研究，掩卷感叹，成小诗一首，愿与读者共勉。

三大文明存古卷，悠悠华夏五千年。

六律六吕谁计算，五行五材何人选。

《周易》《洪范》智者篇，“玄之又玄”哲人言。

古人著述留经传，我辈当解道中玄。

兰夏

2014 年 8 月 7 日

---

① 黑格尔著，贺麟、王太庆译：《哲学史讲演录》（第一卷），第 299 页，商务印书馆 1995 年版。

② 黑格尔著，贺麟、王太庆译：《哲学史讲演录》（第一卷），第 300 页，商务印书馆 1995 年版。

③ 黑格尔著，贺麟译：《小逻辑》，第 43 页，商务印书馆 1995 年版。

④ 陈桐生译注：《国语》，第 573 页，中华书局 2013 年版。

导言

东西方文明起源中的古希腊哲学和中国先秦哲学，在人类发展的历史进程中，都曾经绽放出绚丽夺目的花朵。古希腊哲学作为西方文明源头之一，深深地影响了西方文明后来的发展。海德格尔认为："西方哲学最先和决定性的发展是希腊时代。"① 黑格尔曾经这样赞誉："凡是满足我们精神生活，使精神生活有价值、有光辉的东西，我们知道都是从希腊直接或间接传来的——间接地绕道通过罗马。"② 但是，古希腊文明毕竟从文字和思想都出现过断裂，它通过不同的国度和不同的文字延续发展至今，形成了现在的西方文明。

中华文明作为东方文明的源头之一，也是人类发展史上唯一一个没有出现文字断裂，延续至今又重新焕发生机的文明。正如李学勤先生所说："中国的文明，是世界上有数的几个有自己的独立起源的古代文明之一……世界上独立起源的古代文明数量并不多，中国是其中之一，另外一方面，如果从文明的绵延久远来说，其他独立起源的古代文明，有的跟我们一样久远，像古代埃及、美索不达米亚（两河流域）、印度等等，甚至于美洲的一些古代文明也都很早，可是这些文明都中断了，到后来都没有了。即使是希腊、罗马的古典文明，它也是曲折流传的。在世界上能够直接绵延到今天的古代文明，应该说只有中国。"③

纵观古希腊哲学和中国先秦哲学这两个体系，无论是哲人们的思维方式还是概念，都存在着巨大的差异，但这两种哲学又几乎是发生在相同的时代。

关于那个时代，雅斯贝斯是这样论述的："看来要在公元前500年左右的时间内和在公元前800年至200年的精神过程中，找到这个历史轴心。正是在那里，我们同最深刻的历史分界线相遇……最不平常的事件集中在这一时期。在中国，孔子和老子非常活跃，中国所有的哲学流派，包括墨子、庄子、列子等诸子百家，都出现了。像中国一样，印度出现了《奥义书》和佛陀，

---

① 海德格尔著，熊伟、王庆节译：《形而上学导论》，第15页，商务印书馆2007年版。

② 黑格尔著，贺麟、王太庆译：《哲学史讲演录》（第一卷），第157页，商务印书馆1995年版。

③ 李学勤：《李学勤讲中国文明》，第59页，东方出版社2008版。

探究了一直到怀疑主义、唯物主义、诡辩论和虚无主义的全部范围的哲学的可能性。伊朗的琐罗亚斯德传授一种挑战性的观点，认为人世生活就是一场善与恶的斗争。在巴勒斯坦，从以利亚经由以赛亚和耶利米到以赛亚第二，先知们纷纷涌现。希腊先哲如云，其中有荷马，哲学家巴门尼德、赫拉克利特和柏拉图，许多悲剧作者，以及修昔底德和阿基米德。在数世纪内，这些名字所包含的一切，几乎同时在中国、印度和西方这三个互不知晓的地区发展起来。”①

帕森斯认为：“在公元前第一个一千年中的希腊、以色列、印度和中国，至少是部分各自独立地和以非常不同的形式，作为人类环境的宇宙性质的明确的概念化，达到了一个新的水平。伴随着这一过程，也产生了对人类自身及其更大意义的解释……在希腊，这采取了规范和经验意义中的自然秩序的哲学概念的形式，它大大减少了神话概念的不定性；那些神话概念认定传统神祇及其类似物——英雄的行为，具有人类的特征。这一意义上的希腊哲学，在苏格拉底、柏拉图和亚里士多德等人物那里达到顶点，为整个西方文明的理性认知文化建立了主要基础。这包括哲学与科学，也深深地渗入了神学。……在中国，这一突破最为温和，但在这里传统被体现在古典文献的结集之中，它自身被系统化、教条化了，而产生了一个关于宇宙秩序、人类社会和物质世界的完整概念，它们都有其颇为特别的样式。”②

既然古希腊哲学和中国先秦哲学是“部分各自独立地和以非常不同的形式，作为人类环境的宇宙性质的明确的概念化，达到了一个新的水平”，那么显而易见，两种哲学无论是在体系，还是在主要的概念之间必然会存在着巨大的差异。不同的自然环境、不同的生活方式、不同的文字记载方式，都会对人们的思维方式产生影响，从而产生不同的哲学观念。但是，在古希腊和

① 卡尔·雅斯贝斯著，魏楚雄、俞新天译：《历史的起源和目标》，第7—8页，华夏出版社1989年版。

② 转引自吾淳：《中国哲学的起源》，上海人民出版社2010年版，第11—12页。

中国先秦哲学的概念中有没有什么共同的地方？这是本书重点要研究的。因为处在“轴心时代”的古希腊和中国先秦，产生两种哲学的时代大致相同，当时的历史发展环境也有许多共同的地方。高度发达的手工制造业、较为成熟的音律理论、同处于奴隶制时代、帝王的更迭、频繁发生的战争，相同的历史环境和条件必然会在人们的思想中产生共同的观念。哲学作为人们认识世界的思维方式，思想中产生的共同点也必然会导致两种哲学观念中存在着共同的地方，这就是笔者在本书中要重点研究、比较和揭示的。当然笔者的重点是中国先秦哲学，主要是运用训诂的方法对中国先秦哲学的一些概念进行分析，然后再和古希腊的一些概念如本原、逻各斯等进行对比，以此找出二者的同异点。

亚里士多德说过：“口语是内心经验的符号，文字是口语的符号。正如所有的民族并没有共同的文字，所有的民族也没有相同的口语。但是语言只是内心经验的符号，内心经验自身，对整个人类来说都是相同的，而且由这种内心经验所表现的类似的对象也是相同的。”[①] 人类的思维活动离不开语言，语言是思维的物质外壳，语言又通过文字保留了思想。早期的文字更是直接地表现和记录了人类的这些感性实践活动过程。翻译家吴寿彭先生认为：“各民族言语文字发生时，若干原始字根，均出于人生基本活动，故多相似。然其日久孳乳则因生活、环境与思想变化而颇相异致。”[②] 因此，通过研究古汉字的原始含义以及其发展变化的轨迹，可以帮助我们分析和研究，从而得出先秦时期哲学概念的初始含义。

汉字属于表意文字体系，最初是作为一种象形文字，甚至是作为图画出现的，这就是《说文解字》中阐述的：“仓颉之初作书，盖依类象形。”[③] 也就是说古人在最初造字时高度概括了这一类事物的本质特征，特别是形态特征。

---

① 苗力田：《亚里士多德全集》（解释篇），第 49 页，中国人民大学出版社 1997 年版。

② 亚里士多德著，吴寿彭译：《形而上学》，第 83 页注解，商务印书馆 1996 年版。

③ 许慎撰，徐铉校定：《说文解字》，第 314 页，中华书局 2002 年影印版。

字形直接地记录了创造这个词时它的本意，这是中华先民对外在客观事物正确认识的体现，是一个抓住了事物共性和本质特征的创造过程，每个字都正确地反映了事物的本质特征。但是随着时代的变迁，这个字的本意可能被湮没在历史的尘埃中了。比如“年（）”字，《说文解字》曰：“年，谷熟也。”① 从“年”字的字形来看，是从禾，直接的含义是收割成熟的谷物之意。这是古人直接用庄稼成熟来计时而创造的一个字，但是后来该字逐渐演变成为专门的时间概念。人们依靠一年一度的农作物成熟来计时年度的做法不仅仅在古老的中国才有，西方文明发展过程中也是如此。维科在《新科学》中这样描述：“神学诗人们按照他们的天文来替时历定出各种起源。因为那个由拉丁人称为塞探（地神，Saturn 来自拉丁词 sati，即垦殖过的土地）的就是希腊人所称呼的 Chronos，即时岁都按照谷粮的收获（这是农民终年致力的唯一的或至少是主要的劳动）。而且因为他们最初都是哑口无言的（还不用文字说话，译者注），他们必然拿着若干谷穗或稻草，或是用若干次收割动作来代表若干年岁。”② 汉字“年”和维科描述的“用若干次收割动作来代表若干年岁”两个例子说明，首先同样的生产、生活方式必然要对人们的思维方式产生同样的影响，因而会产生同样的思维观念，比如都是农耕文化，就会产生用收获农作物的次数来表示年度的观念。其次文字在长期的历史发展过程中其含义是有变化的，从现在的“年”字我们已经看不出有收获农作物的含义，因此追根溯源地寻找早期文字的含义，对于理解不同文明中的哲学概念和思想是非常有帮助的。这种方法也是笔者在本书中要经常使用的，特别是通过对早期汉字的追根溯源，分析中国先秦时期的一些早期哲学概念，以此达到真正理解这些概念的最初含义。古人最早构造汉字时，是“依类象形”，找到这类事物的共同特征，特别是同类事物往往具有共同的形状，然后把这类事物的形态特征抽象地画出来，以此表示和代表这类事物。这种依类象形的符

① 许慎撰，徐铉校定：《说文解字》，第 146 页，中华书局 2002 年影印版。

② 维科著，朱光潜译：《新科学》（上卷），第 409 页，商务印书馆 1997 年版。

号，在汉字早期发展过程中称为“文”。例如“日”字，殷周金文多作等形。后来当古人需要表达更复杂的概念时，就采用会意、形声等方式构造汉字，这类汉字，古时归为“字”，以有别于“文”。春秋战国时期的文字是在西周金文的基础上逐步形成的。“在西周金文中，构字理据的书写远比便捷来得重要。”[①] 早在西周时代就已经有人注意研究和总结关于汉字结构的规律，并形成汉字构成的早期理论“六书”。

孙星衍曰：“仓颉之始作，先有文而后有字。六书，象形、指事多为文，会意、谐声多为字。”[②]《周礼》曰：“保氏掌谏王恶。……养国子以道，乃教之六艺：一曰五礼，二曰六乐，三曰五射，四曰五驭，五曰六书，六曰九数。”[③] 其中的六书是六种造字方法，即象形、指事、会意、形声、转注、假借。而六种造字方式中，非常重要的一种就是会意。

会意，“会，合也，二字相合为会意”[④]。这就是说会意字采用的方法是用构成这个字的各个组成部分，即字素的意义合起来表示新的含义。比如“休”是由“亻”和“木”构成，其本意是人靠在树木旁休息，后来在历史发展过程中，“休”字就成了表示各种休息方式的“休”了。又如“从”字，最初表示前后两个人相从。从这里可以看出，在早期构造汉字时，采用了会意的方式来表示新构成的汉字含义，有些字的含义还保留到现在，比如前面提到的“休”和“从”。但更多字的含义随着历史的变迁已经发生了变化，与其现在的含义是有差异的，因此通过训诂追溯古代思想家写文章时用字的确切含义，对于理解作者当时的思想就是非常重要的。

从上面的分析可以看出，古人开始是直接以“文”来表示汉字的基本含义，后来以其内部各部分的组合来表示新组成的汉字的含义。这个有意义的

---

① 张再兴：《西周金文文字系统论》，第 6 页，华东师范大学出版社 2004 年版。

② 许慎撰，徐铉校定：《说文解字》，第 1 页，中华书局 2002 年影印版。

③ 《十三经注疏》，第 731 页，上海古籍出版社 2013 年版。

④ 许慎撰，徐铉校定：《说文解字》，第 1 页，中华书局 2002 年影印版。

组成部分在现代被称为“字素”。“构成汉字的结构要素称为‘字素’，字素在今文字中是由笔画构成的，在文字形体尚未笔画化的古文字中则是由线条构成的，笔画或线条首先合成字素再进一步构造成汉字。从字素的定义来看，无意义的笔画或线条显然不等于字素。”① 这里最关键的是字素在新构成的汉字中是有意义的。“汉字的字素是构成汉字的结构要素，是汉字中形与音意相统一的最小单位。”② “在具有充分表意特点的西周金文文字系统中，字素的表意功能的作用和影响无疑是最令人关注的。”③ 更为重要的是，“从历史的发展来看，同一个字素的意义处在不断的发展变化中。这种发展的动力，有的是来自文字内部构字压力的变化。如汉字的数量一直在扩大，那么，字素的意义范围也在不断地扩大。也有来自文字外部的影响。如社会生活的发展，人们思想观念的变化等。”④ 其实采用这种会意的方法分析古汉字，或者说通过理解字素的意义，以此寻求汉字早期的真实含义，从认识方法论来说是有道理的，其理由如下：

1. 一个概念对应着一个外在事物，事物有着自己的内在元素。按照亚里士多德的观点，元素是构成事物的本原之一。“如果一种研究的对象具有本原、原因或元素，只有认识了这些本原、原因和元素，才是知道了或者说了解了这门科学，——因为我们只有在认识了它的本因、本原直至元素时，我们才认为是了解了这一事物了。”⑤ 这种采用分析构成事物的元素的方式来认识事物的方法，直到今天在科学研究中还在被广泛应用，比如对水的认识，采用的方法就是分析得出水分子是由氢和氧组成，认识原子就是分析出原子是由原子核和电子组成等等，这是一种通过认识事物的内部元素，从而达到认识事物的方法。什么是元素呢？亚里士多德给元素下的定义是：“元素的通

---

① 张再兴：《西周金文文字系统论》，第 79 页，华东师范大学出版社 2004 年版。
② 张再兴：《西周金文文字系统论》，第 79 页，华东师范大学出版社 2004 年版。
③ 张再兴：《西周金文文字系统论》，第 148 页，华东师范大学出版社 2004 年版。
④ 张再兴：《西周金文文字系统论》，第 149 页，华东师范大学出版社 2004 年版。
⑤ 亚里士多德著，张竹明译：《物理学》，第 15 页，商务印书馆 1997 年版。

义就是每一事物内在的基本组成。”[①] 因此，人们往往通过认识构成事物的元素而认识该事物。如果把汉字比作一个事物，那么通过字素辨析汉字的含义，就同亚里士多德所说的认识事物的方法一样：“因为我们只有在认识了它的本因、本原直至元素时，我们才认为是了解了这一事物了。”故此通过训诂，采用辨析字素的含义，从而达到解释古汉字的基本含义，相当于通过认识组成事物的内部元素认识事物。中华先民在造字的过程中也是运用这种思维，通过会意的方式，从而使得构成的汉字能够通过内部的字素来准确地反映客观存在的各种事物。

2．黑格尔曾经对研究事物的辩证法进行过描述：“但那另一种辩证法是对于对象的内在考察；这是就对象本身来考察，没有前提、理念、应当，不依照外在的关系、法则和理由。我们使自己完全钻进事实里面，即就对象本身而加以考察，即依它自己所具有的那些特性去了解它。”[②] 由于拼音文字不能直观地从一个词本身得出这个词的含义，因此，拼音文字就不得不“通过别的词给它下定义”[③]。拼音文字这种研究词意的方法，实际上就是通过别的词这种外在关系来研究，而不是通过作为对象的词本身进行研究。这是一种依照“外在的关系、法则和理由”对词进行研究的方法。但是汉字的直观象形以及由字素构成新汉字这些特点，却使得我们可以通过追根溯源的方式来研究构成汉字本身的内部字素来得出这个词的含义。因此这种采用会意方式解释汉字的方法，就是黑格尔所论述的“是对于对象的内在考察；这是就对象本身来考察，没有前提、理念、应当，不依照外在的关系、法则和理由。我们使自己完全钻进事实里面，即就对象本身而加以考察”。这是认识事物的辩证思维方法。

3．采用追溯词源的方法分析早期哲学概念，这也是海德格尔经常采用的

---

① 亚里士多德著，吴寿彭译：《形而上学》，第 87 页，商务印书馆 1996 年版。
② 黑格尔著，贺麟、王太庆译：《哲学史讲演录》（第一卷），第 280 页，商务印书馆 1995 年版。
③ 罗素著，张金言译：《人类的知识》，第 10 页，商务印书馆 1997 年版。

方法。“海德格尔的‘存在历史’解析和对早期希腊思想残篇的阐释，实际上是通过一种词源分析实现的。他所着力探讨的‘基本词语’有 Physis、Logos、Aletheia、Moira 和 Hen，等等。”① 甚至可以这样说：“一种总是与词源分析相联系的‘语言分析’，构成了后期海德格尔思想的一个方法特征。”② 比较著名的是海德格尔对“在（to be)”的考证。正是由于海德格尔采用这种寻找词根的原始含义来探寻古希腊哲学概念的本意，使他成为“20 世纪闪耀不尽之一杰”③。德里达认为：“科学概念和文字概念——因而也包括文字学概念——只有在上溯到词源时，只有在已经具备某种符号概念（我们以后称之为符号概念）以及有关言语与文字关系的某种概念的世界中才有意义。”④

4．采用追根溯源的方法来研究词的概念，古希腊哲学家也使用过。由于古希腊的文字出现过断裂，因此到了苏格拉底、柏拉图时代，很多古老的词已经不能看出它的原始含义，所以苏格拉底和柏拉图也采用追溯词源的方法来分析概念的原始含义。柏拉图的《克拉底鲁篇》就是专门讨论语言的起源，方式是通过组合方式来考证词的原始含义。比如苏格拉底说：“太阳这个名称的起源在多利亚方言中可能比较清楚，因为多利亚人称它为ἅλιος，之所以给太阳起这个名称，那是因为当太阳升起时，它把人聚集（ἁλίζοι）在一起，或者是因为它一直沿着轨道在大地周围转动（ἀεί είλείν ἰών），或者说这个名称源于αἰλεῖν，这个词的意思与ποικίλλειν（使多样化）相同，因为太阳使大地的出产多样化。”⑤ 从这个例子中可以看出，苏格拉底也是试图追根溯源，通过辨析词的组合来诠释词的来源。正是基于上述理由，在本书中，笔者对中国先秦哲学家提出的概念进行分析时，多结合训诂的方法对古汉字进行分析，以研究这些概念的真正含义。

---

① 孙周兴：《语言存在论》，第 165 页，商务印书馆 2001 年版。
② 孙周兴：《语言存在论》，第 166 页，商务印书馆 2001 年版。
③ 孙周兴：《语言存在论》，序，商务印书馆 2001 年版。
④ 雅克·德里达著，汪堂家译：《论文字学》，第 5 页，上海译文出版社 1999 年版。
⑤ 柏拉图著，王晓朝译：《柏拉图全集》（第二卷），第 93 页，人民出版社 2007 年版。

第一章　哲学起源于人类对运动变化世界的认识

亚里士多德曾经说过："人们开始哲理探索，都应起于对自然万物的惊异；他们先是惊异于种种迷惑的现象，逐渐积累一点一滴的解释，对一些较重大的问题，例如日月与星的运行以及宇宙之创生，做出说明。"① 日月星辰年复一年地运行着，万物的生死、自然界的变易生灭过程，必然要反映到人类的认识中，因此早期人类都会得出这样的观点：万事万物都处在生灭和变易之中。列维一布留尔认为："按照这些事实，我们不能在原始人的集体表象中发现任何东西是死的、静止的、无生命的。"② 原始思维如此，脱胎于原始思维的早期哲学观点更是这样。如同恩格斯所述："当我们深思熟虑地考察自然界或人类历史或我们自己的精神活动的时候，首先呈现在我们眼前的，是一幅由种种联系和相互作用无穷无尽地交织起来的画面，其中没有任何东西是不动的和不变的，而是一切都在运动、变化、产生和消失。这个原始的、素朴的但实质上正确的世界观是古希腊哲学的世界观，而且是由赫拉克利特第一次明白地表述出来的；一切都存在，同时又不存在，因为一切都在流动，都在不断地变化，不断地产生和消失。"③ "当他们踏入同一条河流，不同的水接着不同的水从其足下流过。"④ 文德尔班指出："希腊哲学起源的直接背景是宇宙起源诗。宇宙起源诗以神话的外衣叙述客观世界史前的故事，从而利用流行的有关万物恒变的观念叙述宇宙创始的形成。"⑤

在中国，《周易》标题的含义就是指运动变化。《周易》中的"易"字指变易，《周易》就是"变经"。《系辞》曰："易与天地准，故能弥纶天地之道……范围天地之化而不过，曲成万物而不遗。"⑥《洪范》中箕子提出的"五行"，即水、火、金、木、土五种运动方式，更是表现出运动和变化。老子

① 亚里士多德著，吴寿彭译：《形而上学》，第 5 页，商务印书馆 1996 年版。
② 列维一布留尔著，丁由译：《原始思维》，第 94 页，商务印书馆 1997 年版。
③ 《马克思恩格斯选集》（第三卷），第 60 页，人民出版社 1973 年版。
④ 《赫拉克利特著作残篇》，第 22 页，广西师范大学出版社 2007 年版。
⑤ 文德尔班著，罗达仁译：《哲学史教程》（上卷），第 42 页，商务印书馆 1997 年版。
⑥ 《十三经注疏》，第 77 页，上海古籍出版社 2013 年版。

曰："周行而不殆，可以为天下母。"① 孔子曰："逝者如斯夫，不舍昼夜。"② 从这些表述可以看出，中国先秦和古希腊的早期哲学家都认为外在的世界是处在变化不已的过程中。

客观世界一方面处于不断的变化之中，另外一方面又表现出规律性。太阳每天早上升起，照亮地球上的万事万物，给大地带来光明和温暖，晚上太阳落下，月亮又挂在天空，给人们带来无限的遐想。特别是在中国中原地带，一年更是四季分明，春夏秋冬，循环往复。春天各种生物苏醒，夏天万物生机勃勃，秋天原野硕果累累，冬天植物归根若静，动物藏于地下洞穴。这种年复一年的循环往复，给人们留下了深刻的印象，中国先民们根据季节的变化，总结出二十四节气。这种规律性、周期性的变化，更是在各个方面影响着农耕社会人们的思维方式。

"我国劳动人民，因为农业上的需要，早在周初即公元前 11 世纪时便开创了这种观测。如《大戴礼记·夏小正》《礼记·月令》均载有从前物候观察的结果。"③ 在商周时期就开始"研究自然界的植物（包括农作物）、动物和环境条件（气候、水文、土壤条件）的周期变化之间的相互关系……它的目的就是认识自然季节现象变化的规律，以服务于农业生产和科学研究"④。面对这样一个丰富多彩、变动不已的自然界，面对大自然这种规律性的变化，人们必然会从中总结和归纳出万事万物都处于运动变化之中，并且在此基础上会继续追问，自然界的起源是什么？除此之外，人们必然要提出并且回答如下问题：

1. 变动不已的万事万物，为什么会运动变化，其原因是什么？

2. 这个变动不已的自然界，是否有其规律，它的规律能否被认识？认识到的客观规律能否传授给其他人？

---

① 楼宇烈校释：《老子道德经注校释》，第 63 页，中华书局 2013 年版。

② 《十三经注疏》，第 2491 页，上海古籍出版社 2013 年版。

③ 竺可桢：《天道与人文》，第 75 页，北京出版社 2011 年版。

④ 竺可桢、宛敏渭：《物候学》，第 1 页，湖南科技出版社 1999 年版。

通过上面的分析，我们可以得出这样的结论：变化的客观世界必然导致早期的哲人们得出这样的朴素思想——万事万物都处在生灭和变易之中。在古希腊，哲学的开端是泰勒斯首先提出水是万物的始基，他提出了“一种有单纯的普遍性或一般流动性的东西”[1]。我们下面的分析表明，中国先秦哲学的开端也是如此，《周易》用普遍的变易作为标题，也提出了“一种有单纯的普遍性或一般流动性的东西”。

① 黑格尔著，贺麟、王太庆译：《哲学史讲演录》（第一卷），第184页，商务印书馆1995年版。

第二章　表现运动变易的哲学开端

【壹】　先秦哲学的开端——《周易》

《周易》是一本先秦古籍，《系辞》曰：“易之兴也，其当殷之末世，周之盛德邪？当文王与纣之事邪？”① 也就是说《周易》的产生，是和周文王有关系的。“周文王囚于羑里时，可能对六十四卦的卦序做了一定的编排，以至形成了今天通行的卦序，这是所谓的‘演’；文王又将六十四卦系以一定的卦辞和爻辞，这是所谓的增；文王所系之卦、爻辞，后来又经过周公的改编、加工，最后形成《周易》本经。”② 李学勤认为：“王国维先生等对古史的研究，详细考述了《周易》经文中王亥丧牛于易，高宗伐鬼方，帝乙归妹，箕子之明夷，康侯用锡马蕃庶等事迹，推定《周易》卦爻辞‘著作年代当在西周初叶’，其说精确不磨，为学者所遵信。”③

按照《系辞》的说法，《周易》应该是逐步完成的。“古者包牺氏之王天下也，仰则观象于天，俯则观法于地，观鸟兽之文，与地之宜，近取诸身，远取诸物，于是始作八卦，以通神明之德，以类万物之情。”④ 也就是说，由一阴“--”和一阳“—”三叠而成的八卦产生的年代非常久远，后来由八卦的三画重叠而成六画卦，以此形成了六十四卦。而且这段话也表明八卦的产生乃起于观察。普遍观察天、地、人、物以后，归纳所得，从中寻找普遍因

---

① 《十三经注疏》，第 90 页，上海古籍出版社 2013 年版。
② 廖名春：《〈周易〉经传十五讲》，第 197 页，北京大学出版社 2005 年版。
③ 李学勤：《李学勤讲中国文明》，第 131 页，东方出版社 2008 年版。
④ 《十三经注疏》，第 86 页，上海古籍出版社 2013 年版。

素，用一种普遍的因素来表示外在自然。由不同结构的三画卦来组成不同的事物，然后归纳创制出象数以代表此共性。因此八卦是归纳万物之共性而产生的，故能“通”万物之德。“德”即德性，指事物的属性。“章炳麟谓‘坚与白，其德也’。”① 这就是说坚和白是石头的“德”——属性，因此，万物之德即指万物的各种属性。因此万物按其属性不同予以区分（八卦分别象征天、地、雷、风、水、火、山、泽八类）。这个过程正是哲学思考的过程，由眼前的自然现象出发，经观察、综合、比较从而得出万物的普遍因素。

为什么笔者把《周易》作为中国先秦哲学的开端呢？其实最为关键的地方，就是书名。

首先让我们看“周”字的含义。王恩田先生曾经考释金文中的族徽“”、“”以及殷墟甲骨文中的“”、“”等字，认为都是国族名“周”字的异构。② 董珊认为“西周金文中有与殷墟文字写法相类似的‘周’字：1.  2.  3. 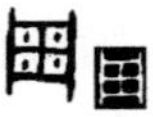 4.  5. 田 6. ”③。

从上面董珊所引鼎、爵的各种金文“周”字可以看出，“周”字的构形像农田的界限，其中的小点像禾稼之形。“‘周’、‘畟’可能都是‘畴’字的表意初文。从上古音来说，‘周’（章母幽部）与‘畴’（定母幽部）都是舌音幽部字，中古音均属开口三等字，语音关系极为密切。《说文解字》：‘畼（畴），耕治之田也，从田，象耕屈之形。’”④

以上表述有值得探讨和分析的地方，为什么周会用与“耕治之田”有关的“周”作为国号呢？

① 谭戒甫：《公孙龙子形名发微》，第18页，武汉大学出版社2006年版。

② 董珊：《试论殷墟卜辞之“周”为金文中的妘姓之琱》，载于复旦大学出土文献与古文字研究中心网站。

③ 董珊：《试论殷墟卜辞之“周”为金文中的妘姓之琱》，载于复旦大学出土文献与古文字研究中心网站。

④ 董珊：《试论殷墟卜辞之“周”为金文中的妘姓之琱》，载于复旦大学出土文献与古文字研究中心网站论文。

《史记》曰："因太王所居周原，因号曰周。"[①] 所居之地为周原，是国号为周一个重要的原因。但笔者认为，"因号曰周"，可能与周民族有着悠久的农耕历史有关。据《史记》记载："周后稷，名弃。……弃为儿时，屹如巨人之志。其游戏，好种树麻、菽……及为成人，遂好耕农，相地之宜，宜谷者稼穑焉，民皆法则之。帝尧闻之，举弃为农师，天下得其利，有功。帝舜曰：'弃，黎民始饥，而后稷播时百谷。'……子公刘立。公刘虽在戎狄之间，复修后稷之业，多耕种……古公亶父立，古公亶父复修后稷、公刘之业。"[②]

无论是周后稷好种树麻、菽，还是"古公亶父复修后稷、公刘之业"，这些都说明周的先人擅长农业。《诗经》曰："笃公刘，既溥既长，既景乃冈。相其阴阳，观其流泉，其军三单。度其隰原，彻田为粮。"[③] 这些文献记载表明"从公刘到古公亶父，先周民族居豳时期，已有了较发达的农业"[④]。由此可以推测，一个擅长农业的民族，是完全可能选择一个与"耕治之田"有关的"周"字来作为国号的，因为农业耕种比采集狩猎能更大程度地满足人们的生活需要，带来更多的财富。

《周易》的周，一是周代，这是认为《周易》为西周时代的书。二是周知万物，周也有全之意。如《系辞》曰："知周乎万物而道济天下。"[⑤] 三是周而复始的周、循环不已的周，也就是圆周的周。《系辞》曰："变动不居，周流六虚。"[⑥] "'周易'，其名始见于《左传》庄公二十二年：'有以'周易'见陈侯者。司马光：《说玄》：'周'者，复也。''复者，返也'。"[⑦] 由此可以看出，"周"字本来就有普遍、循环的含义。"周易"即普遍的变易。"易者变化之总

① 司马迁：《史记》，第75页，上海古籍出版社2013年版。
② 司马迁：《史记》，第75—77页，上海古籍出版社2013年版。
③ 《十三经注疏》，第543页，上海古籍出版社2013年版。
④ 江林昌：《考古发现与文史新证》，第228页，中华书局2011年版。
⑤ 《十三经注疏》，第77页，上海古籍出版社2013年版。
⑥ 《十三经注疏》，第89页，上海古籍出版社2013年版。
⑦ 何新：《天行健〈易经〉新考》，第14页，中国民主法制出版社2008年版。

名。”[①] 因此“周易”二字已经包含了普遍运动不已的意思。为什么“周”还会有周而复始的含义呢？这是因为，第一，“周、畴”作为耕治之田，其田垄都是封闭的。第二，在田中的农作物，也是年复一年地循环栽种、收割，这也是周而复始。认识到周而复始这种周期性的运动规律，是农业社会的一个特点，比如在中国古代，一年四季，二十四个节气的周期性能否准确地重复出现，对于靠天吃饭的农业社会来说是至关重要的。但更为重要的是人类的知识正是建立在这种重复现象的基础上。“没有重复现象就不可能有知识，因为在这种情形下就没有任何东西能根据以往的经验推断出来，同时，没有某些规律性的重复现象，也不可能有度量，当我们获得了这一‘精确’观念后，重复现象在我们的经验中便成了基本的东西。”[②]

我们的一切科学知识，都是建立在周而复始的重复现象基础之上，特别是数学知识，只有重复出现，才能计算和度量。“度量”，即计量长短和容积的标准，也指计量事物的长短、大小等特征。而要度量就必然要用数来计算，这就必然会使人们关注数量关系。这也许就是为什么《周易》会采用数筮的方法占卜，因为在《周易》的推衍者看来，一切都是周而复始的，周而复始就能量度，这意味着一切结果都是可以计算推测出来的。

分析了“周”，再看“易”字。“易”，古字有繁简二体，甲骨文的繁体象（用手）持两器皿倾斜注液体形，简体则象直接从器皿中倒出液体形。徐中舒先生认为：“原字为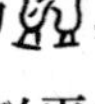，象两酒器相倾注承受之形，故会赐予之意，引申之而有更易之意。”[③] 赵平安先生认为“易”是“匜”的分化字。“匜”是“舀水、注水用的器具，前有流，后有把”[④]。“匜”，《说文解字》曰：“似羹魁，柄中有道，可以注水。”[⑤] 这就是说繁体“易”字的两个器皿，“‘正像一匜一

---

① 《十三经注疏》，第 7 页，上海古籍出版社 2013 年版。
② 怀德海著，何钦译：《科学与近代世界》，第 31 页，商务印书馆 1997 年版。
③ 徐中舒主编：《甲骨文字典》，第 1063 页，四川辞书出版社 2005 年版。
④ 张永言等编：《简明古汉语字典修订本》，第 987 页，四川人民出版社 2001 年版。
⑤ 许慎撰，徐铉校定：《说文解字》，第 268 页，中华书局 2002 年影印版。

盘也。’匜以注水，盘以承水，故书多以盘匜连言”[1]。赵平安先生形象地将甲骨文的这个字形容为“正像奉匜注水于盘”[2]。“匜字最先作‘象匜注水于盘中’，这个匜字太复杂，在甲骨文中使用面并不广。后来又简化为‘象匜之侧立形’的匜，因为‘象匜之侧立形’的匜字与其他器皿易混，所以这个匜字，使用面也不广，而被新造的‘象流水下注形’的匜字所取代。”[3]“匜”、“易”古音相同，按同音同源的说法，“易”应是“匜”的分化字。并且“匜”字在西周时期还有“延”的含义。“陕西云塘西周墓出土的《史丧尊》云：‘史丧作丁公宝彝，孙子其永匜’……此处的匜，古籍中作施，多解释为延。《诗·大雅·皇矣》：‘施于孙子。’匜：‘施，犹易也，延也。’《淮南子·修务训》：‘名施后世。’注：延也。’……因此，‘孙子其永匜’就是‘孙子其永施’也就是‘孙子其永延’的意思。”[4]从“匜”字具有延的含义来看，如果没有反复倾倒的含义，又如何能演变出绵延不断的含义呢？因此，“易”字的形成，自身就蕴含着三层意思，一是水的流动性，恰恰对应的是古希腊泰勒斯提出的水是万物本原这个概念，这是用水来表示普遍的变易。二是两个对立的器皿，一个是被注水的器皿，这是一个空的器皿；一个是往外倒水的器皿，这个器皿是一个装着水的器皿。前者未被注满时，是一种缺失状态，器皿中欠缺水。当注满时，就是现实的“溢”。满者“有”，而空者“无”，因此这又是有与无的对立。注水倾倒的过程本身也是一损一益的过程，而这个过程就是一个变易的过程，是向对立面的转化过程。三是倾倒的水是沿着水道流动，因为“匜”字，“似羹魁，柄中有道，可以注水”，也就是说水是在“道”中被规范地流动着。当然，在“易”字刚开始提出时，这些含义还不明显，其主要的含义还是赐予和得益。“易”作为“赐予”这种用法在卜辞中已有，如

---

① 赵平安：《金文释读与文明探索》，第70页，上海古籍出版社2011年版。
② 赵平安：《金文释读与文明探索》，第70页，上海古籍出版社2011年版。
③ 赵平安：《金文释读与文明探索》，第73页，上海古籍出版社2011年版。
④ 赵平安：《金文释读与文明探索》，第73页，上海古籍出版社2011年版。

“……易多子……女”[①]。显然，这里的“易多子……女”是指希望赐予更多子女的含义。

“易”，“写作赐，或用锡表示。‘赐予’义是从匜引申出来的。匜为注水器，故有‘给予’之意，‘给予’可以用于上对下，也可以用于下对上，如《禹贡》‘九江内赐大龟’。《尧典》：‘师锡而言。’王世舜注：‘古时下对上也称锡。’易的本意当为‘给予’，引申为‘赐予’。”[②] 但是，繁体的“易”字，是一形表三义，除了表示变易之外，对于处于缺失的酒器皿来说，是得益，也是被赐予，故这个字有得益之意；对于有酒的器皿，注酒到缺失的酒器皿，这是一个给予的过程，自然也是一个赐予的过程，因此这个字又有赐予的含义。也就是说“益”、“赐”、“易”这三个字是同源字。《周易》中的“易”包含这三层含义，也是与商末周初的历史背景、社会环境相符的。

“易”是变易，这也是当时的江山更迭这种大变化必然带来的含义。弱小的周克商而代替之，这是一场大变革，更是一种变易。

《史记》曰：“膺更大命，革殷，受天明命。”[③] 高高在上的殷贵族成为战俘，甚至成为奴隶。殷的奴隶因为“前徒倒戈”，参与牧野之战，从而成为胜利者。殷的狱中囚，成为周的座上宾。据《史记》记载：周克商后，“已而命召公释箕子之囚。命毕公释百姓之囚，表商容之闾。命南宫括散鹿台之财，发钜桥之粟，以振贫弱萌隶”[④]。显然这种社会地位的变易、经济条件的大变革，都是“易”。

“周易”这两个字本身也含有周天子得益、得益于天命的意思。《尚书·多士》中周公旦对殷遗民宣布说：“尔殷遗多士！弗吊旻天大降丧于殷；我有周佑命，将天明威，致王罚，敕殷命终于帝。肆尔多士！非我小国敢弋殷命。惟天不畀，允罔固乱，弼我，我其敢求位？惟帝不畀，惟我下民秉为，惟天

① 赵平安：《金文释读与文明探索》，第 72 页，上海古籍出版社 2011 年版。
② 赵平安：《金文释读与文明探索》，第 72 页，上海古籍出版社 2011 年版。
③ 司马迁：《史记》，第 85 页，上海古籍出版社 2013 年版。
④ 司马迁：《史记》，第 86 页，上海古籍出版社 2013 年版。

明畀。"[①] 其中的"畀"就很明确地表示出周克商是上帝赐予的。周之所以能够克商，是"承帝事"，这是因为周王有德，被上帝赐予而得天下，这也是代上帝管理天下，代上帝牧民，统治人间。得益也是"受命"，《诗经》曰："维此文王，小心翼翼，昭事上帝，聿怀多福。……有命自天，命此文王。"[②]

"周易"又表示周王赐予，既然周王是代表上帝统治人间，因此，周王就是上帝在人间的全权代表，人间所有的一切，周王都是有权处置的。同时，周王对各诸侯分封，也是一种恩赐。这就是周代行分封之制，赐予百姓之意。但无论是周王代表上帝赐予土地和百姓，还是周王受天命接受赐予，都意味着一种变易、一种转移，因此"易"字的基本含义还是"变易"。

从上面的分析可以看出，《周易》的推衍者是在用"易"来回答周取代商这一巨大社会变化的原因，恰恰是古希腊的"ἀρχή（本原）"[③] 这个词的含义之一。因为周王是周的最高统治者，上承天命、下辖百姓，自然在周取代商这一变易过程中，起到了巨大的作用，在古人的眼里，这就是社会变化的原因。尽管这里还带有宗教神话的色彩，但这也是因为"易"这个哲学概念刚刚从神话中挣脱出来而留下了痕迹。

"易"者"溢"也，《周易》的推衍者提出了一个观点，万事万物的演变都是有度的，过度就要"溢"，"溢"自然就会导致"易"。"易"由于具有了向对立面转化的含义，因此也就有了绵延不绝的含义。因为事物在向对立面转化的过程中得到延续，由此，作为"匜"字的分化字，"易"也就有了周而复始、绵延不绝的含义。周人甚至在铭文中祈祷着"孙子其用匜"。"'孙子其用匜'就是'孙子其用施'，也就是'孙子其用延'的意思"[④]。这就是说《周易》是用"易"来表示周是顺天命而得以绵延不断。另外过度就要"溢"，因

① 《十三经注疏》，第 219 页，上海古籍出版社 2013 年版。

② 《十三经注疏》，第 506—507 页，上海古籍出版社 2013 年版。

③ 《希英大词典》，第 252 页"ἀρχή"条。转引自汪子嵩、范明生、陈村富、姚介厚：《希腊哲学史 1》，第 153 页，人民出版社 2004 年版。

④ 赵平安：《金文释读与文明探索》，第 73 页，上海古籍出版社 2011 年版。

此，人们就必然要研究“度”，即“度量”。而要度量就必然要用数来计算，这就必然会使人们关注数量关系。这也是《周易》采用数筮方法计算结果、预测未来的原因之一。

更为重要的是，由“匜”演变而来的“易”本身就包含有“道”，

因为“匜”，《说文解字》：“似羹魁，柄中有道，可以注水。”从这里可以看出，从匜注水到盘，水是沿着“道”流动。因此这也包含了运动变易规律的含义，当然，这时“道”的含义还是隐藏在“易”这个字中的。

古希腊泰勒斯提出水是本原这一观点，标志着古希腊哲学的开端。中国前秦哲学的开端也应该可以追溯到《周易》。《周易》用“易”表示了变易流动性，用“周”表示了普遍性。《周易正义》曰：“易者变化之总名。”这就如同“作为哲学开端的水，是‘一种有单纯的普遍性或一般的流动性的东西’”。而《周易》产生的年代更是远早于古希腊泰勒斯提出水是本原的时代。

【贰】　《周易》的象数推衍

象数推衍，张岱年先生认为是指“《周易》通过八卦形式来推测自然和社会的各种变化。‘三五以变，错综其数，通其变遂成天下之文，极其数遂定天下之象（《易·系辞上》)，是为象数推衍的开始”[①]。“数，在中国古代哲学中，有多种含义。指易数。《周易》以筮数说明事物现象的生成变化。”[②] 通过张岱年先生的上述两段话可以看出，采用何种方式说明事物的变易，《周易》有两

① 张岱年主编：《中国哲学大辞典》，第77页，上海辞书出版社2012年版。

② 张岱年主编：《中国哲学大辞典》，第70页，上海辞书出版社2012年版。

种不同的表述方式。一方面作为象数推衍，“《周易》通过八卦形式来推测自然和社会的各种变化”，另外一方面“《周易》以筮数说明事物现象的生成变化”。由此可知《周易》有两种不同的诠释方式，一种是以筮数的形式，另一种是以八卦的形式。如何来理解这种不同呢？这是值得我们深入探讨和分析的。首先对八卦进行分析。

八卦产生的年代应该是非常早的，1959 年在山东泰安出土的象牙梳上镂雕的太阳循环八卦图可能是最早的阴阳八卦图，时间大概是在公元前 3500 年—公元前 2500 年。八卦是由阴“--”和阳“—”三叠而成的三画卦形。卦名分别是乾、坤、坎、离、震、艮、巽、兑，从取象来说分别是天、地、水、火、雷、山、风、泽，卦德是健、顺、陷、丽、动、止、入、现。为什么八卦的每个卦都分别用“象”和“德”来表示呢？象、德和数之间的关系又是什么呢？要理解这些关系，我们首先从分析“德”的含义开始。

【叁】　八卦的“卦德”

《周易》讼卦曰：“食旧德，贞，厉，终吉。”[①] 这是说安享旧日的德业，坚守不动，虽然有危险，但最终会吉利。“德，指道德，品德。……《尚书·召诰》：‘惟王其疾敬德，王其德之用，祈天永命。’认为王者的道德行为是其统治的根据。”[②] 从这里可以看出，用道德、品德来诠释《周易》的“德”应该是没有大的问题，但是八卦分别指天、地、水、火、雷、山、风、泽八种

---

① 廖名春：《〈周易〉经传十五讲》，第 78 页，北京大学出版社 2005 年版。
② 张岱年主编：《中国哲学大辞典》，第 87 页，上海辞书出版社 2012 年版。

自然事物，八卦分别有其卦德，难道自然事物也有道德和品德之说？其实八卦的德应该是指八种自然事物的运动属性，下面我们对此进行分析。

《指物论》曰："物莫非指，而指非指。"谭戒甫对此解释说："盖指义有二，即'名''谓'之别。其指牛马之指，谓也；因而所指目牛马之形色性亦曰指，名也。后坚白论'视之得白，拊之得坚'，章炳麟谓'坚与白，其德也'。"① 显然，这里的坚白是具体事物石头的属性，是石头的颜色和硬度属性。由此可以看出，先秦时期的"德"除了表示道德、品德外，也表示自然事物的各种属性、性质。"德"的这种含义直至唐朝还保留着，在翻译古代印度书籍时，"玄奘的译语是实、德、业，即实物、性质、行为"②。由此，我们可以说取象为天、地、水、火、雷、山、风、泽八种具体自然事物的八卦，其卦德是指这八种自然事物的运动属性。

"德"为什么会具有事物属性的含义呢？

"'德'，甲骨文为'徝'，从彳从直，从彳象人行走时目光正直的样子，这是古人对于行走仪态的基本要求。西周金文增从心，或省'彳'。"③ 省"彳"，则成为"悳"。但笔者认为，"徝"、"悳"除了表示人的外在行为，还表示直接得到之意。"悳"，《说文解字》曰："外得于人，内得于己也，从直从心。"④ 可见"得"、"德"是相通的。《老子》曰："善者，吾善之，不善者，吾亦善之，德善。信者，吾信之，不信者，吾亦信之，德信。"⑤ 但"得"、"德"还是有区别的。"德"，表示的是没有通过交易得到的行为，即直接得到之意，而"得"表示的却是通过交易才能得到的行为。

"德"，《说文解字》曰："升也。"⑥ "升"，《尔雅·释诂》曰："登，升

---

① 谭戒甫：《公孙龙子形名发微》，第 18 页，武汉大学出版社 2006 年版。
② 金克木：《梵佛探》，第 95 页，河北教育出版社 1996 年版。
③ 张再兴：《西周金文文字系统论》，第 250 页，华东师范大学出版社 2004 年版。
④ 许慎撰，徐铉校定：《说文解字》，第 217 页，中华书局 2002 年影印版。
⑤ 楼宇烈校释：《老子道德经注校释》，第 129 页，中华书局 2013 年版。
⑥ 许慎撰，徐铉校定：《说文解字》，第 43 页，中华书局 2002 年影印版。

也。”[1]《周易》帛书的升卦也为“登”卦。“登”，“殷墟卜辞中也有‘畀’字……亦见于祭祀卜辞，用为进献之意，如祖庚卜辞有‘己巳贞：王其登南囧米，乙亥。’”[2] 从这里可以看出，“登”作为进献，对于王者来说，这个进献的物品是被王直接得到，而不是通过交易得到，因此作为“登”的“德”表示的是没有通过交易而得到的行为，是一种直接得到的“直”。

“得”，《说文解字》曰：“行有所得也。”[3]“得”，甲骨文“从又持贝，以会有所得之意。或增彳”[4]。从这里可以看出，“得”的本意就是通过交易行为得到贝壳，或者持贝壳希望得到其他物品。由此，可以认为“得”最初专指通过商品交易之所“得”。《系辞》曰：“日中为市，至天下之民，聚天下之货，交易而退，各得其所。”[5] 通过交易，交易者各得所需。正如马克思所说：“商品首先是一个外界对象，一个靠自己的属性来满足人的某种需要的物。”[6]“物对于人类生活的有用性使物成为使用价值。”[7] 但人们并不是必须通过交易才能得到所有的事物，比如空气就不是必须通过交易才能得到和使用，显然人们可以直接得到和使用。另外，就是统治者获得的进献物品，也不需要通过交易。因此，人们用“直”以表示直接得到之意。“得”和“直”的差别就在于前者是必须通过交易行为，通过货币才能得到，而“直（德）”表示的是一种直接的得到。在古人看来，事物的各种自然属性是天生的，是一种直接得到的属性，是可以为事物自身所用、内得于己的属性，也是可以被人所用的属性。笔者认为，这是古人用“直（德）”来表示事物自然属性的原因之一，同时这些属性也可以被人所认识，从而成为被人使用的自然属性。正如《周易正义》在解释为什么乾卦不直接命名为天而名为乾卦时说：“天何不谓

---

① 《十三经注疏》，第 2576 页，上海古籍出版社 2013 年版。
② 刘源：《〈春秋〉〈左传〉与殷墟卜辞互证数例》，载中国社会科学院网站。
③ 许慎撰，徐铉校定：《说文解字》，第 43 页，中华书局 2002 年影印版。
④ 徐中舒主编：《甲骨文字典》，第 165 页，四川辞书出版社 2005 年版。
⑤ 《十三经注疏》，第 86 页，上海古籍出版社 2013 年版。
⑥ 马克思：《资本论》（第 1 卷），第 9 页，经济科学出版社 1987 年版。
⑦ 马克思：《资本论》（第 1 卷），第 10 页，经济科学出版社 1987 年版。

之天而谓之乾者。天者定体之名，乾者体用之称。”① 从这里的解释可以看出乾卦取象表示天，而天的自然运动属性即“徝（德）”就是健，这是天自然而然、与生俱来、可以为事物自身所用的属性，是内得于己的属性。同时天的运行规律（健）可以直接用于指导人们搞好农业生产，满足人们所需，这也是可以直接被人所用的。人们能够认识和利用天的规律，并不需要通过交易，不需要通过贝这种货币就能得到，天的“徝（德）”是可以直接被得到的。这是人们从能够直接使用事物属性的角度来称谓事物的“德”，故“徝（德）”一方面表示的是事物自身、内得于己的属性，另外一方面也表示这些属性可以为人直接所用。而事物的这种自然属性即“徝（德）”，都是人们在对这些事物的使用过程中，在历史发展过程中发现的。正如马克思所说：“发现这些不同的方面，从而发现物的多种使用方式，是历史的事情。”②

通过上面的分析，了解了“徝（德）”的含义，在这个基础上，理解八卦的“德”就比较容易了，因为八卦的卦德是这八种自然事物内得于己、天然的、可以被人所用的运动属性。

八卦首卦是乾卦“☰”。“乾卦本以象天。”③ “乾健也，言天之体以健为用……乾无时懈倦。”④《大象传》曰：“天行，健。”⑤ 乾的卦德，“即主要的德行象征是健，也就是刚健、主动”⑥，这就是说，古人用“乾卦”的卦德“健”表现天上的日、月、星辰运动不已的属性。显然，在古人看来，日、月、星辰运动不已的属性是天自然而然、内得于己的属性，也是可以为人所用的属性，故卦“徝（德）”为健。

第二卦是坤卦“☷”，坤卦的取象是地，其卦德是顺，说明地上的万物，

---

① 《十三经注疏》，第 13 页，上海古籍出版社 2013 年版。
② 马克思：《资本论》（第 1 卷），第 9—10 页，经济科学出版社 1987 年版。
③ 《十三经注疏》，第 13 页，上海古籍出版社 2013 年版。
④ 《十三经注疏》，第 13 页，上海古籍出版社 2013 年版。
⑤ 廖名春：《〈周易〉经传十五讲》，第 332 页，北京大学出版社 2005 年版。
⑥ 廖名春：《〈周易〉经传十五讲》，第 30 页，北京大学出版社 2005 年版。

无论是鸟兽还是人，都会随着季节的变化而变化。这是一种运动变化，只不过地上万物要顺应天体运行变化的规律而变化，顺应季节变化而变化，这也是大地万物内得于己的运动属性。为什么会选择顺作为坤卦的“德”，其原因我们将在后面进行详细分析。

第三卦是坎卦“☵”，坎卦的取象是水，其卦德是陷，引申为险。洪水滔天带给人们的是恐惧，故而给古人留下了深刻的印象，因此古人将其卦德归为陷。这实际上是指洪水漫无边际、流动不已的属性，这也是水的流动性属性。

第四卦是离卦“☲”，离卦的取象是火，其卦德为丽。亮丽、明亮是火光的特性，人们在光明中分离、分辨事物。《说卦传》曰：“‘离’也者，明也，万物皆‘相见’。”① 火不是一种具体的事物，而是事物燃烧时的一种运动现象。按照黑格尔的说法：“火则是绝对自身变化的东西。”② 火焰上，在火的加热下，水汽、热气都呈现出向上远离的现象。因此，离是火的运动属性。

第五卦是震卦“☳”，震卦的取象为雷，而卦德为动。雷声滚滚，闪电撕破夜空，来得快，去也快。显然动表述的是电闪雷鸣的运动属性。

第六卦是艮卦“☶”，艮卦取象是山，卦德为止。“帛书《易经》别卦作‘根’。艮、根都是同源字，故能通用。其取象为山，而卦德为止。”③《说文解字》曰：“‘止’，下基也，像草木出有址。”④《说卦》曰：“终万物，始万物者，莫盛于艮。”⑤ 正是有了根，才有了“春风吹又生”。由此可知，艮卦描述的是生生不息的生命现象。这是“归根曰静”⑥。静是止，但又是周而复始的开端，这也是一种生生不息的运动属性。

---

① 廖名春：《〈周易〉经传十五讲》，第 361 页，北京大学出版社 2005 年版。
② 黑格尔著，贺麟、王太庆译：《哲学史讲演录》（第一卷），第 185 页，商务印书馆 1995 年版。
③ 廖名春：《〈周易〉经传十五讲》，第 31 页，北京大学出版社 2005 年版。
④ 许慎撰，徐铉校定：《说文解字》，第 38 页，中华书局 2002 年影印版。
⑤ 《十三经注疏》，第 94 页，上海古籍出版社 2013 年版。
⑥ 楼宇烈校释：《老子道德经注校释》，第 35 页，中华书局 2013 年版。

第七卦是巽卦“☴”，卦象是风，卦德为入。“其同源词为‘選’，今作‘选’……《说卦传》和《序卦传》都说：‘巽者，入也。’故其卦德为入……大风起兮，简直是无孔不入，故以风为象征。”① 可以看出，巽卦的卦德，实际上是指自然界中空气流动变化的自然属性。

最后一卦是兑卦“☱”，其取象是泽，卦德为现。泽是被驯服的水。这也是一种具有流动性的物体，只不过是被限制在一定范围内运动的物体。当水平静时，可以显现出人的影子，这叫光泽照人，故兑卦取象为泽，卦德为现。

根据以上分析，我们可以得出如下的结论：

第一，八卦推衍者所取的八个卦象，是自然界的八种自然事物，其卦德是这八种自然事物的运动属性。如同我们前面分析所指出的，人们面对一个变动不已的自然界，必然会归纳出万事万物都处于运动变化之中，这是一种共性和统一性。八卦已经没有了神的踪影，是用自然事物的运动属性来描述事物，这已经脱离了拟人的原始思维方式，把客观存在的八种自然现象的特性描述了出来。如果说这不是哲学的开端，至少可以说已经孕育着哲学的开端。如同杨适先生所说：“古希腊哲学同它的最初分离即哲学的最初发生，就在于把人和自然区别开来，排除拟人观，而把自然万物当作在人之外的对象来对待，这是一个极大的进步，由此就产生了一种对自然事物的新态度，产生了就自然本身来了解自然、寻求客观的原因和理由的科学态度和思维方法。”②

第二，古人在推衍八卦时也通过各卦之间的联系，表现了客观世界中自然现象之间的相互关系。

天和地，一上一下，是相对的，从八卦的卦体来说也是相反的，前者是“三阳（☰）”，后者是“三阴（☷）”。水、火两卦从卦体来说是相反的，从自然属性来说，水、火也是处于相反的状态。水是从高处流向低处，特别是雨

---

① 廖名春：《〈周易〉经传十五讲》，第31页，北京大学出版社2005年版。

② 杨适：《哲学的童年》，第22页，中国社会科学出版社2011年版。

水总是从天而降，而火焰却是向上燃烧，一冷一热的属性也呈相反状态。雷与山两卦的卦体也是相反的，从运动方式来说，雷电的发生是从天而降，连接大地。因此在古人的眼里，雷电导致天与地相互感应，用现在的话来讲就是相互作用。另外在惊蛰这个节气，春雷惊动了蛰伏在大地中的昆虫，伴随着这个季节的到来，万物复苏。因此在古人看来，雷是连接天地，导致天地感应的，这里就包含了雷电是天地相互作用的因素。更为重要的是“神”字中的“申”字，甲骨文“象闪电曲折激射之形，即电之初文。闪电列阙而伸延，引申为伸；闪电令人畏惧而神秘莫测，引申为神”①。

山在古人的眼里是通天的，神住在山上，山是从地面通向天的天梯。据方建军考证：“商周时期的人们将祭祀地点安排在高山，似乎反映了某种信仰观念。比如人们以为山离天更近一些，有利于天人感应和沟通。”② 从这里可以看出，雷和山不仅从卦体上相反，而且从联系天与地的方式上来说也是相反的。雷电是从天向大地运动而作用于大地，而山却是从大地伸向苍天支撑着天空。

在中国古代神话传说中，天被地上的不周山支撑着。《山海经·大荒西经》郭璞注：“《淮南子》曰：‘昔者共工与颛顼争帝，怒而触不周之山，天维绝，地柱折。’”③ 这种思维观念不仅存在于中华文明中，而且西方早期先民的观念也是如此，维科说：“对于诗人们来说，最初的天空并不比山顶高……从此诗人们就必然想象到天空就是山顶……正如儿童们把山想象为支撑天空的柱子。”④ 这也说明无论是在西方古人的观念里，还是在中华先民的观念里，天地之间都是被山连着，山是作为天地之间相互作用的因素之一。

在八卦中最应关注的是兑卦。“兑卦的取象为泽……是被驯服的水，是水

---

① 董莲池：《说文解字考正》，第 588 页，作家出版社 2005 年版。

② 方建军：《商周乐器文化结构与社会功能研究》，第 190 页，上海音乐学院出版社 2006 年版。

③ 转引自袁珂：《中国古代神话》，第 54 页，华夏出版社 2006 年版。

④ 维科著，朱光潜译：《新科学》（上卷），第 395—396 页，商务印书馆 1997 年版。

利，带给人们的是喜悦，故称‘悦’。”[①] “泽的本义是润泽，光泽，故以为显现。”[②]

中国历史上的洪灾给古人留下了很深的印象，因此《周易》将卦象为水的坎卦之卦德选为“陷”，引申为“险”，反映了洪水滔天带给人们的是恐惧。历史上发生大洪水的场面不仅记录在《周易》中，而且在《尚书·尧典》中也有记载：“咨！四岳，汤汤洪水方割，荡荡怀山襄陵，浩浩滔天。下民其咨，有能俾乂？”[③] 可是一旦将水治理好后，水就变成了利，带给人们的就是喜悦和丰收，而这个卦就是兑卦。更为重要的是治水过程导致了井的发明。因为在治水过程中要用土，在靠近河边的地方挖土，就容易挖掘出水，这个过程导致了井的发明。平静的井水是波光粼粼，而且也可以映现出取水人的面相，这当然是“现”。考古发现中华先民很早就开始使用水井，“江苏吴县澄湖新石器时代晚期遗址也曾发现土井”[④]。到了良渚文化时代已经大量使用水井。井的发明，在古人看来是一个伟大的发明。《周易》将此作为一卦进行表述：“井，改邑不改井，无丧无得，往来井井。”[⑤] 要把水治理好，必然要认识和掌握水的运行规律。因此取象为泽的兑卦反映的是中华先民面对大自然时已经不仅仅是畏惧和束手无策，而是可以通过对自然规律的认识、运用，以此改变自然，这样的结果必然会给人类带来福泽和喜悦。

另外，笔者认为，兑卦最初的含义仅仅是象征被驯服的水，但伴随着生产力的发展，兑卦还反映了中国古老铸造业的发展状况。为什么这样讲呢？“泽的本义是润泽，光泽，故以为显现。”人们用波光粼粼来描述这种现象，但是还有什么样的东西有光泽呢？显然冶炼后的铜合金也有光泽。从铜的冶炼和浇注过程来看，冶炼中的金属也是一种液体，而这个液体浇灌到不同的

---

① 廖名春：《〈周易〉经传十五讲》，第 31 页，北京大学出版社 2005 年版。
② 廖名春：《〈周易〉经传十五讲》，第 31 页，北京大学出版社 2005 年版。
③ 《十三经注疏》，第 122 页，上海古籍出版社 2013 年版。
④ 陈美东主编：《简明中国科学技术史话》，第 16 页，中国青年出版社 2009 年版。
⑤ 《十三经注疏》，第 59—60 页，上海古籍出版社 2013 年版。

模型中，就会形成不同的具有光泽的铜器，其中也包括铜镜。殷墟妇好墓出土了铜镜，其中45镜“背饰凸弦纹六道，也包括外缘，座外形成六条直纹同心圈……45镜直径11.8厘米”[①]。显然，铜镜的光泽可以让人容貌显现。浇注在泥范中的铜液，冷凝后形成具有光泽的铜器，这一过程自然会让古人得出这样的结论，铜器的铸造过程就是让液体按照人们的需求而制作的规范过程，这就如同把水治好，变灾为利的过程一样。水和铜镜这种“现”的现象在《淮南子》中也有记载：“夫镜水与之形接也，不设智故。”[②] 因此，兑卦也就具有了光泽和润泽的含义。

既然八卦的每种卦德都是事物的一种运动属性，而且是处在彼此相互联系之中，这表明在中华先民的眼里，客观事物都处在运动变化和相互联系之中，如同恩格斯所述：“当我们深思熟虑地考察自然界或人类历史或我们自己的精神活动的时候，首先呈现在我们眼前的，是一幅由种种联系和相互作用无穷无尽地交织起来的画面，其中没有任何东西是不动的和不变的，而是一切都在运动、变化、产生和消失。”[③] 从对八卦卦德的分析也可以看出，中华先民也是把客观外在世界看作是一个变化不已、相互联系的自然界。这说明他们已经脱离了原始宗教的思维方式，用自然来解释自然，这是一种科学的思维方式，当然也是哲学思想，但是我们还是把它归于只是孕育着哲学思想。这是因为，我们的分析都是建立在构成《周易》的八卦基础上的，对于早期的八卦内容我们不得而知，因此这种分析的基础是不牢的，也许它本来就是推衍《周易》时人们对八卦的诠释，而不是最初推衍八卦者的真实思想，所以我们只能说它已经孕育着哲学思想。关于这一点，我们还可以从《山海经》中看出一些端倪，在《山海经》中出现了半人半兽、半鱼半人、半鸟半人。这里还是把人和鸟兽等联系在一起，这种思想还是一种拟人的原始思维方式，

① 李学勤：《中国古代文明研究》，第208页，华东师范大学出版社2009年版。

② 王洁红译注：《淮南子》，第6页，广州出版社2004年版。

③ 《马克思恩格斯选集》（第三卷），第60页，人民出版社1973年版。

而不是把人和客观外在世界分开的思维方式，因此我们只能说八卦已经孕育着哲学思想的理由就在于此。

第三，既然八卦的卦德都是一种运动属性，那么由八卦运动属性构成的六十四卦，也必然表征各种不同的运动变化。用什么来表示这种普遍的变易呢？显然“周易”二字可以用来表达这一点，因为它“作为哲学开端的水，是一种有单纯的普遍性或一般的流动性的东西”。《周易正义》曰：“易者变化之总名……谓之为易，既义揔变化而独以易为名者。”[①] 随着周文王演《周易》，提出了“周易”这个概念，用“周易”来统一表述万事万物的运动和变易，中国的哲学思想从原始思维方式中脱胎而出，因此我们可以说，《周易》是中国先秦哲学开端的标志。

【肆】　先秦时期的“象”

通过前面的分析，我们已经知道八卦的卦德实际上是表示八种自然事物的运动属性。八卦从取象来说，分别是天、地、水、火、雷、山、风、泽。显然，这是八种自然事物，但为什么这八种自然事物又是通过取象来得出呢？这里也有必要对“象”进行分析。

“象”，《说文解字》曰：“长鼻牙，南越大兽”[②]，也就是现代还能在亚洲部分地区和非洲看到的大象。“象”这种大兽为什么会成为一个哲学概念呢？为了帮助理解，我们首先看韩非子如何诠释“象”字，然后从他给我们留下

① 《十三经注疏》，第7页，上海古籍出版社2013年版。
② 许慎撰，徐铉校定：《说文解字》，第198页，中华书局2002年影印版。

的线索中追根溯源，探索“象”这个哲学概念表示的含义。

韩非子这样详细地解释“象”字：“人希见生象也，而得死象之骨，案其图以想其生也，故诸人之所以意想者皆谓之‘象’也。今道虽不可得闻见，圣人执其见功以处见其形，故曰：‘无状之状，无物之象。’”① 韩非子的这段表述，非常鲜明地给出了当时的“象”这个范畴的基本含义。一是“人希见生象也，而得死象之骨”，二是“案其图以想其生也，故诸人之所以意想者皆谓之‘象’也”，三是“圣人执其见功以处见其形”。这三点是韩非子对“象”这个哲学概念做出的极为精辟的诠释。我们后面的分析将证明这一点。

“象”为什么会成为一个哲学概念，这也与商末周初时代的气候剧烈变化有关。据考证，“全新世气候最适宜期（又称全新世大暖期）与我国新石器时期到商代相对应。“这一时期黄河流域气候温暖湿润，环境资源条件优越，但到商代后期，随着全新世大暖期的结束，气候出现了干旱化，这对地处泾渭流域周人的社会生活影响极大。”② “在距今 8500 年至 3100 年之间的大暖期……在华北平原和渭水流域的河谷盆地，湖泊沼泽密布，生活着亚洲象、马来貘、麋鹿、圣水牛、獐和竹鼠等亚热带的动物。”③ 王国维先生说：“古者中国产象。殷墟所出象骨颇多，曩颇疑其来自南方。然卜辞中有获象之文，田狩所获，绝非豢养物矣！《孟子》谓周公‘驱虎、豹、犀、象而远之’，《吕氏春秋》云‘殷人服象，为虐于东夷’。则象，中国固有之，春秋以后乃不复见。故《楚语》云‘巴浦之犀牦兕象’，盖中原已无此物矣。”④ 由此可见，大象在商和西周早期还普遍存在，并且作为当时人类生活中一个重要的工具，扮演了极为重要的角色，也因其在人类生活中扮演的角色和庞大的身躯而给人留下了深刻的印象，但是由于商末周初气候急剧变化，使得大象这个庞然

① 高华平、王齐洲、张三夕译注：《韩非子》，第 209 页，中华书局 2010 年版。

② 王晖：《古文字与商周史新证》，第 319 页，中华书局 2003 年版。

③ 王晖：《古文字与商周史新证》，第 320 页，中华书局 2003 年版。

④ 转引自王晖：《古文字与商周史新证》，第 323 页，中华书局 2003 年版。

大物很快从人们的视野中消失了，留下的仅仅是一些回忆或者是大象的骸骨。人们往往看见象的骸骨就要想起活生生的大象，想起大象给人类生活带来的各种便利。这种历史背景，自然使得“象”字泛指大象并通过象骨象征活的大象，成为象征具体事物最为贴切的用语，从而最终发展成为一个哲学概念。

“象”这个字具有几种不同的含义。首先让我们对“人希见生象也，而得死象之骨，案其图以想其生也”这句话进行分析。显然，第一是生象，因此象的最基本的含义是指活的大象。第二，“案其图以想其生”，这是指以象的骸骨作为象的图像或是图形，然后由这个图像来指称或表示客观存在的事物。无论是用象形字“象”来表示客观存在的活象，还是因看见死象之骨而想起活生生的大象，都是一种用图形、图像来表示客观具体事物的思维方式。这种用图像来表示具体的客观事物的方式，在八卦中的坎卦和离卦表现得最为明显。“坎卦‘☵’上下为阴爻，中间为阳爻，卦形象水。”[①] 把甲骨文中的“”（水）字横放就像坎卦，故坎卦的取象是水。“☲离卦形象火。”[②] 在金文中火字写作“”，将其横放则为“”，而“”这个符号在八卦中就是符号“--”，由此可以看出，离卦取象为火。这表明“象”字的基本含义是图像。《系辞》曰：“是故，易者，象也。象也者，像也。”[③]“象也者，像此者也。”[④]

“案其图以想其生也”，这种思维过程表示的是从抽象的简单概念中，综合出复杂的具体事物的过程，这是综合思维过程。也就是说，按照这种思维过程，八卦中的取象，就表示应该按照这种图像，将其还原为具体的事物。看见的是水、火的图像，这自然就是具体的水与火。故取象是水、火，在古人看来，这就是具体的水、火。

① 廖名春：《〈周易〉经传十五讲》，第 31 页，北京大学出版社 2005 年版。
② 廖名春：《〈周易〉经传十五讲》，第 31 页，北京大学出版社 2005 年版。
③ 《十三经注疏》，第 87 页，上海古籍出版社 2013 年版。
④ 《十三经注疏》，第 86 页，上海古籍出版社 2013 年版。

图像就是指具体事物，这也是原始社会人们的思维方式。“对原始民族来说，任何东西或者差不多任何东西都不是像我们认为合乎自然的那样被感知的。对他们的思维来说，不存在纯粹是现象的自然现象，不存在只是图像的图像，不存在完全是形状的形状。”① 在原始人的思维中，“肖像能够占有原型的地位，并占有它的属性”②，“图像的实在同样就是原型的实在”③。也就是说，在古人的眼里，“象”就是具体的事物，故取象是水的卦，那就是水；取象是火的卦，那就是火，这是“象”最初的含义。

活象是具体的事物，但如何从活象这一具体的事物中得到“象”字呢？这实际上是认识事物本质的抽象过程。如果从具体的活生生的象中，去掉象的皮、肉、内脏等等，仅剩下象的骸骨，这个去除过程是分割过程，反映在思维过程中就是抽象的过程。为什么这个过程是认识事物本质的抽象过程呢？“本质”，是亚里士多德创造的一个术语（拉丁文为 τὸ τι ἦν είναι，笔者注）。目前比较普遍的观点是认为，亚里士多德用这个术语来表示一个事物中恒久的东西，也就是说事物内部恒久的因素才是本质。黑格尔指出：“反之事物中有其永久的东西，这就是事物的本质。”④ 另外，“每物的 τὸ τι ἦν εἰναι（本质）即是那被说成是该物自身的东西”⑤。象的骸骨是象的内部的东西，而且相对象的外在的皮毛肉血，也是一个长久性的东西，因此，从活象中抽出象的骸骨这个过程，可以象征抽象地认识活象本质因素的过程。

如果我们回头看这个过程，首先是有活生生的大象，这是具体的物，然

---

① 列维一布留尔著，丁由译：《原始思维》，第 201 页，商务印务馆 1997 年版。
② 列维一布留尔著，丁由译：《原始思维》，第 39 页，商务印务馆 1997 年版。
③ 列维一布留尔著，丁由译：《原始思维》，第 44 页，商务印务馆 1997 年版。
④ 黑格尔著，贺麟译：《小逻辑》，第 242 页，商务印书馆 1995 年版。
⑤ 汪子嵩、范明生、陈村富、姚介厚：《希腊哲学史 3》（下卷），第 738 页，人民出版社 2004 年版。（吴寿彭译《形而上学》解释为“每一事物的 τὸ τι ἦν είναι 均属‘由己’”。见亚里士多德著，吴寿彭译：《形而上学》，129 页，商务印书馆 1996 年版。）

后从中抽象出“象”，这是活象的内部本质因素。同样的道理，研究（进入）一个事物内部的东西，自然也是研究“该物自身的东西”，这当然也是事物的本质。因此，“物生而后有象”① 这句话，就是指出先有物后有“象”，因为“象”是具体事物自身的内部本质因素，本质因素是离不开具体事物的，是从事物中抽象而得出的。

天上星辰排列，运动有序。各种星系，在人们的想象中自然也可以构成各种图案，另外还有黄道、二十四节气等等。这在古人的眼里就是天象。中华先民很早就有了“天象”这个概念。《尚书·尧典》：“乃命羲和，钦若昊天，历象日月星辰，敬授人时。”② 《国语》：“夫天事恒象，任重享大者必速及。”③《左传》：“彗所以除旧布新也，天事恒象。”④ 而这种天象也必须通过联想甚至是计算才能得出。需要进行联想活动，才能把一个抽象的东西还原为丰满的具体客观事物。比如，天上的各种星星构成星座，需要人们把这些星星连接起来才能形成星座的图案。这就是韩非子所说的“故诸人之所以意想者皆谓之‘象’也”⑤。又比如黄道，在天上是看不见的，人们只有通过对太阳在各个星座之间的视运动的联系计算、推测才能得出这一轨道。又比如二十四节气，首先是有了日南至、日北至的概念。人们根据日月运行位置和气候变化规律及动植物生长等自然现象，利用它们之间的关系，把一年平分为二十四等份，并且给每等份取了个专有名称，这样就得出二十四节气。这就是说二十四节气也是人们通过观察、计算得出来的。因此天象并不能直接看到，需要通过抽象、推测和计算才能得出来。正如黑格尔所说：“星球运动的规律并不是写在天上的，所以普遍是人所不见不闻。”⑥

“象”和“形”之间有着共同性，但也有差异。很重要的一点，“象”是

---

① 张岱年主编：《中国哲学大辞典》，第 77 页，上海辞书出版社 2012 年版。
② 《十三经注疏》，第 119 页，上海古籍出版社 2013 年 1 月版。
③ 陈桐生译注：《国语》，第 42 页，中华书局 2013 年版。
④ 左丘明撰、杜预集解：《左传》，第 1424 页，上海古籍出版社 2012 年版。
⑤ 王先慎：《韩非子集解》，第 148 页，中华书局 1998 年版。
⑥ 黑格尔著，贺麟译：《小逻辑》，第 76 页，商务印书馆 1995 年版。

源于活象，因此“象”也是一种生命的象征，韩非子总结出“象”这种思维过程的特点：“人希见生象也，而得死象之骨，案其图以想其生也，故诸人之所以意想者皆谓之‘象’也。”从这段话中可以看出，作为死象之骨的“象”是从活生生的大象中，去掉皮毛血肉等等而得到的“象”，这是抽象过程。甚至还可以抽象掉死象之骨，从而仅仅得到死象之骨的“形”，这就是作为象形字的“象”。这是一个没有皮毛和血肉的“象”，是一具僵死的没有生命的“象”，这是“形”的特点，这个过程是思维的分析过程。但是除此之外，“象”还表示另外的思维过程。“象”是面对死象之骨，按照死象之骨的“形”，思索活生生的象的生命过程。这种“象”的思维过程，除了要联想具有皮毛和血肉的象之“形”，更为重要的是要联想到活象的生命过程，这就是韩非子所说的“案其图以想其生也”。这里的关键就是“生”字，这是活生生的生，是生命的生，是不断延续繁衍的生，自然这里的“象”也是指万事万物的生成原则。而这个生命过程是一种不断变化的过程，故此《系辞》曰：“生生之为易。”[①]

象的生命过程也是通过活象的各种生命功能体现出来的，比如活象的繁衍功能、运动功能等等。通过“象”字联系到活象的生命过程的这种思维方式，实际是一种整体思维方式。韩非子将其总结为“故诸人之所以意想者皆谓之‘象’也”。正是这种整体的思维方式，使得先民们认为八卦中的“象”就是八种具体的自然事物。

既然“象”是指万事万物的生命活动过程，而这个生命过程是一种不断变化的过程，是“生生之为易”。另外“象”又是事物长久的内部因素，古人将此称为“藏象”，这是通过表现于外的生理、功能现象，联想到藏于体内的各种器官的功能状况。那么，“象”又象征隐藏着生命发展的内部因素，这也包括种子和卵。因为种子和卵里面，具备和隐藏了事物内部生命延续的因素。

① 《十三经注疏》，第 78 页，上海古籍出版社 2013 年版。

这就是为什么古人会得出“物生而后有象，象而后有滋（滋生）”[①]。也是老子认为“道之为物，惟恍惟惚。惚兮恍兮，其中有象”[②] 的原因所在。同时“象”作为一种生命过程，本身也是一种流动的过程，因此这里的“象”也比较接近黑格尔“理念本质上是一个过程”[③] 的观点。也正是因为八卦各象都是一种变易的过程，变易具有运动性，因此每个八卦的德表现的都是这种具体事物的运动属性。

韩非子曰：“今道虽不可得闻见，圣人执其见功以处见其形，故曰：‘无状之状，无物之象。’”这是一种新的理解生命的思维方式，它的出现，在人类发展过程中有着重大的历史意义。为什么这样说呢？这里最为关键的是“圣人执其见功以处见其形”，也就是说是通过功能、功用来理解生命的本质是什么。

进化论的权威迈尔曾说：“可以毫不夸张地说，生物学中绝大多数最重要的进展只有在提出‘为什么’问题之后才有可能实现。一般来说，物理科学的解释回答了‘是什么’和‘怎么样’就已足够，而生物科学的解释只有在回答了第三类问题‘为什么’之后才算完整……为什么的问题在‘为了什么’的意义下，对于无生命的客体是没有意义的，但在生命科学中，‘为了什么’的问题具有重大的方法论价值。因为当假定每一生物都是充分适应的时候，这就要求我们确定它的形态、结构及其化学特性的意义。‘在静脉管中为什么有瓣膜’这个问题有助于哈维发现血液循环；鲁克斯通过提出‘为什么细胞在有丝分裂时不是简单地分为两半，而是要经过内部物质的重新组合’这个问题，第一次正确解释了细胞分裂过程。”[④]

象在古代还有一个很重要的用途，就是人们将象驯服后作为搬运工具或在战斗中使用。人类认识象是为了什么？是为了利用象造福人类自身。“为”

---

① 张岱年主编：《中国哲学大辞典》，第 77 页，上海辞书出版社 2012 年版。

② 楼宇烈校释：《老子道德经注校释》，第 52 页，中华书局 2013 年 4 月版。

③ 黑格尔著，贺麟译：《小逻辑》，第 403 页，商务印书馆 1995 年版。

④ 转引自李建会：《与真理为友》，第 44—45 页，上海科技教育出版社 2000 年版。

字的构成，就说明了这一点。“为”甲骨文“从又从象，会手牵象以助役之意。《吕氏春秋·古乐》称‘殷人服象，为虐于东夷’”①。认识象，就是为了驯服和驾驭象。那么认识客观规律，也就是为了驾驭及利用这种客观规律。因此韩非子说：“今道虽不可得闻见，圣人执其见功以处见其形，故曰：‘无状之状，无物之象’。”这里的“功”可以理解为功能和目的，也就是说“象”直观上是看不见的，但是圣人可以通过其变化后达到的功用和结果来认识“象”。《系辞》更是将其清晰地分类。《系辞》曰：“在天成象，在地成形，变化见矣。”② 为什么是在天成“象”，在地成“形”，而不是相反呢？这跟人们追问天象的目的有关。天象的变化对农业社会有着非常重要的影响，特别是在科学还处于不发达的阶段。因此人只有通过天象给人类带来的影响和变化才能追溯这种原因和规律所在。而认识这种规律的目的是为人所用。这就是《周易》中“象”的含义所在。如同《周易正义》追问为何乾卦不命名为天卦而为乾卦时所说：“象天何不谓之天而谓之乾者？天者定体之名，乾者体用之称。故说卦云乾健也，言天之体以健为用。圣人作易以教人，欲使人法天之用，不法天之体。”③

从以上的分析可知：

最初，“象”在八卦中是指通过图像来象征和指称具体自然事物，而“德”是这些具体自然事物的运动属性。发展到《周易》，“象”的含义更加丰富，除了表示图像，象征具体事物，更是具有了作为事物的内部本质因素，如天象规律、功效等多种含义。笔者认为这是《周易》中“象”的一些基本含义。

知道了八卦中的“象”和“德”的含义，即便我们不知道最初出现的八卦是什么样子，但是，我们也可以在此基础上对《周易》中的八卦进行分析。

---

① 徐中舒主编：《甲骨文字典》，第 266 页，四川辞书出版社 2005 年版。

② 《十三经注疏》，第 76 页，上海古籍出版社 2013 年版。

③ 《十三经注疏》，第 13 页，上海古籍出版社 2013 年版。

八卦中象征天的乾卦，《系辞》说包牺氏“仰则观象于天”，而得出“☰”这个符号，这是由没有间断的三笔画构成的。天上什么东西能够形成“象”，而且最为恒久呢？显然，最能代表天的自然是日、月、星的运行形成的“象”。《尚书·尧典》：“乃命羲和，钦若昊天，历象日月星辰，敬授人时。”从这句话可以看出，“历象”就是日、月、星。“天以烂明，日月星辰，布设张列。”① 因此，三画可以理解为分别代表日、月、星的运行轨迹。这在考古材料中也反映了出来。“1959 年在山东泰安大汶口墓地 M26 出土的一件象牙梳上镂雕成太阳循环八卦图。梳身板上镂刻成一个 S 形。这个 S 形由十一组‘☰’形符号组成，这个符号即后来《周易》的‘乾’卦符号。在 S 形的上下口上，则分别由《周易》的‘坤’卦符号‘☷’连接。在 S 形的内侧，则有两个对称的‘丅’‘丄’符号。这在金文里正是‘上’‘下’两字。《说文解字》：‘丅，高也，此古文上，指事也。’‘丄，底也。’……综合起来看，这个 S 形图案正表示了天地乾坤，阴阳变化之意，可以看作是中国最早的阴阳八卦图。”② 在古人的观念里，日、月、星的运行是恒定不变、没有停顿的，从而天是健。当然，这些天象的运动规律并不能直接被人感知到，是需要人们通过理性的抽象思维才能认识到的。有些需要计算，就像黄道一样；有些则需要从其功效和结果来理解。“天垂象，见吉凶，圣人象之。”③ 这就是为什么乾卦不是天卦的原因所在，因为“言天之体以健为用。圣人作易以教人，欲使人法天之用，不法之体”，因此认识天象的目的是为人所用，故这是“象”。

“俯则观法于地，观鸟兽之文，与地之宜，近取诸身，远取诸物。于是始作八卦，以通神明之德，以类万物之情。”最能代表大地万物的自然是鸟、兽、人。而鸟、兽有雌雄，人有男女。用三个“- -”是最能表征和代表这一

① 《十三经注疏》，第 7 页，上海古籍出版社 2013 年版。

② 江林昌：《考古发现与文史新证》（可参看该书的图案，则更能表现出阴阳八卦图），第 360 页，中华书局 2011 年版。

③ 《十三经注疏》，第 82 页，上海古籍出版社 2013 年版。

切的，这自然就形成了坤卦“☷”。

为什么笔者仅提鸟、兽、人而没有提植物呢？笔者认为在中国先民的眼里，只有动物才有神秘性，因为只有活动的东西才能给人造成危害，从而使人对这些事物产生敬畏的观念。这一点从记载中华远古神话的《山海经》就可以看出来。《山海经》中的神都是半人半鸟、半人半兽、半人半鱼这样的怪物，而没有植物和人构成的怪物。比如阳山，“其中多化蛇，其状如人面而豺身，鸟翼而蛇行”①。蔓渠山，“凡九山，一千六百七十里。其神皆人面而鸟身”②。大騩山，“凡十有九山，千一百八十四里。其十六神者，皆豕身而人面”③。“氐人国在建木西，其为人面而鱼身，无足。”④ 从这些神话中我们可以看出，人们敬畏的神都是半人半兽、半鸟半人、半鱼半人，而没有植物神。

地上万物，在古人的眼里，必然要顺应天时，才能生存。这个道理在《尚书·尧典》中也有记载。文中尧帝任命羲氏、和氏恭敬地按照天空中日、月、星的运转规律去认识它，并且把观察日、月、星所总结出的天象节令知识告诉老百姓，以利于农耕。当时的古人已经可以通过日、月、星的运动来确定季节的到来和变化。“日中星鸟，以殷仲春，厥民析，鸟兽孳尾。”⑤ “日永星火，以正仲夏，厥民因，鸟兽希革。”⑥ “宵中星虚，以殷仲秋，厥民夷，鸟兽毛毨。”⑦ “日短星昴，以正仲冬，厥民隩，鸟兽氄毛。”⑧ 从《尚书·尧典》这几段话可以看出，一是昊天用日、月、星来表示，并且它们的运行是有规律、不间断的。因此，古人用八卦中的乾卦卦形“☰”来表示天。二是伴随着各种天象的出现，天上的星辰出现在不同的方位，这意味着季节的变

① 刘向、刘歆校刊：《山海经》，第170页，中国华侨出版社2014年版。
② 刘向、刘歆校刊：《山海经》，第172页，中国华侨出版社2014年版。
③ 刘向、刘歆校刊：《山海经》，第203页，中国华侨出版社2014年版。
④ 刘向、刘歆校刊：《山海经》，第312页，中国华侨出版社2014年版。
⑤ 《十三经注疏》，第119页，上海古籍出版社2013年版。
⑥ 《十三经注疏》，第119页，上海古籍出版社2013年版。
⑦ 《十三经注疏》，第119页，上海古籍出版社2013年版。
⑧ 《十三经注疏》，第119页，上海古籍出版社2013年版。

化，地上的人、鸟、兽也会顺其变化而变化。而人有男女，鸟兽有雌雄。因此这是坤卦“☷”卦形的表象。这时人们已经知道从天空中日、月、星的变化来判断节气，而农业的耕作必须顺应季节的变化，地上的鸟兽繁衍生息也要顺应季节的变化，只有这样才能顺利成长。因此，地自然是“顺”。而这种必须顺应天的观念，统治者也要遵循。《尚书·多士》中周公对殷商旧臣说：“非我一人奉德不康宁，时惟天命，无违。”① “非予罪，时惟天命。”② 周公赦免殷商旧臣也解释为是顺从上天的命令而必须要这样做的。到这里，我们就知道为何坤卦要取象为地，卦德为顺，这是因为地上万物要生存，那就只能顺天而生，否则就逆天而亡。因此，地上万物要生存、运动，那就要“顺”。《史记》曰：“夫阴阳四时八位十二度二十四节，各有教令，顺之者昌，逆之者不死则亡，未必然也。故曰使人拘而多畏。夫春生、夏长、秋收、冬藏，此天道之大经也。弗顺则无以为天下之纲纪，故四时之大顺，不可失也。”③

为什么八卦的出现，还不能说是哲学的开端，或者只能说是已经孕育了哲学的思想呢？这是因为八卦仅仅把八种自然现象罗列出来，还没有追问和提出这八种自然现象中单纯的统一普遍性是什么。但是，八卦罗列出的是八种自然现象——天、地、水、火、雷、山、风、泽，或者说是八种事物，这说明八卦的推衍者已经开始把人和自然分开了，把主体和客体分开了，而不像原始思维方式一样，把人看成和动物、植物等自然事物一样，更为重要的是这里已经没有了神的踪迹。原始思维最显著的一个特点就是互渗，即人具有物的特性，物具有人的特性。正像列维－布留尔指出的：“有一个因素是在这些关系中永远存在的。这些关系全部以不同形式和不同程度包含着那个作为集体表象之一部分的人和物之间的‘互渗’。所以，由于没有更好的术语，我把这个为‘原始’思维所特有的支配这些表象的关联和前关联的原则叫作

① 《十三经注疏》，第 220 页，上海古籍出版社 2013 年版。
② 《十三经注疏》，第 220 页，上海古籍出版社 2013 年版。
③ 转引自摘自竺可桢著，施爱东编：《天道与人文》，第 98 页，北京出版社 2011 年版。

‘互渗律’。”[1] 这种“互渗”表现为：“对原始意识来说，个体、祖先和图腾则合二为一，同时又不失其三重性。”[2] 他们对外在世界的认识或者说解释，不是从自然现象本身，或者说来源于经验，而是把各种客体、外在事物都想象成为具有神秘属性的东西。“我们叫作经验和现象的连续性的那种东西，根本不为原始人所觉察……一切客体，存在物或者人制作的物品总是被想象成拥有大量神秘属性的。”[3] 从八卦的构成可以看出，八卦的推衍者从客观外在世界中抽象得出八种自然事物的特性，八卦已经脱离了拟人观的原始思维方式，这应该是包含了一种哲学思想。它已经用自然的原因来解释自然，而不是用神话或者说拟人的思维方式来解释自然，这就意味着已经孕育着哲学思想。但是它还没有提出一种统一性和普遍性的思想，因此我们至多只能说是蕴含了自然哲学思想。

什么是哲学？哲学（philosophy）一词源自希腊文，原意是指热爱智慧。那么什么是智慧呢？

赫拉克利特这样说过：“思想是最大的优点，智慧就在于说出真理，并且按照自然行事，听自然的话。”[4] 如果按照亚里士多德的观点：“智慧就是有关某些原理与原因的知识。”[5] 那么，哲学与神学的分开就意味着要不断地追问周围世界发生各种变易的原因，试图用各种自然现象来说明和解释事物变化的原因，而不是用神话或者拟人的思维方式来解释和说明。这就是哲学和神学的不同之处，也是判断哲学从神学中脱胎而出的特征之一，是早期朴素哲学和原始思维方式的不同之处。

对照上述分析，我们可以看出，八卦已经开始用自然现象来解释自然。季节有规律的变化，是日、月、星的恒久运行规律造成的；地上各种动植物

---

① 列维一布留尔著，丁由译：《原始思维》，第 69 页，商务印书馆 1997 年版。
② 列维一布留尔著，丁由译：《原始思维》，第 86 页，商务印书馆 1997 年版。
③ 列维一布留尔著，丁由译：《原始思维》，第 69 页，商务印书馆 1997 年版。
④ 《西方哲学原著》（上卷），第 25 页，商务印书馆 1995 年版。
⑤ 亚里士多德著，吴寿彭译：《形而上学》，第 3 页，商务印书馆 1996 年版。

的变化，也是天体运行所带来的季节变化造成的，这些都是自然本身的运行所带来的，其原因是自然的，而不是神造成的，不是神所安排的。这种思维方式就是用自然来解释自然，它标志着人们的思维方式已经脱离了拟人观的原始思维方式。这种思维方式已经不同于《山海经》中用半人半兽来刻画神的思维方式，这是人们用事物的运动性质来解释世界。

八卦中的“象”，是通过图像，或者事物的功能来表示具体的事物，比如水、火、雷等。而“德”则表示八种具体事物的重要运动属性。比如雷电，瞬间撕破天空的这种快速运动是其典型属性。但具体的自然事物并不是仅仅具有一种运动属性，它们同时具有其他属性，有各种质的属性，也有数量属性。比如雷电，除了快速运动这个属性，还具有雷声、明亮等其他属性。具体到事物的各种属性，有的可以直接被感知到，比如石头的坚硬、食盐的咸。但也有一些属性不易被人直接感知到，特别是数量属性。比如一桶水中包含了多少滴水，这是不能直接被感知到的。要把事物的各种属性，无论是质量属性还是数量属性，从具体事物中分离出来，需要人类的抽象思维能力发展到一定高度才能产生。特别是抽象出事物的数量属性，因为，“从人类的认识秩序来看，最早哲学家们提出万物的本原问题加以思考时，只能从事物的质的方面入手，因为质是事物的最直接的感性的规定”①。相对于质，“事物的量和数，虽然还不是事物的内在本质，而是可以从经验观察到的属性，但是它已不是直接感性的东西。它同质结合在一起，要把它分离出来才能把握和认识，因此认识事物的量和数比认识它的质就要困难得多，带有一种较为间接的性质”②。正是如此，从八卦发展到《周易》，还需要一个中间阶段，这就是《归藏》易。按《周礼》记载，三易之中还有《归藏》易。

---

① 杨适：《哲学的童年》，第 95 页，中国社会科学出版社 2011 年版。

② 杨适：《哲学的童年》，第 96 页，中国社会科学出版社 2011 年版。

【伍】　三易之法之《归藏》易

我们在前面阐述了，《周易》本经的诞生，标志着中华先民不仅关注外在的客观世界，关注天、地、水、火、雷、风、山、泽这些自然现象和事物，而且也开始关注事物的内部，开始把事物的数量变化作为事物变化的原因。当然这种思想意识的出现和发展并不是一蹴而就的，它也经历过一个漫长的过程。对于这一点，我们也可以通过对《归藏》易的“归藏”二字做一些推测，以此来帮助我们理解。

《周礼·大卜》曰：“大卜……掌三易之法，一曰连山，二曰归藏，三曰周易，其经卦皆八，其别皆六十有四。”① 《周礼注疏》曰：“易者揲蓍变易之数可占者也。名曰连山似山出内气变也。归藏者万物莫不归而藏于其中。”② 笔者认为《归藏》易反映的是早期采集、游牧社会的思想。《周礼注疏》曰：“归藏者万物莫不归而藏于其中者此归藏易。以纯坤为首，坤为地，故万物莫不归而藏于中，故名为归藏也。”③ 对于采集者来说，为什么冬天种子藏于土地之中，到了春天就会发芽、开花、结果。这种现象必然会在他们的思想中产生这样的意识，那就是生命得以延续的原因就归藏于种子内部。不仅植物生长过程这样，很多动物的生命繁衍过程也是如此。鸡从卵中孵化出来，长大后又生蛋，这种循环过程必然会让古人产生事物变化的因素是归藏在事物

---

① 《十三经注疏》，第 802—803 页，上海古籍出版社 2013 年版。

② 《十三经注疏》，第 802 页，上海古籍出版社 2013 年版。

③ 《十三经注疏》，第 803 页，上海古籍出版社 2013 年版。

内部的思想。

“归”字，“趋向或集中于一处。《系辞》：‘天下同归而殊途’”[1]。“归”，返也，即返回，回归。返回就有“复”的含义。《说文解字》曰：“复，行故道也。”[2] 进入采集和农业社会的中华先民必然会从大自然的各种现象中，发现动植物生长的反复过程，从而把这种现象叫作“归”。无论各种植物多么枝繁叶茂，各种花卉如何色彩艳丽，都最终归于种子。这种重复就是规律。《归藏》易的作者提出“归”这个概念，意味着人们开始关注回归，用重复来指谓规律，这也为《周易》提出“复自道”这个哲学范畴奠定了基础。

“藏”，即藏匿。藏匿起来的东西，总是看不见、摸不着，但却是存在的。更为重要的是，“藏”是中国先秦哲学中用于描述物体和物体属性之间关系的一个词。公孙龙子在《坚白论》中通过对“离坚白”的论述，给我们描述了中国先秦哲学中的“藏”的含义。

《坚白论》曰：“得其白，得其坚，见與不见离。不见离，一一不相盈，故离。离也者，藏也。”[3] 这是什么意思呢？客观存在的各种事物具有不同的属性，比如用眼睛可以看见物体的“颜色”，这是一种属性；用手摸可以得到物体的“坚硬”，这又是一种属性；如果通过味觉器官可以得出物体的味，这也是一种属性。这三种属性显然是不同的，它是依靠人不同的感觉器官得到的。比如公孙龙子这里提到的石头，眼睛可以看见石头的“白”，但是看不见“坚硬”，也就是说人依靠“见”把石头的白色属性从石头中抽象分离出来，这实际上就是人的抽象分析能力导致的“离”。人摸着石头，依靠触觉器官知道了石头的坚硬，但是人的触觉器官并不能知道石头的白色，这就是说人依靠触觉器官把石头的坚硬属性从石头中分离出来，这也是一种“离”。人的感觉器官在分离客观外在事物的属性时，由于特定感觉器官的这种单一的分离

① 张永言等编：《简明古汉语字典修订本》，第 267 页，四川人民出版社 2001 年版。

② 许慎撰，徐铉校定：《说文解字》，第 112 页，中华书局 2002 年影印版。

③ 王琯：《公孙龙子悬解》，第 80 页，中华书局 2003 年版。

功能，也就不能感知到外在事物的其他属性，因此，公孙龙子把这种感知行为称为“藏”。谭戒甫对公孙龙子这段话诠释为：“此谓由见以得白，而坚即以不见离；由知以得坚，而白即以不知离。今白由见而得，则坚由不见而离，故曰：‘见舆不见离。’坚即由不见而离，是见而在者一，而不见离者亦一耳，故曰：‘不见离一。’两一相外，必不相盈，必不相盈，则两一相离，故曰：‘一不相盈，故离。’离即隐藏之意，故曰：‘离也者，藏也。’盖所谓自藏者如是。”①

要把事物的各种属性，无论是质还是数量属性，从具体事物中分离出来，需要人类思维的抽象能力发展到一定高度才能产生。特别是抽象出事物的数量属性，亚里士多德曾说：“几何亦然，如其主题恰遇到了可感觉的事物，虽则几何不是为它们的可感觉性进行研究，数理也不至于因此之故而被误为可感觉事物之学术。另一方面，在那些分离于感觉事物的诸事物上做研究也不至于被误会。”② 汪子嵩等对亚里士多德的这一段话中的分离概念做了非常经典的解释：“亚里士多德实际上说了两种‘分离’，一种是现实事物的分离，比如这个具体的人和那个具体的人的分离，他们彼此都是独立存在的；另一种是思想上的分离，就是将事物的某一方面通过思想将它抽象出来，这样抽象出来的一般，只能在思想中可以和具体事物分离开而独立存在，在现实中它们是不能和具体事物分离开而独立存在的。这就是抽象和具体的区别。”③从这里可以看出，作为“离”的“藏”本身也指人在认识过程中的抽象能力。因此，“归藏”二字的基本含义，一方面表明复归的规律性，如动植物从种子或卵开始，最后又趋向归于同一的种子或卵，这是一种复归。是什么因素驱动着这种复归呢？人们把目光聚集到种子或卵的内部，把这种复归的规律性归结为藏匿在种子内部的因素。如同黑格尔所述：“这乃是因为在它们里

---

① 谭戒甫：《公孙龙子形名发微》，第 49 页，武汉大学出版社 2006 年版。

② 亚里士多德著，吴寿彭译：《形而上学》，第 264 页，商务印书馆 1996 年版。

③ 汪子嵩、范明生、陈村富、姚介厚：《希腊哲学史 1》，第 302 页，人民出版社 2004 年版。

面——（在它们骨子里）——‘有这样一种保持自己的原因或目的。’因为这种行为的本能产生了一种保持自己的动作，一种手段，并回归到自己里面去（它是使得自然的本质把自己保藏起来的媒介），因此，在自然里就有这个‘隐德莱希’，——一种自己产生自己的一定的内容。”① 另外一方面也表明人们具有了比较发达的抽象理解能力，即寻找趋于同一的抽象能力，这种抽象能力能够把事物的各种属性和具体事物分离开。

人们认识到事物的各种属性是依附在具体的事物中，也就是“藏”在事物中。这表明人们开始把一个混沌的事物分离为表面和内部两个方面。它表明人们“想要知道有异于单纯现象的原因所在，并且想要知道有以异于单纯外面的内面所在”②。在这种思想的驱动下，人们“便把现象分析成两面，内面与外面”③。这就是用“归藏”两个字来表示事物变易的原因所在。因为在古人看来，事物变易的原因，使事物归于重复的原因是隐藏在事物的内部的，“归藏”是事物变易的根本原因所在。我想这就是为什么古人取名为“归藏”易的来历。藏匿的因素必然是看不见、摸不着的内部因素，但正是这个藏匿的因素使事物不断归于重复。这表明古人开始由表及里地关注事物发展的内部本质。正如黑格尔所说：“我们常认为哲学的任务或目的在于认识事物的本质，这意思只是说，不应当让事物停留在它的直接性里，而须指出它是以别的事物为中介或根据的。事物的直接存在，依此说来，就好像是一个表皮或一个帷幕，在这里面或后面，还蕴藏着本质。”④ 正因为在《周易》产生前，古人已经产生了这样的思想，把事物变化的原因“归藏”于事物的内部。这个内部因素可以滋生万物而绵延不断。这个“归藏”于事物内部的因素，也是“象”。但这个“归藏”的因素是潜藏在内部的，因此，古人总结为：“物

① 黑格尔著，贺麟、王太庆译：《哲学史讲演录》（第一卷），第312—313页，商务印书馆1995年版。

② 黑格尔著，贺麟译：《小逻辑》，第75页，商务印书馆1995年版。

③ 黑格尔著，贺麟译：《小逻辑》，第75页，商务印书馆1995年版。

④ 黑格尔著，贺麟译：《小逻辑》，第242页，商务印书馆1995年版。

生而后有象，象而后有滋（滋生）”。

数作为具体事物的属性，藏匿在事物中，作为内部因素，是“象”。为什么是“滋而后有数”呢？最容易理解的就是一粒种子可以滋生繁衍、结出许多果实。另外《系辞》给我们做了很好的诠释。《系辞》曰：“古者包牺氏作结绳而为罔罟，以佃以渔，盖取诸离。包羲氏没，神农氏作，斫木为耜。揉木为耒，耒耨之利，以教天下，盖取诸益。”[①] “这是说包牺氏发明网罗，用来围猎捕鱼，是受了离卦卦象的启发……神农氏发明耜来，教导百姓耕作，是受了益卦卦象的启发。”[②] 这就是说，有了卦象，可以产（滋）生大量的事物。比如有了离卦这个“象”，就有了一个模型，人们可以按此“象”制作出许多的网罗。这当然是“象而后有滋（滋生），滋而后有数”。“日中为市，至天下之民，聚天下之货，交易而退，各得其所，盖取诸噬嗑。”[③] 这种市场交易行为，也必然产生各种各样的计算和数量关系。人们在交易过程中必然要用到度量衡，要计算和衡量，这也是数。甚至天象也需要通过计算才能准确地测出来。古人自然可以得出“滋而后有数”。“三五以变。错综其数。通其变。遂成天下之文。极其数。遂定天下之象。”[④] 因此，这才有了《周易》的推衍者把数作为万事万物本原的思想，因为数与数的关系是作为事物的属性存在于事物中。把数作为事物变易的本原，这表明中华先民抽象认识能力的提高。显然，认识到事物生长的因素是归藏于种子、卵中，要比发现事物变化有着数量规律关系容易。这只有在发现了音律，商品交换有了一定程度的发展后才有可能。另外，《归藏》易指出了规律的重复性，强调的是“归藏”，这是非常重要的。《周易》的推衍者把数作为本原，而这一切又建立在音律的基础上，这意味着《周易》的推衍者是用一种精确的数学关系来表述规律的重复

① 《十三经注疏》，第 86 页，上海古籍出版社 2013 年版。

② 廖名春：《〈周易〉经传十五讲》，第 273 页，北京大学出版社 2005 年版。

③ 《十三经注疏》，第 86 页，上海古籍出版社 2013 年版。

④ 《十三经注疏》，第 81 页，上海古籍出版社 2013 年版。

和周期性。这是一种进步，因为，“他认识到研究抽象概念的重要性，尤其是他使人们注意到数字能说明音乐中音符的周期性这一事实。因此，周期性这一抽象概念的意义，从一开始就是欧洲哲学和数学所共同提供的贡献”[①]。用怀德海赞誉毕达哥拉斯的这段话来说明《周易》在先秦哲学史上的贡献是一点也不为过的。

总结以上分析，笔者认为《周易》通过“象数推演”来推测自然和社会的变化，实际上标志着人们由简单地采用图像来表示象征事物，发展到试图从事物内部的本质因素并结合数量计算来推测自然和社会的变化，这显然是中华先民思想意识发展的一大进步。这一进步标志着人们试图用自然的原因来解释自然，而不是用神性来解释自然，也标志着人们的科学思维方式已经产生，这当然应该是一种科学的哲学思想。

【陆】　用筮数说明事物生成变化的《周易》

“数，在中国古代哲学中，有多种含义。指易数。《周易》以筮数说明事物现象的生成变化。《左传·僖公十五年》：‘龟，象也；筮，数也。……’《易传·系辞上》：‘三五以变，错综其数，通其变，遂成天下之文；极其数，遂定天下之象。”[②] 可见《周易》的推衍者除了用“周易”两个字来统一表述万事万物的运动变易，还试图用数量变化的规律来说明天下万物的一切变易。

《周易》是一本筮书，生于筮，筮源于数。也就是说《周易》的筮算完全

① 怀德海著，何钦译：《科学与近代世界》，第 37 页，商务印书馆 1997 年版。

② 张岱年主编：《中国哲学大辞典》，第 70 页，上海辞书出版社 2012 年版。

不同于甲骨贞卜。《周易》是依据计算的结论而预测，而贞卜则是通过看火烧甲骨的裂纹“兆”而得出结论，两者是不同的。

据考证，《周易》古经“所记载的社会现象相当广泛，关于经济情况的如农业、畜牧、渔猎等，关于社会制度的如封侯建国、阶级、婚姻、家族等，关于人们生活的如饮食、衣服、宫室、器皿等，关于人们活动的如祭祀、征伐、守卫、诉讼等，关于人们思想意识的如道德观念、政治观点等，都涉及一些”①。郭沫若指出：“全体六十四卦，三百八十四爻。卦有卦辞，爻有爻辞，合乾卦的用九，坤卦的用六，一共有四百五十项文句。这些文句除强半是极抽象、极简单的观念文字之外，大抵是一些现实的生活。这些生活在当时一定是现存着的。所以如果把这些表示现实生活的文句分门别类地划分出它们的主从来，我们可以得到当时的一个社会生活的状况和一切精神生产的模型。”② 闻一多认为：“《周易》卦爻辞分为有关经济、有关社会、有关心灵三大事类，从中钩稽出器用、服饰、车驾、田猎、牧畜、农业、行旅、婚姻、家庭、宗教、封建、聘问、争讼、刑法、征伐、迁邑、妖祥、占候、祭祀、乐舞、道德观念等大量史料。”③

乾坤的卦象是天地，因此，这是“有天地，然后万物生焉”④。结合郭沫若和闻一多总结给出的结论可以看出，《周易》的推衍者的确希望能够通过数筮计算预测出天地和“有关经济、有关社会、有关心灵三大事类”等事项的变化。因此，我们可以合理地推断出《周易》的推衍者是想通过数的计算来预测和说明各种自然和社会现象。这就说明，《周易》的推衍者是把数作为万物和社会变化的根本原因即本原，而早期的《周易》采用数字卦更是证明了这一点。

① 高亨著，王大庆整理：《高亨〈周易〉九讲》，第3页，中华书局2011年版。
② 转引自廖名春：《〈周易〉经传十五讲》，第8页，北京大学出版社2005年版。
③ 转引自廖名春：《〈周易〉经传十五讲》，第8页，北京大学出版社2005年版。
④ 《十三经注疏》，第95页，上海古籍出版社2013年版。

考古已经发现早期还出现过数字卦，也就是说在用现在的六画结构表示《周易》卦前或同期，还有直接用数字来表示的《周易》卦。如张家坡卜骨易卦为六六八一一六，按照现在的《周易》奇偶归类，这是升卦；六一六六六一为屯卦。这说明古人也直接用数来预测和说明各种自然和社会现象。

把数作为天地万物、人类社会发展变化的本原，用数和数之间的关系来计算和解释一切，这种观念无疑是理性思想发展的结果。它在八卦用八种不同事物的属性来说明万事万物的基础上，提出了用数与数的关系来说明自然现象，特别是用来说明人类社会的各种现象，这是人类思想发展进步的体现。其实这种试图把一切都统一于数的观念，古希腊的哲学家也有过。“毕达哥拉斯学派提出数是万物的本原，认为事物和数有相似性，是模仿数而成的，他们是怎么样具体地论证他们的观点的。他们想尽办法，将各种各样事物——从物质元素到自然界的事物，天体、生物以及人和人的意识，社会及伦理道德，一直到神——都和数联系起来，企图找出它们和数的相似之处，也就是用数来解释事物，将事物归结为数。”[①] 同样，《周易》也是如此，“《易》生于筮，筮源于数。‘名物为象数所依，象数为义理而设’”[②]。《周易》的推衍者把数作为万事万物和人类社会的本原，他们试图用数筮来计算和解释一切。特别是发现和谐美妙动听的音乐中有着数量关系之后，哲人们必然会产生把数作为本原的思想，毕达哥拉斯学派如此，《周易》的推衍者也是这样，我们对《周易》数字卦的详细分析和推论，将证明这一点。这从一个方面证明《周易》数筮的规则方法是与音律有关的，《周易》的推衍者把数作为本原的观念是建立在音律基础上的。

---

① 汪子嵩、范明生、陈村富、姚介厚：《希腊哲学史 1》，第 277 页，人民出版社 2004 年版。

② 廖名春：《〈周易〉经传十五讲》，第 20 页，北京大学出版社 2005 年版。

【柒】 对《周易》数字卦的一些推测（《周易》与音律的关系）

前面已经提到，《周易》还有数字卦。把这些卦中的数字按照偶数归阴，单数归阳就可以得到相应的《周易》卦。古筮的考古资料，从殷墟三期（约廪辛、康丁时）到西周早期（约穆王时止），如张家坡卜骨易卦为六六八一一六，按照现在的《周易》奇偶归类，这是升卦；六一六六六一为屯卦。周原卜甲第7号易卦为八七八七八五，这是既济卦；周原卜甲第81号易卦为七六六七六六，这是艮卦。

考古发现的数字卦有些什么特点呢？张政烺先生从发现的这些数字卦数据中发现了这样的现象[①]：

这三十二条材料共有168个数字，把它清理一下，记一至八字出现的次数如下：

数字	一	二	三	四	五	六	七	八
出现次数	36	0	0	0	11	64	33	24

六字出现次数最多，计64次，其次是一字，计36次，而二、三、四都是0次。这是个必须注意的现象。占卦讲命运，找时机，不会奇偶福祸的出现次数一般多，推至一切都不会是绝对平均的，但差别如此之大，很难解释。再一点是二、三、四绝不出现，剩下五个数字，三个奇数，两个偶数，奇偶不平衡。

① 张政烺著，李零等整理：《张政烺论易丛稿》，第12页，中华书局2011年版。

另外，张政烺还得出这样的结论："古筮的考古资料，从殷墟三期（约廪辛、康丁时）到西周早期（约穆王时止）皆数止于八，没有出现过九字。"[①]

此外，张政烺先生说：[②]

1980年春，陕西周原考古队在扶风县齐家村西周遗址采集到一片卜骨（80. F. QEH：108）上部已折去，保存五个卦，内有六九八一八六和九一一一六五两卦（《文物》1981年第9期《扶风县齐家村西周甲骨发掘简报》图10），第一次出现九字。这是西周中期或晚期之物，在一版五卦三十爻上数目出现的次数如下：

数字	一	二	三	四	五	六	七	八	九
次数	11	0	0	0	3	8	0	6	2

按照张政烺先生给出的数据，可以得出如下的一些结论：

第一，无论早期的数字卦还是中晚周的数字卦都有数字"一、五、六、八"而没有"二、三、四"。第二，早期的数字卦有七而没有九，数终止于八。而中晚周的数字卦中没有七而有九，为什么会出现这种现象呢？张政烺先生认为："古汉字的数字，从一到四都是积横画为之，一、二、三、四自上而下书画写起来容易彼此掺和，极难区分，因此把二、三、四从字面上去掉，归并到相邻的偶数或奇数之中，所以我们看到六字和一字出现偏多，而六字尤占绝对多数的现象。"[③] 笔者部分同意张政烺先生的观点，即由于一、二、三、四自上而下书画写起来容易彼此掺和，极难区分，因此把二、三、四从字面上去掉，归并到其他数字中，但是如何归并呢？笔者在这个问题上不同意张政烺先生的观点，笔者认为，数字卦的推衍者并非一开始就是按照奇偶数字归并，而是根据音律的数量关系来进行的。下面对此进行分析，并做一些推测。

① 张政烺著，李零等整理：《张政烺论易丛稿》，第33页，中华书局2011年版。
② 张政烺著，李零等整理：《张政烺论易丛稿》，第33—34页，中华书局2011年版。
③ 张政烺著，李零等整理：《张政烺论易丛稿》，第12页，中华书局2011年版。

中华文明在音乐实践和音乐理论方面的研究有着悠久的历史。“中国古代典籍多将古人确定音高标准的开始时期定为夏代。”[①]“舞阳贾湖骨笛的测音数据则又一次明确无误地告诉我们：距今八九千年前的早期人类，他们制作的骨笛所吹奏的音阶全部都是自然音阶，亦即是说：人类音乐实践最早问世的是多种类型（四声、五声、六声和七声）的自然音阶。”[②]贾湖骨笛制作的痕迹让人感觉到当时的人好像已经意识到数与音律的关系。在距今 9000 多年至 7800 年间的三支骨笛上，“都留下了制作时为计算开孔孔距而留下的计算刻度，其中 8600—8200 年前的骨笛是用钻头轻点而留下了痕迹，而在实际钻孔的过程中，又根据人耳对音高的校正进行了修改，这支骨笛在开到第七孔时，先开了一个小孔，经过人耳的审听，觉得它比实际需要的音略高，因此在它下方 0.44 厘米处又开了一个正式的音孔。经过测音，六孔至七孔的音距为 178 音分，它与小全音的音分 182 音分只差 4 个音分，而这 4 音分却是一般人耳难以分辨的”[③]。

发现音高和发音体之间存在着数量关系，自然是经历了一个漫长的过程。中华民族之所以能够较其他民族更早地发现音律与数之间的关系，笔者推测重要原因之一是早期的中原大地，竹子这种植物被广泛使用，从而推动人们较早地发现音律与数之间的关系。“发掘龙山文化遗址。在一个灰坑中找到一块碳化的竹节，有些陶器器形的外表也似竹节。这说明在新石器时代晚期，竹类的分布在黄河流域是直到东部沿海地区的。”[④]“随着周朝的建立……就来到物候时期……中国的许多方块字，用会意、象形来表示，在那时已形成。由这些形成的字，可以想象到当时竹类在人民日常生活中曾起到了如何的显著作用。方块字中如衣服、帽子、器皿、书籍、家具、运动资料、建筑部分

① 陈其射：《中国古代乐律学概论》，第 60 页，浙江大学出版社 2011 年版。

② 徐荣坤：《中国传统乐学探微》，第 112—113 页，人民音乐出版社 2008 年版。

③ 乔建中、韩锺恩、洛秦：《中国古代音乐史》，第 272 页，上海音乐学院出版社 2009 年版。

④ 竺可桢著，施爱东编：《天道与人文》，第 76 页，北京出版社 2011 年版。

以及乐器等名称、都以‘竹’为头，表示这些东西最初都是用竹子做成的。因此，我们可以假设在周朝初期气候温暖可使竹类在黄河流域广泛生长，而现在不行了。”①

如果说先民们能在距今7000—8000年前用骨制作骨笛，那么用竹子制作乐器就是非常自然的事，相对兽骨来说，竹子更容易得到。甲骨文的“龠()”就像是一种用长短不一的竹管做成的乐器。竹管乐器有一个特征，竹管越长，竹节越多，发音越低；反之竹管越短，竹节越少，发音越高。这很容易让人们发现音高与管长之间有一定的数量关系：②

从仰韶文化陶环形是9、8、7、6、5的多角形和半坡彩陶纹饰以10为限观之，乐之初，古人是以律和声的，用简单的数学方式规范音阶实在情理之中。当管长分别为9、8、7、6、5竹节数字关系时，所吹的音高与当时具有音律含义的宫、商、角、徵、羽（清羽）大体吻合。

简单整数律表

管长	九	八	七	六	五
五声、五律	宫	商	角	徵	羽
	宫	商	角	徵	清羽
音分值	0	204	435	702	1018
与纯律比较相差值	0	204	386	702	1018
	0	0	49	0	0
与三分律比较相差值	0	204	408	702	996
	0	0	27	0	22

从上表观之，管长为9、8、7、6、5等差数列的音高关系与纯律和三分损益律均相差甚微，这说明上古时期先民对乐音音高的规范首先用的是等差长度造律思维，是在异管长短的比较中自然形成了与谐音列吻合的等差数理逻辑的原始律。

① 竺可桢著，施爱东编：《天道与人文》，第77—78页，北京出版社2011年版。
② 陈其射：《中国古代乐律学概论》，第43页，浙江大学出版社2011年版。

请注意这是等差数律。发现音律呈等差数律的时间可能非常早，贾湖骨笛上就发现“笛子上还划有等分记号，显然是划分在前，钻孔在后”①。这说明人类对音乐与数理逻辑之间的关系认识也有一个逐渐发展的过程，人们首先会在实践中总结出音律之间的数量关系是一种等差关系。生活在温暖潮湿环境中的中华远古先民，在用竹管做乐器的实践过程中，慢慢地发现竹节的数与音的高低是有关系的，竹节数越多，管子发出的音越低，反之，发出的音越高。竹节是等分的，人们很容易就会发现，一节音高，二节音低，三节更低等等。在古人的观念里，音律的高低和数量之间呈现出一种等差数列的关系。特别是“当管长分别为 9、8、7、6、5 竹节数字关系时，所吹的音高与当时具有音律含义的宫、商、角、徵、羽（清羽）大体吻合”。“9、8、7、6、5 与音结合便产生了 do、re、↑mi、soi、♯la（宫、商、↑角、徵、清羽）。”② 我们都知道，由这些音高可以构成美妙动听的音乐。

“当先民们用‘8、7、6、5、4’与音结合时便产生了 mi、↓soi、la、do、mi（角、↓徵、羽、宫、角）……当先民用‘10、9、8、7、6’与音结合时便产生了 do、re、mi、↓soi、la（宫、商、角、↓徵、羽）。由此观之，10、9、8、7、6、5、4、3 由高向低递减形成以长度关系构成的等差整数列，恰与 1/10、1/9、1/8、1/7、1/6、1/5、1/4、1/3 由低向高递增的频率关系的自然谐音序数构成逆向。”③ 按音高计算方式可以得出，“5、4、3、2”的中 $\frac{3}{2}$ 的音高关系，即 $3\div2=1.5$，$\log1.5\times3986.313\approx701.95\approx702$ 音分＝纯五度，是徵音。“8、7、6、5、4”与音结合时便产生了 mi、↓soi、la、do、mi（角、↓徵、羽、宫、角），而“5、4、3、2”的数字关系与音结合时便产生了 do、mi、la、soi（宫、角、羽、徵）。我们可以合理地推测出，早期古人

---

① 吾淳：《中国哲学的起源》，第 355 页，上海人民出版社 2010 年版。

② 陈其射：《中国古代乐律学概论》，第 113 页，浙江大学出版社 2011 年版。

③ 陈其射：《中国古代乐律学概论》，第 113 页，浙江大学出版社 2011 年版。

按照音律等差数量关系可能会发现“8、7、6、5、4、3、2”的数字关系是“角、↓徵、羽、宫、角、羽、徵”（相当于现代简谱咪、↓索、拉、哆、咪、拉、索）这样的相对音高关系，也就是说古人会从这种音高关系中发现4和8都是角（咪）音；7和2都是徵（索）音；6和3都是羽（拉）音。这是我们按照早期等差数列和音律之间的关系得到的一种音高和数字一一对应的数量关系。

假定《周易》数筮是与音律的数字有关系的，“根据对一根弦的和谐划分和等差划分……1、2、3、4、5、6这个等差数列作为小和声的代表”①，和声的应用使音乐音响更加丰满、浑厚。也就是说在音乐的早期实践中，古人一定会发现1、2、3、4、5、6这种有着等差数字关系的竹管乐器发出的音乐是和谐动听的。如果古人用数来表示音律关系，那么首先必须能够用1、2、3、4、5、6这样的数来表示，这里最重要的是要得出1这个数，“因为任何生律法都要用到八度音程，在谐音列上正是1号与2号谐音的距离”②。从音律计算的角度看，这是非常自然的，就相当于现在的音乐简谱1、2、3、4、5、6、7必须从1开始一样，而这个特点在早期的数字卦中是得到印证的，这些数字卦中都是有1这个数。

由于早期的数字卦中有1、5、6、7、8，没有9这个数字，并且更为重要的是没有2、3、4这三个数。如果按照现在《周易》的数筮方式和次数，数筮只能得出9、8、7、6四个数字。按照现在《周易》的数筮方式能否得出1这个数呢？首先让我们看看《周易》的数筮方式是如何进行的：取五十五根筮草，从五十五根筮草中取走六根筮草表征卦象，剩下四十九根筮草。

1. 将四十九根筮草随机分成两组。

2. 从两组筮草中的任意一组取出一根筮草，然后将剩下的两组筮草分别以四根筮草为一组相除；相除后两组筮草必然有余数（余数为1、2、3、4，

---

① 李玫：《中国传统律学》，第63页，福建教育出版社2008年12月版。

② 李玫：《中国传统律学》，第44页，福建教育出版社2008年12月版。

如果全部分完，则认为余数为 4)。将两组筮草的余数全部去掉，两组筮草之和不是 44 就是 40。

3. 把一变所余下的 44 根或者 40 根筮草再按上述方式“演算”一遍，去掉余数后，可得 40、36 或 32 根三种情况之一。

4. 把二变余下的筮草按同样的方式再“演算”一遍，去掉余数，余下的筮草数只能是 36、32、28 或者 24 根，最后除以 4，就可确定一个爻。36÷4＝9（老阳之数，用“⚊”表示，奇数为“⚊”），32÷4＝8（老阴之数，用“⚋”表示，偶数为“⚋”），28÷4＝7（少阳之数，用“⚊”表示），24÷4＝6（少阴之数，用“⚋”表示）。按照上述三变的方式进行 6 次，就可以得出 6 个爻，从而得出一个卦象。这里特别要注意的就是目前《周易》的数筮方式，它采用每次三变得出一个爻。这种三变只能得出 9、8、7、6 这四个数，而不能得出 1、2、3、4、5 这五个数，这是目前的数筮方式所能得出的数字。也就是说按照目前《周易》的数筮方式计算三次，无论如何也计算不出 5 这个数，如果要计算出 5，只能再用同样的方式经过四变才能得到余数 5，而要得到 1 这个重要的数字，就必须经过六变才能得到。六变后才有可能得到下列六个数：24÷4＝6，20÷4＝5，16÷4＝4，12÷4＝3，8÷4＝2，4÷4＝1。可以合理推测，为了得出 1、2、3、4、5、6 这六个数，按照现在《周易》的数筮方式，古人开始使用的是六变得出一个爻，而不是现在的三变，只有这样才能得出 1、2、3、4、5、6 这六个数，而这样得出的六个数所组成的音乐是和谐的，因为和声音乐理论告诉我们，1、2、3、4、5、6 这个等差数列作为小和声的代表，使得音乐变得丰满、浑厚，更加动人。

但是，中国的汉字，早期的一、二、三、四，都是由“一”横画构成的，那么得出一、二、三、四中的二、三、四就不易和一区分开，比如二字，究竟是两个一还是二？因此，古人为了避免混淆，就想用其他数字来替代二、三、四这三个数。按照我们前面得出的音律中的数字之间的关系，即四和八是角，七和二是徵，六和三是羽，如果数筮出的数为一，记为一；如果是二、

三、四，那么为了与一区分，就分别由其他字来代替，二用七，四用八，三用六代替，这样数字卦就出现一、五、六、七、八。而且由于六和三两个数字都能数筮出，所以，六出现的次数就显得比其他数字多。

以上的推论，笔者认为是合乎逻辑也是有道理的，它反过来也证明《周易》是与音律之间有关系的。

为什么数字卦到了西周中晚期会出现9字？根据张政烺先生考证，这种出现9而没有7的数字卦是西周中期或晚期之物，在一版五卦三十爻上数目出现的次数如下：

数字	一	二	三	四	五	六	七	八	九
次数	11	0	0	0	3	8	0	6	2

同样是2、3、4没有出现，但有了9而无7。这又如何解释呢？笔者认为这和中国先秦音律理论的发展有关系，因为这时的音律已经由早期的等差数列关系变成了“三分损益”的数量比例关系。

按照人们对音律和数量关系的认识规律过程，早期的中华先民首先认识的音律是一种等差数律关系，数字是按照等差数律关系相互替换的。因此，这时的数字卦中出现的是1、5、6、8、8。但是伴随着对音律数量关系认识的深入，人们发现音律和长度之间的数量关系更为准确的不是等差而是成比例关系。假如以9寸长的竹管作标准音，吹出的音调叫宫，然后“三分损一”(将管分为三等份而去掉一份即$9\times2/3=6$)，剩下6寸作为第二根管，这时吹出的音调是纯5度的高音徵。然后再“三分益一”(将6寸管分为三等份而增加一份即$6\times4/3=8$)，所得8寸作为第三根管，吹出的音调是纯4度的音商。从计算的方法可以看出，“三分损一”就是乘以2/3，“三分益一”就是乘以4/3。这样连续做四次，可以得到5根长度不同的管子，吹出中国古代常用的5个音：宫、商、角、徵、羽，但是，除了宫、商、徵这3个音的管长为9、8、6三个整数外，其余的角和羽都不是整数。商音$8\times2/3=16/3$不是整数；$16/3\times4/3=64/9$，也不是整数，也就是说按照“三分损益”法得出的5个音：宫、商、角、徵、羽中，只有9、8、6三个整数。此外，2、3、4三个数之间恰好构成了计算音律的关系，2/3即三分损一，三段少一段，得出一个音；4/3即三分益一，三段多一段，又得出另一个音。因此如果要用6、7、8、9四个数来替代的话，那么8/6=4/3；6/9=2/3。这里恰恰只能用9而不能用7这个数，因为用“三分损益”的方法不能得出7这个整数，更何况只有9、8、6这三个数相比才符合“三分损益”的音律规律。因此，将2归并为6，3作为9，4作为8，这样的归并是符合音律的比例数量关系的，而且在古人看来，这种替换是更为准确的替代方法，它比等差数量关系更为准确地反映了音乐和数律之间的关系。我想这就是《周易》数字卦前期会出现7，而中晚期会出现9的原因。从历史发展过程看，殷商贵8，而西周贵9也必然会导致这种现象的出现。张政烺先生的解释也说明了这点。“盖古代中国东方人‘数以八为纪’，而西方人‘数以九为纪’，应是地方的风俗习惯如此，吕不韦采集到，也许是从古代文献归纳得来的。我们根据这类记载，可以说，筮法本来是由东方人开创的，故筮数止于八，传到西方，周人使用一段时期，逐渐修正，使它成为合乎西方人风俗习惯的东西，筮数中遂出现了九字。”①

《吕氏春秋》是这样记载的，《吕氏春秋·孟春纪》曰：“其帝太皞（高诱注：太皞，伏羲氏以木德王天下号，死祀于东方）……其数八。”②“其帝少皞（高诱注：少皞……为西方金德之帝）……其数九。”③

根据张政烺先生的考证和推测，我们也可以做一个更为大胆的推测。因“夏、商在东土，周人在西土。古人说，《连山》《归藏》贵八，《周易》贵九”④。《周礼注疏》曰：“夏殷易以七八不变为占。周易以九六变者为占。”⑤也就是说周人在最初做数筮时，受商文化影响，其计数也是不超过8，并且按

---

① 张政烺著，李零等整理：《张政烺论易丛稿》，第34页，中华书局2011年版。

② 转引自张政烺著，李零等整理：《张政烺论易丛稿》，第34页，中华书局2011年版。

③ 转引自张政烺著，李零等整理：《张政烺论易丛稿》，第34页，中华书局2011年版。

④ 张政烺著，李零等整理：《张政烺论易丛稿》，第15页，中华书局2011年版。

⑤ 《十三经注疏》，第802页，上海古籍出版社2013年版。

照音高关系，2和7都是徵音，2用7来替代，3与6都是羽音，3归并到6，4和8都是角音，4用8来替代。这样就出现了归并后的数字卦，这种数字卦中仅能出现1、5、6、7、8这几个数字。而到了周中晚期，周人贵9，这时候的音律按照“三分损益”的数学方法计算出来，自然可以将2归并为6，3作为9，4作为8，从而得出1、5、6、8、9这样的数字卦。

如果在数筮过程中，每次都要经过六变而得出1、5、6、8、9这样的数字卦，而其中的6、8、9三位数又是由数筮中出现的2、3、4按照音律关系替换而得来的，作为贵9的周人，必然在这样的数筮过程中要思考，为什么不能直接数筮出6、8、9而非要数筮出1、2、3、4、5、6这几个数字，然后又用6、8、9来替换2、3、4从而得出《周易》的每爻呢？仔细观察，我们会发现，要出现6、8、9这样的数字，只需要按照现在《周易》的数筮方式，采用三变即可，三变后出现的数字就是6、7、8、9，而四变后就只能得出5、6、7、8四个数，而不能得出9，五变、六变后更不可能得出9这个数。对于贵9的周人来说，三变就是唯一的选择。三变后得出的6、7、8、9，按照音律关系自然可以没有7，因为“三分损益”的音律计算方式不能得出7和5这两个整数。既然两种数字替换的方式是早期用6、7、8，而后期是用7、8、9，那么完全可以看成是将7归并为9，并且两者都是奇数，同理可按照偶数关系把8归并为6，这也是合理的。这就是现在的《周易》数筮方式，而这样的数筮方式也更容易用“三分损益”法来解释，其理由如下：

1.“三分损益”法，是以三为基数，因此《周易》以三变为限，与“三分损益”法的三为基数相符，这样伶州鸠的“纪之以三”就比较好理解了，既是“三分损益”法的三分之数，也是《周易》数筮的三变之数。因此，这叫“纪之以三”。

2.先秦时期，古人用“大”字表示低音，用“细”字表示高音。伶州鸠曰："细大不逾曰平。"[1]"平之以六。"[2] 也就是说，音高之间的高低变化以六为基数，要使音乐和谐动听，那么就必须"乐从和，和从平"[3]，要"平之以六"。按照《周易》的数筮方式，三变得出6、7、8、9，音高之间的高低没有超过6，无论是6/9（2/3）相比，或者是8/6（4/3），音高之间的数字比例关系都是以6作为基数，这里6、7、8、9所表示的音高变化是"细大不逾曰平"，因为这是"平之以六"，是音乐的和谐数字关系。

如果按照"三分损益"的计算方式，定第一根管子长81，那么这样计算得出的5根管子的长度恰好都是整数：81、54、72、48、64，这组数中64恰恰对应了《周易》64卦这个数字。结合上面《周易》的推衍方式可以看出，"大衍之数五十有五。其用四十有九"[4]。然后将49根筮草随机分成两组，这叫"分而为二以象两"[5]，这时有了1和2两个数字；从两组筮草中的任意一组取出一根筮草，放到另一处，这叫"挂一以象三"[6]；剩下的两组筮草之和就是48根，由48按照"三分益一"可以得到64这个数。而按照《周易》的推衍方式，也恰好每次都由48根筮草数筮三次得出每爻，从而推衍出64卦。在音律计算关系中由48按照"三分损益"的方式计算出64这个数，因此从《周易》的推衍方式也可以看出，古人是按照音律数量关系进行推衍的。

笔者推测《周易》按照"三分损益"的计算音律的方式归并数字，从而形成数字卦。《周易》的损益两卦也给我们留下了这样的线索。

《周易》第二十一对对卦是损益两卦，损卦其经卦为"☱"如果按照《周易》的数筮方式，阳为9，阴为6，显然得出下面两阳为9和上面一阴为6，那么6/18=1/3，这叫三分损一，故为损卦。益卦其经卦为"☳"，这是上面

---

① 陈桐生译注：《国语》，第137页，中华书局2013年版。
② 陈桐生译注：《国语》，第141页，中华书局2013年版。
③ 陈桐生译注：《国语》，第137页，中华书局2013年版。
④ 《十三经注疏》，第80页，上海古籍出版社2013年版。
⑤ 《十三经注疏》，第80页，上海古籍出版社2013年版。
⑥ 《十三经注疏》，第80页，上海古籍出版社2013年版。

两个 6 和下面一个 9，那么 12/9＝4/3，这叫“三分益一”，故为益卦。由损益卦可以看出，《周易》总是试图按照音律的数量关系来说明和揭示各种社会和自然现象。

我们在前面提到过，《周易》作为先秦古籍，其形成应在西周早期，而作者是周文王和周公等周室人物。《左传》曰：“先君周公制周礼。”[①] 周公在《大诰》中说：“天降威用，文王遗我大宝龟，绍天明即命。”[②] 从史料记载可以看出，“周公作为祝卜系统的首脑，不但改编和加工过《周易》的卦爻辞，而且为解释《周易》的创作背景、思想内涵也做了一定的工作，于是就产生了《易象》一书”[③]。况且，周公作为祝卜系统的首脑，他一定是精通卜筮方法的人，也是文王给予其占卜特权之人，自然也懂得《周易》的数筮方法。更为重要的是“先君周公制周礼”，这就是说周公也是制礼乐、精通音律之人。因此，周公产生把数作为本原的哲学思想是完全有可能的。

关于先秦时期音乐理论的发展状况，专家们认为，在周代十二律的理论已经确立。十二律“其中单数称律，双数称吕（亦称‘同’），所以十二律又叫十二律吕”[④]。也有学者认为，河南省舞阳县的骨笛的出土“使人相信，十二律在当时可能已经产生，而 22 支骨笛实际就是迄今我们所知的以骨为管的最早骨律。骨律均由飞禽的骨骼制成，制作年代距今已逾七千年”[⑤]。“22 支律管多数呈两支一组随葬于墓葬之中，这使人想起雄律雌吕的律吕古制，况且测音的结果同时表明，出土于同一墓穴中的两支律管的宫调具有大二度音差，证明当时的律制确有雌雄之分。”[⑥] “不仅如此，当时的天文与数学知识已足以支持先民们创造出十二律，并将律吕与时间相互配合。”[⑦]

---

① 左丘明撰，杜预集解：《左传》，第 522 页，上海古籍出版社 2012 年 5 月版。
② 《十三经注疏》，第 198 页，上海古籍出版社 2013 年版。
③ 廖名春：《〈周易〉经传十五讲》，第 197 页，北京大学出版社 2005 年版。
④ 乔建中、韩锺恩、洛秦：《中国古代音乐史》，第 341 页，上海音乐学院出版社 2009 年版。
⑤ 冯时：《中国天文考古学》，第 268 页，中国社会科学出版社 2010 年版。
⑥ 冯时：《中国天文考古学》，第 268 页，中国社会科学出版社 2010 年版。
⑦ 冯时：《百年来甲骨文天文历法研究》，第 346 页，中国社会科学出版社 2011 年版。

据《尚书·舜典》记载，舜时代就有了音乐理论。“诗言志，歌永言，声依永，律和声。八音克谐，无相夺论，神人以和。”[①]《尚书正义》曰：“声谓五声，宫、商、角、徵、羽。律谓六律六吕十二月之音气。言当依声律以和乐。”[②] 六律又叫六阳律，六吕又叫六阴律，其中单数称律，双数称吕。冯时认为：“《尧典》的历数体系甚至可以通过二里头文化的相关遗物得以印证。总之，这一时期天文学的发展呈现着全面的进步，同时更为重要的是，自距今八千年前就已逐渐形成的传统阴阳观由于为观象授时的政治活动和生产目的提供了理想的哲学解释，从而使固有的时空体系即成为表现阴阳观念的基本要素，更是阴阳描述的基本形式。”[③]

按照“三分损益”的计算方式，计算 11 次，就可以得到 12 律。在古人看来，各种音乐的旋律总是由不同的 6 阳（律）和 6 阴（吕）组成，声音有高有低，高低不同却是由数量来决定的，而且这些高低不同的音律都可以由数学计算方法得到。这种数量关系是必然的和客观的，六阴六阳的音律可以组成各种优美动听的音乐。

如果按照《周易》的数筮方式，得到 9、7，分别称为老阳、少阳。得到 8、6，分别称为少阴和老阴。要得出乾卦共需 216 根筮草（9×4×6＝216，因为乾卦每爻都是老阳，也就是 9，而要得到 9，按《周易》的数筮方式，必须由 36 除以 4 才能得到，读者可以自行推衍），得出坤卦需 144 根筮草（6×4×6＝144，坤卦每爻都是老阴，要得到 6 这个数，必须用 24 除以 4 才能实现），216＋144＝360。因此，六阴六阳作为天地取象，所对应的数 360 在古人看来是天地运行的时间体现，故此，古人将此称为“天之道”。正是因为这是一种数字演算规律，并且所用的数字又具有非常重要的意义，故《系辞》

① 《十三经注疏》，第 131 页，上海古籍出版社 2013 年版。

② 《十三经注疏》，第 131 页，上海古籍出版社 2013 年版。

③ 冯时：《百年来甲骨文天文历法研究》，第 346 页，中国社会科学出版社 2011 年版。

曰："天一，地二。天三，地四。天五，地六。天七，地八。天九，地十。"①"天数五，地数五，五位相得而各有合。天数二十有五，地数三十，凡天地之数五十有五，此所以成变化而行鬼神也。"② 由此可以看出，《周易》的推衍者已经意识到，天地间各种事物的变化都包含了有规律的数量变化。

《周易》由不同的阳爻和阴爻组成，同时也是六卦画，有六阳爻和六阴爻，不同的是阳爻和阴爻处于不同的位。这就像不同的阳律与不同的阴吕组成的乐谱，不同的阳律阴吕呈现出高低不同的音，这种高低不同遵循一定的数学规律。它就像现在的五线谱，出现在五线谱上的音符依据高低位置的不同来表示音符发音的高低。同样的道理，在《周易》中的各阴阳爻的排列也呈现出高低的不同，这也反映了《周易》推衍者通过每卦之间不同的数字和不同的阴阳爻结构来反映每卦代表的不同事物。

如同古希腊哲学是从神话和宗教中分化产生出来的一样，使用数筮方式推衍的《周易》已经包含了用理性来解释客观世界的思想，这意味着人们试图把统一性建立在数量的基础上。因此，《周易》的推衍者采用数和空间结构的变化来解释、推测客观世界的变化，这是把数作为客观世界变化的根本原因的哲学思想，但这个阶段人们还没有完全把理性思想和宗教思想分开，就如同毕达哥拉斯学派一样，一方面对数学的发展做出了巨大的贡献，并且提出了数是本原这样的哲学观点，但是同时他们"又将哲学、科学和宗教混合在一起"③。列宁把这种世界观说成是"科学思维的胚芽同宗教、神话之类幻想的一种联系"④ 的世界观。周代早期的人们，理性思维还处在萌芽阶段，但较之商，已经有了很大的进步。这可以从宗教礼仪的演变看出来。《礼记·表记》："夏道尊命，事鬼敬神而远之。……殷人尊神，率民以事神，先鬼而后

① 《十三经注疏》，第 81 页，上海古籍出版社 2013 年版。
② 《十三经注疏》，第 80 页，上海古籍出版社 2013 年版。
③ 汪子嵩、范明生、陈村富、姚介厚：《希腊哲学史 1》，第 86 页，人民出版社 2004 年版。
④ 列宁：《哲学笔记》，第 211 页，人民出版社 1998 年 2 月版。

礼。……周人尊礼尚施，事鬼敬神而远之。”① 相对于殷商时期的无事不卜来说，《周易》用计算的方法来推测未来，解释客观世界，相对早期用卜的方式，依靠烧甲骨、看甲骨的“兆”这种毫无规律性的方法来说，显然周代早期人们的理性思维发展是前进了一大步。因为它是用数学公式和方法来计算、推测未来，就像我们今天把各项设计、各项工程建设建立在数学计算的基础上一样，这是一种理性的思维方式，这说明周代早期的人们已经开始相信数学关系是客观事物具有的一种数量规律。

正如马克思所论述的一样：“哲学最初在意识的宗教形式中产生。”② 作为中国先秦哲学源头之一的《周易》也不例外。一方面，《周易》是由巫咸采用数筮方式来预测未来，解释外在客观世界中所发生的一切，这是一种宗教仪式和宗教思想。另一方面，由于其采用的是数学推演和数律音乐关系，这又表明人们开始用理性的思维来解释世界、推测未来，这实际上就是一种科学和哲学思想。

我们在前面已经说明，八卦中有些卦是用图像直接表示其含义的，这代表了中华先民早期造汉字的思维方式，即“依类象形”。但是，《周易》中的六十四卦，每卦由六爻构成，有的卦象不能直接由卦的形状来表征。这说明《周易》的推衍已经不能完全用图像来说明，同时也表明《周易》的推衍者是在用数量关系和音律这个天道来诠释外在客观世界，因为在周代，人们已经开始重视“德”“谦”这些社会道德行动。《周易》本经中就已经出现“德”和“谦”这样的道德行为。如讼卦中的六三爻辞“‘食旧德，贞，厉，终吉。或成王事，无成’，是说安享旧日的德业，坚守不动，虽然有危险，但最终会吉利；如果喜欢争讼，就是跟从天子做事，也不会有所成就”③。谦卦卦辞曰：“‘谦，亨，君子有终’，是说谦虚就能亨通，君子会有好的结局。”④ 显然这些

---

① 《十三经注疏》，第1641—1642页，上海古籍出版社2013年版。

② 转引自杨适：《哲学的童年》，第21页，中国社会科学出版社2011年。

③ 廖名春：《〈周易〉经传十五讲》，第78页，北京大学出版社2005年版。

④ 廖名春：《〈周易〉经传十五讲》，第85页，北京大学出版社2005年版。

社会行为很难用八卦中的水、火这些具体事物来说明。“德”“谦”不像水、土那样能够触摸到，对其的评判标准更像音乐，是采用内心的标准来评判外在的社会行为，就像对音乐演奏是否美妙动听的评判，不是依靠触觉和视觉，而是依靠内心的感受。故《史记·乐书》曰：“乐者，所以象德也。”① 《礼记·乐记》曰：“弦歌诗颂，此之谓德音，德音之谓乐。”②

音乐是由不同的声构成的，《礼记正义》曰：“宫商角徵羽，杂比曰音，单出曰声。”③ “和：‘乐从和，和从平’……这说明了实现‘和’的自然谐和关系是异音想从的结果。两个乐音，频率相同或可构成简单整数比而共振时，获得了谐和、调和的音响效果，便称作‘和’。”④ 可见古人认为人类的社会行为也像音律一样，有一个客观的标准，在此标准基础上，才能建立起和谐社会，人人都讲道德、遵礼仪，这是因为“乐者，天地之和也；礼者，天地之序也”⑤。因此，《周易》的推衍者才采用与计算音律相同的方式，以此来预测未来和解释世界。如同亚里士多德所说：“他们认为‘数’乃万物之原。在自然诸原理中第一是‘数’理，他们见到许多事物的生成与存在，与其归之于火，或土或水，毋宁归之于数。数值之变可以成‘道义’，可以成‘魂魄’，可以成‘理性’，可以成‘机会’——相似地，万物皆可以数来说明。他们又见到了音律的变化与比例可由数来计算——因此，他们想到自然间万物似乎莫不可由数范成，数遂为自然间的第一义；他们认为数的要素即万物的要素，而全宇宙也是一数，并应是一个乐调。他们将事物之可以数与音律表征者收集起来，加以编排，使宇宙的各部分符合于一个完整秩序。”⑥ 从“德”字的演变过程也可以看出来，其早期是一种外在的可以直接观察到的行为，后来

---

① 司马迁：《史记》，第 1007 页，上海古籍出版社 2013 年版。
② 《十三经注疏》，第 1540 页，上海古籍出版社 2013 年版。
③ 《十三经注疏》，第 1527 页，上海古籍出版社 2013 年版。
④ 陈其射：《中国古代乐律学概论》，第 21 页，浙江大学出版社 2011 年版。
⑤ 《十三经注疏》，第 1530 页，上海古籍出版社 2013 年版。
⑥ 亚里士多德著，吴寿彭译：《形而上学》，第 12—13 页，商务印书馆 1996 年版。

却是与内心的感受有关。在商代，“徝”还是表征人外在的行走仪态，这种仪态是可以看得见的。但是到了西周，“徝”字增添了心，这表明人开始重视内心世界的活动，而这种内心世界的活动显然是外人看不见，更是摸不着的。它就如同乐谱音律一样，也是一种内心的规范和活动，“凡音者，生人心者也。情动于中，故形于声。声成文，谓之音”①。只不过“德”规范的是人类社会的行动，而音律构成的是和谐的音乐。因此，用水、火、土这些具体的东西来说明“德”和“谦”这些社会行为，就不如用音律这种数量关系来解释更让人容易理解，因为水、火、土这些具体东西都是有形的，而“德”“谦”这些社会行为则是无形的。

《周易》一共 384 爻，从数来说可以看作是由 360＋24 构成，即一年的天数和 24 个节气的数构成的。而筮算出乾、坤两卦的筮草数也是 360，因此在古人看来，这就是天道，因为《周易》中的 384 和 360 两个数恰恰包含了一年 360 天和 24 个节气。天道是看不见、摸不着的，“星球运动的规律并不是写在天上的，所以普遍是人所不见不闻，而只是对精神而存在的”②。但天道可以通过数学计算出来，而且其中蕴含着数的逻辑关系，这就是为什么伶州鸠将音律说成是“天之道”。例如，用三分损益法，得到的是依次高低不同的六阳律和六阴吕，从而构成十二律。同样在筮算《周易》时，也是采用计算的方法，筮算出六阴六阳，因此在古人的眼里，《周易》的筮算规律与音律和天体运行规律一样是“天之道”，所以我们认为《周易》的推衍者已经用数学这种理性的思维方式来说明和解释客观世界的哲学思想。也正是由于在古人的观念里，天道既是指音律这种数学关系，更是指天体运行的时间数量规律关系，因此在《礼记·月令》中，古人就把节气和音律联系起来，如“仲春之月。……其日甲乙。……其音角。……律中夹钟”③，“季春之月。……日在

① 王秀臣：《三礼用诗考论》，第 47 页，中国社会科学出版社 2007 年版。
② 黑格尔著，贺麟译：《小逻辑》，第 76 页，商务印书馆 1995 年版。
③ 《十三经注疏》，第 1361 页，上海古籍出版社 2013 年版。

胃，昏七星中。……其音角。……律中姑洗，其数八”[①]，“孟夏之月，其日丙丁。其音徵，律中中吕”[②]，“仲夏之月，其日丙丁，其音徵，律中蕤宾”[③]，“孟秋之月，其日庚辛，其音商，律中夷则”[④]，“仲秋之月，其日庚辛，其音商，律中南吕”[⑤]，“孟冬之月，其月壬癸，其音羽，律中应钟”[⑥]。同样，古希腊的毕达哥拉斯学派也把音乐和天体的运行联系起来，他们把天体的运动秩序比作音乐的谐音。亚里士多德在《论天》中是这样评述的：“从这些可以明白，由星体的运动产生和谐，就是说，它们造成的声音是和谐的。不管这种学说论述是如何巧妙和富有独创性，然而却不是真实的。”[⑦] 我们从亚里士多德对毕达哥拉斯学派的这一段评述，同时对照《礼记·月令》中我国先秦哲学中把12律与12月这种季节变化联系在一起的表述，可以看出这实际上也是将天体的运行规律与音律联系起来的哲学思维方式。这些都说明了一点，不管中西方哲学后来如何发展，两者之间有多大的差异，但在初期，中西方哲人的思维方式都是极其接近和相似的。怀德海曾经赞誉说：“首先注意到7条鱼和7天之间的共同点的人必然使思想史进了一大步，他是第一个具有纯数学观念的人。”[⑧] 同样，把音律中的6阴6阳和每年的12月联系起来，也同样使中华先民的思想发展前进了一大步，它推动中国哲学思想从宗教神话中脱胎而出。总结以上论述，在《周易》产生的时期，音律理论、农业生产和天文知识的发展，都给《周易》的推衍者提供了足够的知识，使之得出数是本原，也就是用数量关系规律来说明一切的观念。

---

① 转自陈其射：《中国古代乐律学概论》，第28—29页，浙江大学出版社2011年版。

② 转自陈其射：《中国古代乐律学概论》，第28页，浙江大学出版社2011年。

③ 转自陈其射：《中国古代乐律学概论》，第28—29页，浙江大学出版社2011年。

④ 转自陈其射：《中国古代乐律学概论》，第29页，浙江大学出版社2011年。

⑤ 转自陈其射：《中国古代乐律学概论》，第29页，浙江大学出版社2011年。

⑥ 转自陈其射：《中国古代乐律学概论》，第29页，浙江大学出版社2011年。

⑦ 摘自亚里士多德《论天》。转引自汪子嵩、范明生、陈村富、姚介厚著：《希腊哲学史1》，人民出版社2004年，第346页。

⑧ 怀德海著，何钦译：《科学与近代世界》，第20页，商务印书馆1997年版。

尽管《周易》已经具有用数来诠释客观世界的哲学思想，但由于《周易》也是用来数筮的，自然具有神秘的色彩。而作为记录这种数筮符号的卦画和语言文字也是具有神秘性的，就像罗素所说："语言也像呼吸、血液、性别和闪电等其他带有神秘性质的事物一样，从人类能够记录思想开始，人们就一直用迷信的眼光来看待它。野蛮人害怕把真名泄露给敌人，唯恐敌人借以施展邪术。"① 因此，《周易》从它的诞生那天起，就伴随着神秘色彩，故《系辞》曰："一阴一阳之谓道。继之者善也，成之者性也。仁者见之谓之仁，知者见之为之知，百姓日用而不知，故君子之道鲜也。"②

总结上述分述，我们可以得出这样的结论，在推衍《周易》的数筮过程中，推衍者是按照音律之间的数量变化关系来进行的。而音乐的美，其特点就是和而不同。一是高低不同的音阶可以组成和谐动听的乐曲。二是不同音质的乐器可以和谐地演奏同一段美妙的旋律。这些显然都是和谐，是由差异组成的统一与和谐。而这种和谐显示的是一种美。卢梭曾赞赏音乐这种美妙的和谐："自然并不分析声音，或隔离和声。相反，它把各种声音的差别隐藏在合奏的表象下。……自然所激发的是歌曲，而不是一致；所引导的是旋律，而不是和声。色彩好比是衣服，它没有生机，为一切事物所共有。但声音却意味着运动，它是一种感觉存在的证据，只有活的东西才能歌唱。"③ 三是音乐中的数量关系让人们也认识到一种逻辑的必然性，认识到变化原因中的规律性。而这一点也在《周礼》中有所记载："典同掌六律六同之和，以辨天地四方阴阳之声，以为乐器。"④ "凡为乐器，以十有二律为之数度，以十有二声为之齐量，凡和乐亦如之。"⑤ 也正是由于《周易》用数来诠释一切，而这又

① 罗素著，张金言译：《人类的知识》，第 68 页，商务印书馆 1997 年版。

② 《十三经注疏》，第 78 页，上海古籍出版社 2013 年版。

③ 卢梭著，吴克峰、胡涛译：《论语言的起源兼论旋律与音乐的模仿》，第 92 页，北京出版社 2010 年版。

④ 《十三经注疏》，第 797 页，上海古籍出版社 2013 年版。

⑤ 《十三经注疏》，第 798 页，上海古籍出版社 2013 年版。

建立在音律的数学和逻辑关系基础上，因此先秦时期的人们把音乐与天体的运行关系联系起来就不足为怪，因为一年有 12 个月，而音乐有 12 律。“乐者，天地之和也；礼者，天地之序也。和，故百物皆化；序，故群物皆别。乐由天作，礼以地制。过制则乱，过作则暴，明于天地。”①

我们在前面已经指出，八卦中的八种事物，其卦德是八种事物的属性，而其统一的属性都是运动变化，但这却是八种不同的运动方式。因此，《周易》的推衍者除了用“周易”二字来表示事物运动的普遍性，更将目光转向从抽象的数量关系中寻找统一性，而当时的社会发展也为先哲们从数量中寻找统一性并形成哲学思想提供了历史条件。

【捌】　商周时代的音律理论和“同律度量衡”

数学是研究数和形的一门科学，作为古老文明的发源地，中华先民们对数和形的研究也有着悠久的历史。“仰韶文化和年代稍晚的马家窑文化等遗址出土的彩陶钵口沿上，发现有‘Ⅰ’‘Ⅱ’‘Ⅲ’……‘十’等刻画符号，和甲骨文、金文里的数字写法很相似，有人认为这些刻画号可能是原始的数字。”②

孙宏安认为：“周公（约公元前 1100 年）向商高先生请教：古代的包牺氏作天文测量制定历法，天没有台阶可以上去，地又不能用尺寸来量度，请问数是怎么得到的呢？商高说，数是根据圆和方的道理得来的，圆从方得出

① 王祎：《〈礼记·乐记〉研究论稿》，第 1530 页，上海人民出版社 2011 年版。

② 陈美东主编：《简明中国科学技术史话》，第 20—21 页，中国青年出版社 2009 年版。

来，方则是从矩得到的，矩是根据乘除法计算出来的，用矩就能得出 3、4、5 是直角三角形三边的结论。……这就是大禹治水中得到的方法，数就是从这里来的。”[①] 从以上论述可以看出，中华先民们很早就发现了客观事物中存在着数量关系规律，并将其应用到实际生活的治水中。勾三股四弦五的数学定理更有可能很早就被发现了。冯时认为：“建立于公元前 3000 年前的红山文化的方丘其实就是迄今我们所知的最早的地坛，同时也是月坛，而圜丘则是最早的天坛，同时也是日坛，这样，三环石坛自身为反映真实天象的设计便与圜丘祭天的性质统一了。事实上，方形石坎形状的设计在表现其与方丘祭地的性质的统一关系上与圜丘异曲同工。方丘称为‘泰折’，马晞孟以折为矩，可与《周髀算经》所记‘故折矩以为勾广三，股修四，径隅五’相互阐发，而我们对方丘的分析结果，正显示了其与勾股的密切关系。因此，方丘自身的设计，最初应该体现了古人对勾股的完整认识，而‘泰折’一名可能正包含了这个古老含义。”[②] 也就是说，史料的记载和考古的发现已经证实，远在商周时期，人们就已经掌握了较为系统的数学知识。

更为重要的是，除了数学知识，中国无论在音乐的实践还是理论的研究方面都有着悠久历史。“舞阳贾湖骨笛的测音数据则又一次明确无误地告诉我们：距今八九千年前的早期人类，他们制作的骨笛所吹奏的音阶全部都是自然音阶，亦即是说：人类音乐实践最早问世的是多种类型（四声、五声、六声和七声）的自然音阶。”“从安阳小屯殷墓出土的武丁时代五音孔陶埙的惊人测音资料来看（已可具有十一律），玉枚成组的商钟的音阶当不限于五声音阶。”[③] “李纯一根据这些商代陶埙的测音情况，认为‘殷人具有多种音程、调式和调性等观念’，并说‘可以比较有把握地认为，我国古代十二律及其学说

---

① 孙宏安：《中国古代数学思想》，第 54—55 页，大连理工大学出版社 2008 年版。

② 冯时：《中国天文考古学》，第 479 页，中国社会科学出版社 2011 年版。（感兴趣的读者可阅读冯时先生著《中国天文考古学》第七章第二节有关红山文化三环石坛的论述）

③ 冯洁轩：《金石回响》，第 15 页，上海音乐学院出版社 2006 年版。

的产生是有其独自历史基础的，而这一基础的初步奠定，可能就是在商代晚期。”[①] “《左传》中子鱼谈到了周初分封时已有‘大吕’‘姑洗’。据此，十二律产生可推至先周时期。商代‘夹钟’钟的出现，证明商代已有十二律。与此等佐证的还有出土的商代陶埙，河南辉县琉璃阁商代墓葬中出土的两枚陶埙，都能吹出十一个音，从$^{\#}$F到A音是连续四个相距半音的音。河南安阳小屯殷墓出土武丁时代五音孔陶埙，经测试能奏出十二个音。从D音到B音是连续十个相距半音的音。……联系《左传》的记载和商代‘夹钟’钟来看，应更多考虑这些音是有目的有意识地被设计的。商代确有十二律，已被不少人肯定。商代的文字、天文、医学、数学等科学文化发展很快，数学、卜辞中出现复位数，最大的数是三万，可以推测商代已能进行一般的算术运算。十二律的产生和这些历史条件是相符合的。”[②] 从文献记载和考古材料来看，中华先民们应该很早就发现了物体之间的数量关系是一种不变的可计算的关系，比如上面提到的勾股定理。另外，他们在实践中发现了音律关系，也就是说音乐和数量之间存在着恒定不变的关系。

正是由于中华先民们有着几千年的音乐实践，音律的高低又是可以通过数学计算出来，因此，音乐在古人的眼里是美妙而且神圣的，古人称之为“律和声。八音克谐，无相夺伦，神人以和”，他们在祭祀时要演奏音乐，载歌载舞，这样才能达到“神人以和”。

在中华先民们看来，天体的运行有着数量关系规律，地上的万物也是可以度量的，而且地上的万物要“顺”，那么自然应该也要顺从乾即天之道的数量关系。更为重要的是音乐这种只能听见、不能看见和触摸的东西中也有着数量关系，而音乐是“天之道”，那么顺从“天之道”的人们自然会产生从数量中寻找统一性、规律性，从而通过计算预测未来的思想。这是《周易》会采用数筮方式来预测未来的原因之一。

---

① 乔建中、韩锺恩、洛秦：《中国古代音乐史》，第367页，上海音乐学院出版社2009年版。

② 陈其射：《中国古代乐律学概论》，第165页，浙江大学出版社2011年版。

《礼记·乐记》曰："大乐必易。"[①] "变成方谓之音。"[②] 音乐的美妙正在于其千变万化。"若以水济水谁能食之，若琴瑟之专一谁能听之。"[③] 单调的一个音可能成为噪音。另外，不按照音律的数量关系组成的声音，也会成为噪音。正如黑格尔所说："在音乐关系中，数主要地构成了决定性的成分。在音乐中，音调的差别表现为不同的数的关系；数的关系是唯一规定音乐的方式。音调之间的相互关系，是建立在量的不同上，量的不同可以造成和谐，反之也可以造成种种不和谐。"[④] 如果《周易》的推衍者要寻找一种普遍的变易规律，那么建立在音律基础上的变易规律，在他们看来显然就是一种和谐的变易，这就是"大乐必易"。不仅音乐的实践和理论的发展使得《周易》的推衍者会产生从数量中寻找统一性的思想，而且社会生产力的发展也推动人们产生这样的思想，而周建立的"同律度量衡"更证明了这一点。《尚书·尧典》就记载了这一点，舜即位后，"岁二月，东巡守，至于岱宗，柴。望秩于山川，肆觐东后，协时月正日，同律度量衡"[⑤]。"同律：统一律制。古代截十二根不同长度的管子，作为确定乐音高低的标准音，称为十二律……度、量、衡：古代的度量衡制度源于音律，皆以黄钟数为基准，所以紧接着'律'。"[⑥] 这就是说中华先民们在社会实践中很早就从数量上寻求统一性，而且把音律中的黄钟基准音作为统一各项数量的基准数。《史记·律书》曰："王者制事立法，物度轨则，壹禀于六律，六律为万事根本焉。"[⑦] "'同律度量衡'之说就是将音高、长度、容量、重量全部统一于'黄钟'标准的学说。它既是中国计量科学历史上的独特所在，也是中国乐律学史在音高与计量上的早期特

① 《十三经注疏》，第 1529 页，上海古籍出版社 2013 年版。
② 《十三经注疏》，第 1527 页，上海古籍出版社 2013 年版。
③ 《十三经注疏》，第 1527 页，上海古籍出版社 2013 年版。
④ 黑格尔著，贺麟、王太庆译：《哲学史讲演录》（第一卷），第 238 页，商务印书馆 1995 年版。
⑤ 《十三经注疏》，第 127 页，上海古籍出版社 2013 年版。
⑥ 慕平译注：《尚书》，第 17 页，中华书局 2009 年版。
⑦ 司马迁：《史记》，第 1032 页，上海古籍出版社 2013 年版。

征。"[1] 这一段话是什么意思呢？如果我们观察客观世界，外界存在的每一个具体物体，都是有长度、体积、重量的，而且敲击这些物体时也会发出音响。当这个物体的体积一旦定下来，或者说在宽高粗细都是一定的话，其音频的高低就取决于长度。长度一旦确定，那么发出的音频率也就不变了。因此，古人就首先按照标准的音高铸造出黄钟，然后将这个黄钟的容量、重量作为标准单位来衡量其他的容器、衡器，这就是"同律度量衡"。这就是说古人是以律为度、量、衡制的标准法物。"律之长，度也；律之容，量也；律之重权衡也；律之声，音高标准也。"[2] "《汉书·律历志》记载：'度本起于黄钟之长，量本起于黄钟之籥，衡本起于一籥黍之重。'说明'同律度量衡'本来的意思是黄钟律管的长度是长度单位的起源，黄钟律管的容量是容量单位的起源，黄钟律管的所容黍的重量是重量单位的起源。"[3]

为什么人们会选择以黄钟发出的声音作为一种标准呢？在先秦时代，人们把黄钟的标准音高称为律本。"中国古代称之为律本的'黄钟'标准音高虽因历代律尺的变化而异，但范围始终 c^1（256Hz）—（435、440Hz）之间。如商以前是 $^{\#}c^1$，春秋战国是 432 音分 a^1。"[4] 而频率范围在 c^1（256Hz）—（435、440Hz）之间，今天也是作为一种标准音高。"在欧洲 18 世纪，标准音的频率约从 415 至 430Hz，1869 年，由巴黎科学院提出 a^1 音的频率 436Hz，这个标准音高于 1885 年在维也纳国际会议上得到确认，称为'国际音高'或者'法国音高'。今日国际通用的标准音高为 a^1 音＝440Hz，是 1939 年由国际标准协会在伦敦的一次国际会议上决定的。另有一种标准音高常用于物理学计算，即 c^1 音＝256Hz，称'物理学音高'或'理论标准音高'。"[5] 这个频率区间，对人耳来说，是柔和动听的频率区间。因此，周的统治者选择这段

① 陈其射：《中国古代乐律学概论》，第 63 页，浙江大学出版社 2011 年版。
② 陈其射：《中国古代乐律学概论》，第 197 页，浙江大学出版社 2011 年版。
③ 陈其射：《中国古代乐律学概论》，第 198 页，浙江大学出版社 2011 年版。
④ 陈其射：《中国古代乐律学概论》，第 65 页，浙江大学出版社 2011 年版。
⑤ 陈其射：《中国古代乐律学概论》，第 66 页，浙江大学出版社 2011 年版。

音高作为度量衡的标准，显然认为这是把度量衡的标准建立在柔和、中听与和谐的尺度上，从而希望能够在此基础上建立一个公正和谐的社会。

我们知道，早在商代，商品交换就非常发达，“当时的商人，驾牛服象，浮舟资车，一队队地从商都出发走向商领各地，及更远的世界”①。《周易》的旅卦也描写了当时的商旅之事：②

卦辞“旅，小亨；旅，贞，吉”是说出门做生意，小有亨通……初六爻辞“旅琐琐，斯其所取灾”是说出门做生意，贪图小利，这是自我招致灾祸。“琐琐”郑玄释为“小”，此指贪图小利。

六二爻辞“旅即次，怀其资，得童不贞”，是说出门寄居在客店，身上带着货币，得到童仆的信任。贞，定，这里引申为信。

九三爻辞“旅焚其次，丧其童仆，贞厉”，是说出门做生意碰上火烧客店，丧失童仆，安居不动将有危险。

九四爻辞“旅于处，得其资斧，我心不快”，是说出门做生意而暂为栖息，虽然得到了钱财，但我心里仍不畅快。帛书《昭力》说：“旅之潛（资）斧，商夫之义也。”说明此爻辞是讲商人做生意。“资斧”当为资财，“斧”当为斧形的货币，可能属于刀币之类。

六五爻辞“射雉，一矢亡，终以誉命”，是说射野鸡，一支箭亡失，但最终获得称誉和美名。这应该是比喻做生意获得了成功。

上九爻辞“鸟焚其巢，旅人先笑后号咷，丧牛于易，凶”，是说鸟被烧掉了窠巢，出门之人是先欢笑而号啕大哭，在有易丧失了牛群，凶险。

商周时期，伴随着商品经济的发展和商品交换种类的扩大，人们必然要产生这样的思想，为什么不同的物品可以相互交换，而且可以让交换者相互获利，相互满足。这就是《周易》旅卦卦辞所说的“旅，小亨；贞，吉”。这种物与物之间的交换比例关系是什么？人们必然要寻找一种客观的标准来度

① 白乐天主编：《中国通史》（第一卷），第 97 页，光明日报出版社 2001 年版。
② 廖名春：《〈周易〉经传十五讲》，第 141—142 页，北京大学出版社 2005 年版。

量。商品有使用价值和价值，“作为使用价值，商品首先有质的差别；作为交换价值，商品只能有量的差别。商品交换关系的明显特点，正在于抽去商品的使用价值。在商品交换关系中，只要比例适当，一种使用价值就和其他任何一种使用价值完全相等。或者像老巴本说的：‘只要交换价值相等，一种商品同另一种商品一样。交换价值相等的物是没有任何差别或区别的”[①]。也就是说，在人们的思维中也会产生这样的观念，商品与商品之间，物与物之间可以找到一种量的比例关系，因为“交换价值首先表现为一种使用价值同另一种使用价值交换的量的关系或比例”[②]。这种量的比例关系，对于买卖双方来说，是一种公平的数量比例关系。既然在人类的商品交易过程中，买卖双方可以自愿地以一种数量比例关系交换不同的物体，而这种比例关系是公正的，它不是人为规定的标准和尺度，是一种客观存在的尺度，是双方都接受的数量比例关系，这个客观的数量比例关系在古人看来是公正的。

为了保证商品交换的公平公正，周甚至设立了专门的官吏来度量各种器具。“合方氏的职责是：掌管使天下的道路畅通无阻，交流各地的物资，统一其计量轻重的标准，统一其计量长短、容积的标准。”[③] 用什么标准来统一度量衡呢？显然人们要寻找一种客观的、不变的，让人感到公正和谐的标准，而音律这种客观的数量关系满足了人们的要求，因此，以律为度、量、衡制的标准法物这种思想自然就应运而生。这种思想的产生，不仅是发生在中华民族的历史发展过程中，在古希腊也是如此：“在希腊人的宗教意识里，尺度的神圣性，特别是社会伦理方面的神圣性，便被想象为同一个司公正复仇之纳美西斯（Nemesis）女神相联系。在这个观念里包含有一个一般的信念，即举凡一切人世间的事物——财富、荣誉、权力甚至快乐痛苦等——皆有其一定的尺度，超越这尺度就会招致沉沦和毁灭。即在客观世界里也有尺度可循。

① 马克思：《资本论》（第1卷），第48页，人民出版社1975年版。

② 马克思：《资本论》（第1卷），第10—11页，经济科学出版社1987年9月版。

③ 吕有仁、李正辉译注：《周礼》，第302页，中国古籍出版社2010年版。

在自然界里我们首先看见许多存在，其主要内容都是尺度构成。”①

为了寻找这种客观的数量比例关系，人们把注意力集中到音律的数量关系上。在中华先民看来，音乐是美妙的，千差万别的音高组成了和谐的音乐，而音律存在着数量比例关系，音律中的数量关系是客观的，是人不能改变的，它存在在物体之中，无论是竹管、金钟、弦乐都可以找到这种数量比例关系。更为重要的是这些物体发出的声音，人们是摸不着、看不见的，就像公平、正义一样，也是看不见、摸不着的。但是，它形成的音乐是美妙的，给人愉悦和欢乐。因此人们自然就会把音律作为一种基准来度量万事万物。而音律的基准就是黄钟，黄钟发出标准的声音，它也有大小、容量和重量。人们在寻求统一性的时候，自然会把目光集中在黄钟的身上，通过客观标准的音律来统一度量衡，“‘周鬴’是周代的计量标准器，古称嘉量。它佐证了《虞书》‘度量衡三者，法制皆出于律’的说法”②。《考工记图说》这样表述：“栗氏为量。改煎金锡则不耗，不耗然后权之，权之，然后准之，准之，然后量之，量之以为鬴。深尺，内方尺而圆其外，其实一鬴。其臀一寸，其实一豆。其耳三寸，其实一升。重一钧。其声中黄钟之宫……据西汉新莽铜嘉量上铭文：‘律嘉量龠，方寸而圆其外，庣旁九毫，冥百六十二分，深五分，积八百一十分，容如黄钟。’这就是说，嘉量龠的容积恰与黄钟宫音律管的容积相同。”③“嘉量：古代标准量器。嘉量提供了律、度、量、衡四种标准。其声律与黄钟之宫相符，其容积：主体一鬴，臀一豆，耳一升，重一钧可作衡量标准，深一尺之类也可作长度标准。”④ 甚至嘉量龠中的龠也与乐器有关。“龠”，《说文解字》曰：“乐之竹管。”⑤“‘龠’本编众管而成之乐器，与汉人所称之萧（编

---

① 黑格尔著，贺麟译：《小逻辑》，第235页，商务印书馆1995年版。
② 陈其射：《中国古代乐律学概论》，第63页，浙江大学出版社2011年版。
③ 戴吾三编著：《考工记图说》，第49—50页，山东画报出版社2005年版。
④ 戴吾三编著：《考工记图说》，第50页，山东画报出版社2005年版。
⑤ 许慎撰，徐铉校定：《说文解字》，第48页，中华书局2002年影印版。

小竹管而成）相类，非单管之乐器。”[①] 也就是说古人是以音律为基准，用铜做黄钟，如果发出的声音是黄钟的声高，那么其容积为一鬴，其重量为一钧，甚至其深度也可作为长度的标准，这就是“同律度量衡”。显然，在古人的观念里，“同律度量衡”是建立在音律基础上的标准，是公正和谐的。“综观‘同律度量衡’学说，其核心是‘律’，而律本是黄钟，因此黄钟不仅仅是一个独立的音响或律管，也是历、度、量、衡的标准。‘同律度量衡’学说将中国古代乐律学、天文历法学、古代计量学、古算学等融为一体，在人类文明史上最早提出了标准化研究的理想境界，成为这些学科的基础。”[②]

第一，把度量衡的标准统一在音律黄钟宫音的基础上，这说明人们已经认识到音律是一种客观的存在，各种不同的声律可以通过数学计算来寻求。美妙动听的音乐展示给人们的是一种和谐的关系，这种和谐关系背后就是一种数量关系，是差异中的统一。西周时期，社会已经分化为不同的阶层，占有财富的巨大差异也已经存在。如何缓解这些冲突和矛盾，建立和谐的社会，在商品交换中建立公平、公正的秩序，这是统治者必然要考虑的。既然度量衡的统一标准是建立在客观的黄钟宫音音律的基础上，那么建立在此基础上的商品交换关系，在中华先民的眼里必然也是一种客观公正的关系。而且在统治者看来，这种标准和尺度可以缓解和促成各个阶级之间的和谐。正如冯文兹所分析的那样：“以我国来说，尺等度量衡器，应是伴随着商品交换而产生、发展，并逐步规范化而来的。而礼乐制度的形成，从而使律（黄钟律管）上升到独尊的地位，并统率度量衡器，则应当是奴隶制国家比较成熟以后的事情。……以律为本，以度量衡为末，这种情况在历史上确实存在，这当然是由于国家政权为了统一度量衡，为了便于商品交换，为了社会生产和社会秩序的稳定。由此，代表礼乐，代表统治阶级精神力量的黄钟律管，统率了

① 董莲池：《说文解字考正》，第 83 页，作家出版社 2005 年版。
② 陈其射：《中国古代乐律学概论》，第 196 页，浙江大学出版社 2011 年版。

度量衡。”[①] 另外，这种建立在黄钟音律标准上的“同律度量衡”，也会给被剥削者，或者说各种税负承担者带来一种假象，所有上缴贡献的财富，其数量多少都建立在客观标准的基础上，自然是公正的。

第二，既然按照数律计算的音律是一种和谐的音乐，那么建立在这种音律基础上的“同律度量衡”，对于统治者来说也会造成一种假象，这种统一也应该可以导致一种和谐的社会关系。故此，我们可以看出，这种古代的标准量器“嘉量”，也称为“律嘉量龠”。而“和谐（龢龤）”两个古汉字都与“龠”有关，“龠”在古代是一种乐器。显然，古人认为，建立在美妙动听音乐基础上的“同律度量衡”应该是“龢龤（和谐）”的。

第三，音律的各种音高关系是可以通过数学方法计算出来的，这是一种客观的必然规律。因此建立在音律标准上的度量衡自然也是可以计算的，计算出来的音律是美妙和谐的，建立在此基础上的度量衡也应该是公正的。人们在社会实践中的这种行为，必然会反映在人们的思想中，因此，这一切也会让古人产生这样的观念，数量关系可以用来说明一切，而且这种数量关系是可以通过计算得出来的，它比单纯地用八卦的八种自然现象来解释外在的客观世界，特别是解释和说明人类社会的公正、道德这一类看不见、摸不着，但却能在内心感受到的现象更为合理。用八卦中的自然现象显然很难说明公正、道德是什么，我想这就是《周易》产生的历史条件和背景。既然人们在社会实践中把度量衡统一建立在音律数量的基础上，那么这种社会实践必然会在人们的思想中有所反映，从而导致《周易》的推衍者把音律数量关系作为变易的根本原因，包括人类社会中的一切变易，因此，这叫“大乐必易”。在他们看来，变易是和音律一样可以通过计算得出，通过数筮推衍来预测。在社会实践中，人们在音律的基础上规范一切，这种社会实践行为必然会反映在人们的精神世界中。特别是把周期性和音律结合起来，像《周易》这样，试图通过数的计算来预测和说明一切，因此把数作为本原的哲学思想体系出

① 冯文慈：《律学新说及其作者——朱载堉》，第7—8页，人民音乐出版社1986年版。

现就是必然的了。

前面我们已经指出，把一切都统一于数的规律性这种思想，不仅仅存在于《周易》中，而且古希腊的毕达哥拉斯学派也是这样。古希腊的毕达哥拉斯派不仅发现了音阶之间的数量比例关系，也和《周易》的推衍者一样，注意到了音律的周期性。

从对古希腊的毕达哥拉斯学派和中华先秦的《周易》的比较可以看出，两个社会都经历了试图用数来说明一切的意识发展阶段，也就是把数作为本原的思想发展阶段，当然《周易》产生的年代要远早于古希腊的毕达哥拉斯学派，这应该说是中国远古时代的音律理论对《周易》思想的产生起到了重要的推动作用，可以说先秦时期的音律理论和实践是中华文明发展的一个十分重要的因素。

【玖】　先秦的神话与哲学

哲学起源于神话，“神话为哲学先启；亚里士多德时混用‘哲学’与‘神学’两词”[①]。亚里士多德说：“一个有所迷惑与惊异的人，每自愧愚蠢（因此，神话所编录的全是怪异，凡爱好神话的人也是爱好智慧的人）。”[②] 这里的爱好智慧的人，就是现代所指的哲学家。

如同古希腊文明有着许多美丽的神话传说一样，“殷商时代是一个神话传说的时代……在当时的文学领域中，它比散文和诗歌更显丰富、更重要，对

① 亚里士多德著，吴寿彭译：《形而上学》，第5页注，商务印书馆1996年版。
② 亚里士多德著，吴寿彭译：《形而上学》，第5页，商务印书馆1996年版。

后世影响也更大”[①]。《山海经》中关于混沌的神话传说和甲骨文中关于风神的卜辞相互印证了在商代，各种神话传说是广为流传的。我们下面的分析将表明，中国的哲学开端与音律有关，同样也是从神话传说中脱胎而出的，这也告诉我们，中华先民无论是在音乐实践还是理论发展方面，都有着悠久的历史，经历了漫长的发展过程。

“混沌，在中国古代神话里，确实是一个天神的名字。”[②]《山海经》记载：“有神焉，其状如黄囊，赤如丹火，六足四翼，混沌无面目，是识歌舞，实为帝江也。”[③] 这就是说，“有一只神鸟，形状像个黄布口袋，红得像一团红火，六只脚四只翅膀，耳目口鼻都没有，但却懂得歌舞，名字叫帝江”。[④] 在这个神话传说中，有几个重要的特征是值得分析的。

第一，天上这只神鸟，红得像一团火，这里可能对应的是天上的太阳。把太阳和飞鸟联系起来，这来源于中华先民原始的太阳崇拜。在华夏文明中，“飞鸟负日”的图腾和传说流传甚广，先民把太阳的运动与飞鸟飞行和夜宿树木联系起来。河姆渡的“双鸟负日”图案就表明人们认为太阳之所以早晨从大地升起，傍晚从空中落下，就是因为两只鸟负日飞升落下的缘故。太阳是万物生生不息的真正本原。太阳升在空中使人有了天与地的概念；太阳的上升和下落使人有了白天和黑夜的概念；太阳的周转使人有了春夏秋冬的概念。更为重要的是有了太阳大地万物才能生存，这也表明，古人将太阳作为天地万物产生的根源，而《周易》中的“大有”卦也保留了这一神话传说的痕迹。

《周易》中有一卦为“大有”卦，该卦由上离“☲”下乾“☰”构成。“乾卦本以象天。”“离卦形象火。”故直观理解“大有”卦，那就是天上的火，天上最明亮的火就是太阳。的确，太阳并不属于任何人，太阳把阳光洒向万

---

① 田璞：《从甲骨卜辞看殷商时代的神话传说》，转自史昌友编著：《灿烂的殷商文化》，第143页，中国社会科学出版社2006年版。

② 袁珂：《中国古代神话》，第19页，华夏出版社2006年版。

③ 《山海经》，第66页，中国华侨出版社2014年版。

④ 袁珂：《中国古代神话》，第19页，华夏出版社2006年版。

物，洒向每一个人，这叫阳光普照。《国语》曰："其圣能光远宣朗，其明能光照之。"[①] 在古人的观念里，正是因为有了太阳，才有了万物，万物生长靠太阳。更为关键的是太阳的运行规律，对生活在农业社会的每个人，都起着同样的作用，有着同样的影响，故此，尧帝才任命羲氏、和氏恭敬地按照天空中日月星辰的运转现象去认识它，并且把观察和总结出的天象知识告诉老百姓，以利于农耕。这里的"大有"表明人们有了一个共有的天空和太阳，以及由此产生的时间。如同海德格尔所说："这一定期是借放送着光和热的天体及其在天空上各具一格的种种位置进行的，而共处是在'同一天空下'的存在，所以这一定期是对'人人'都可行的时间排定：它随时都以同样的方式对'人人'可行。"[②]"人人都借公共的定期排定自己的时间，人人都可以同样地'指望'这种公共的定期；这种公共的定期活动使用着一种公共可用的尺度。"[③] 因此，我们在这里需要记住，中华先民通过观察太阳运行寻找到了一种普遍的有，一种公共的空间，一种公共的时间。在寻找这种公共的时间的过程中，人们开始计量时间，计时并创立历法。神话传说中"混沌"的神鸟，也表示混沌的时间和空间，而神鸟有四只翅膀则表示人们有了空间和四方的概念。

第二，"混沌"的神鸟有四只翅膀，挥动翅膀会产生风，而在中华先民的早期神话中，东、西、南、北四方风是和四方神联系在一起的。殷卜辞中完整的四方风材料，迄今所见共有两版。一为记事刻辞，收于《甲骨文合集》，文字记录为："东方曰析，风曰协。南方曰因，风曰豈。西方曰彝，风曰彝。(北方曰) 勹，风曰役。"[④] 也就是说在殷商时代，人们就已经发现，每个季节

① 陈桐生译注：《国语》，第 621 页，中华书局 2010 年版。

② 海德格尔著，陈嘉映、王庆节译：《存在与时间》，第 466 页，生活·读书·新知三联书社 2000 年版。

③ 海德格尔著，陈嘉映、王庆节译：《存在与时间》，第 467 页，生活·读书·新知三联书社 2000 年版。

④ 郭沫若主编：《甲骨文合集》第五册，第 2046 页，中华书局 1979 年版。

风的方位都是恒定不变的，古人不仅仅将此规律总结出来，甚至把恒定不变的季节风的方位和天帝联系在一起。“《山海经》也记录了这种联系，具体包括方位与风神，例如‘东方曰折，来风曰俊，处东极以出入风。’（《大荒东经》）‘北方曰鵹，来之风曰炎’。”[①]“南方曰因乎，夸（来）风曰（乎）民”[②]，西方是“有人名曰石夷，（西方曰夷）来风曰韦”[③]。

第三，这个神话传说“记录了”殷代四方风构成了完整的标准时体系，四方是依分至时太阳的天球视位置而定，四风则是四时之气，反映了原始的物候历，这种历法自然可以称得上是一种早期的凤历。卜辞凤、风同字，象凤鸟之形，凤鸟则为古之历正。《左传》：“我高祖少皞，挚之立也，凤鸟适至，故纪于鸟，为鸟师而鸟名。凤鸟氏，历正也。玄鸟氏，司分者也；伯赵氏，司至者也；青鸟氏，司启者也；丹鸟氏，司闭者也。”[④]可见在古人的这个传说里，这个神鸟一方面是背负太阳的神鸟，另外一方面“也是四时的象征，又进而成为一切风气的通称”[⑤]。更为重要的是，神话传说没有用具体的鸟来表示历正，而是用没有面目的混沌鸟表示这种未分化的原始统一体。此外，这个神话传说的痕迹，在《周易》的恒卦中也反映了出来，这也是《周易》从神话传说脱胎而出留下的痕迹之一。

神话传说中神鸟有六只脚，识歌舞。为什么会有六只脚呢？这里很重要的是这个“识”字。“识”，《说文解字》曰：“常也。”[⑥]“常，作‘恒’解。”[⑦]也就是规律的意思。联系到神鸟识歌舞，而要载歌载舞，那自然离不开音律，音律是歌舞的基础，因此，神鸟识歌舞，显然是古人以此表明混沌中包含了音律。由此，笔者推断，这是神话传说中记载六律的痕迹所在。《尚书·益

① 吾淳：《中国哲学的起源》，第180页，上海人民出版社2010年版。

② 刘向、刘歆校刊：《山海经》，第367页，中国华侨出版社2014年版。

③ 刘向、刘歆校刊：《山海经》，第378页，中国华侨出版社2014年版。

④ 冯时：《中国天文考古学》，第258页，中国社会科学出版社2010年版。

⑤ 冯时：《中国天文考古学》，第258页，中国社会科学出版社2010年版。

⑥ 许慎撰，徐铉校定：《说文解字》，第52页，中华书局2002年影印版。

⑦ 卫广来译注：《老子》，第1页，山西古籍出版社2005年版。

稷》曰："予欲闻六律、五声、八音，在治忽，以出纳五言。"[①] "据《周礼·春官》的记载，西周宗庙祭祀音乐按黄钟、太簇、姑洗、蕤宾、夷则、无射六阳律（或宫调）顺序来演奏，它继承的是一种十分古老久远的古乐传统。所以先秦文献上'六律'的'六'并不是一个虚数，而是真实的六个律……六律之称谓与'六'这个数字极有关系。《周礼》和《礼记》记载的职、事中有许多是以'六'来计数的，如'六大''六工''六色''六畜'等等。尤其值得注意的是'六大''六工'，郑玄注：此殷时制也。"[②] 混沌神鸟作为自然的统一体，当然自身就应具有六律这种"天之道"，故此，混沌神鸟才能识歌舞，才能知音律。《淮南子》曰："乐生于音，音生于律，律生于风，此声之宗也。"[③] 神鸟的四只翅膀和六只脚也通过这种六律与四风的联系而统一起来了。由《山海经》中混沌的神话传说可以看出，中华先民很早就已经与歌舞为伴，并且在发展过程中很早就掌握了音律的知识，通过音律，也认识了数律。如果我们联系到前面提到的贾湖骨笛，先民正是用鸟的腿骨制作骨笛，那么，神话中混沌神鸟有六只脚，识歌舞就是非常自然的。故此，脱胎于神话传说的《周易》的推衍者把数作为本原，按照计算音律的方式来数筮，是完全可能的。《周易》一方面带有神话传说的痕迹，另一方面也脱离了拟人观，开始用自然来诠释自然，这既有一脉相承的关系，也从此开创了一种全新的思维方式。

混沌中有六律，六律也就是音律。音律是高低不同的，但物体振动发音的基本规律却是对立统一的，就是宏、大、粗、长的振动体对应低的声音，而微、小、细、短的振动体则对应高的声音。这种现象必然会使人产生对立统一的观念。古希腊的毕达哥拉斯学派提出了对立统一的观点，中国先秦《周易》的推衍者也是如此，在《周易》中处处体现了这种对立统一的关系。

---

① 《十三经注疏》，第 142 页，上海古籍出版社 2013 年版。

② 陈其射：《中国古代乐律学概论》，第 53 页，浙江大学出版社 2011 年版。

③ 刘安：《淮南鸿烈·主术训》，转引自陈其射著《中国古代乐律学概论》，第 16—17 页，浙江大学出版社 2011 年版。

【拾】 先秦哲学中的对立统一——易

从上面的分析可以看出，《周易》的推衍者已经发现了音乐和数量之间的规律关系，并且试图用数来解释和预测万物的生成变化。音律有一个最大的特点，那就是对立统一的关系。音有高低、强弱、长短。发音的物体有粗有细、有长有短。但物体振动发音的基本规律，就是宏、大、粗、长的振动体对应低的声音，而微、小、细、短的振动体则对应高的声音，这是一种对立统一，也就是说和谐美妙的音律建立在对立统一规律的基础上。这种现象，必然让人们关注对立统一，通过对音律的深入研究，试图用音律的数量关系作为本原来解释世界的人们，必然就会产生把对立统一作为本原这样的思想。更何况，在古人的眼里，音乐与数律的关系，是“天之道”，人们必然会由此得出对立统一是变易的本原这一结论，从而用对立统一来解释客观世界的变化，古希腊的毕达哥拉斯学派如此，中国先秦的《周易》推衍者也是如此。

首先看“易”字，前面已经提到“易”，古字有繁简二体，甲骨文的繁体“”像（用手）持两器皿倾斜注液体，简体“”则像直接从器皿中倒出液体。从古文字字形可以看出，“易”字的最初构形是倾倒、倾注液体。两个对立的器皿，一个是被注水的器皿，这是一个空的器皿；一个是往外注水的器皿，这是一个装着水的器皿。当装满水的器皿往外倾倒，就是现实的“溢”；而被注水的器皿，未被注满时，是一种缺失状态。满者“有”，而空者“无”，因此这又是有与无的对立。这个过程就是一个变易的过程，是对立面

的转化过程。因此，“易”字本身就体现了对立统一。当然这里首先还是“溢”和“有”，因为只有“有”东西，多了才会溢出，因此，这是有向无的转化，这时人们的概念里还没有从无到有的概念。

除了“易”字本身就包含着盈亏、有和无的对立统一，《周易》的阴爻“--”和阳爻“—”也是奇偶对立，阳爻是“—”，这是奇，阴爻“--”是二，这是偶，也就是说《周易》包含了阴阳、奇偶、盈亏、有无等对立。

“《周易》不但阴阳相对，六十四卦和八卦也是两两相对，乾坤、坎离、损益……不但八卦是以‘对’的形式出现的，其实全部六十四卦也是以‘对’的形式出现的，只不过有的明显，有的隐晦而已。所以，读《易》当以‘对’观。《周易》的这一特点，反映在思想上就是‘对待’观。这种‘对待’观不能简单地看作‘对立’，更包括对立面的相互依存、互为条件的思想。”①

除了对立统一，《周易》也突出了周而复始的“复”。这是因为在《周易》的推衍者看来，数筮的方法是建立在音律的数学规律基础上的，而音律总是呈现重复性，就像现在的音阶关系是1、2、3、4、5、6、7、$\dot{1}$这样的重复关系。这种重复的数律关系，很早就被中华先民发现了。“古代七声音阶是在五声音阶的基础上增加‘变宫’‘变徵’两音而成。”②其音阶排列顺序是宫、商、角、变徵、徵、羽、变宫。从宫到变宫，这是一种重复，因此《周易》中多次强调了“复”这个概念。《周易》的复卦曰：“复：亨……反复其道，七日来复，天行也。”③《周易·泰·九三》曰：“无平不陂，无往不复。”④《系辞》曰：“原始反终。”⑤

---

① 廖名春：《〈周易〉经传十五讲》，第2页，北京大学出版社2005年版。

② 乔建中、韩锺恩、洛秦：《中国古代音乐史》，第340页，上海音乐学院出版社2009年版。

③ 《十三经注疏》，第38—39页，上海古籍出版社2013年版。

④ 《十三经注疏》，第28页，上海古籍出版社2013年版。

⑤ 《十三经注疏》，第77页，上海古籍出版社2013年版。

“复”字的甲骨文“”：“从夊从‘’，‘’象穴居之两侧有台阶上出之形……夊象足趾，台阶所以供出入，夊在其上，则会往返出入之意。”[①] 由甲骨文“复”字可以看出，这里包含着反复重复之意，也有返意。返，返回，回归，返本归真。《尚书正义》曰：“复，还也。”[②]

除此之外，“复”也有对立统一之意，同一台阶，可上可下，如同赫拉克里特指出的一样：“上升和下降的路是同一条路。”[③] 正是如此，在早期的先秦书籍中已经把“复”和“道”联系在一起了，特别是《周易》已反复提到这点。

《周易》中的复卦有这样一句话：“反复其道，七日来复，天行也。”为什么是“七日来复”呢？我们通过分析，也可以印证《周易》与音律之间是存在着联系的。“古代七声音阶是在五声音阶的基础上增加‘变宫’‘变徵’两音而成。”[④] 其音阶排列的顺序是宫、商、角、变徵、徵、羽、变宫。“湖北随县出土的战国编钟，其下层各钟就是按这种音阶排列的……说明这种音阶在当时已很有影响。”[⑤]

我们在前面也论述了《周易》的卦画是与音律有关系的。音律本身就存在着重复，但重复的音阶是高低不同的，这是一种规律。因此，可以说这是反复其道，但为什么是“反复其道，七日来复”呢？《周易》本经共有 64 卦，每卦有 6 爻，64×6＝384＝360＋24。也就是说古人把 360 爻看作为 360 天，每爻代表一天，剩下的 24 爻代表每年的 24 个节气。另外《系辞》曰：“乾之策二百一十有六，坤之策百四十有四，凡三百有六十，当期之日。”[⑥] “屈万里认为：‘复卦为剥卦之反，复卦之一阳，历六爻而至剥卦，再返回于复卦，这

---

① 徐中舒主编：《甲骨文字典》（上册），第 621 页，四川辞书出版社 2005 年版。

② 慕平译注：《尚书》，第 17—18 页，中华书局 2009 年版。

③ 《赫拉克利特著作残篇》，第 73 页，广西师范大学出版社 2007 年版。

④ 乔建中、韩锺恩、洛秦：《中国古代音乐史》，第 340 页，上海音乐学院出版社 2009 年版。

⑤ 乔建中、韩锺恩、洛秦：《中国古代音乐史》，第 340 页，上海音乐学院出版社 2009 年版。

⑥ 《十三经注疏》，第 80 页，上海古籍出版社 2013 年版。

样一共经历了七爻。卦辞此处是以一爻当一日。”① 一爻一日这是没有问题的，而且笔者认为《周易》的“反复其道，七日来复”，恰恰就是古人根据音律关系得出的道理。

“历史上，‘三分损益法’不允许向下五度反生，那么按中国传统，从黄钟出发，用‘三分损益法’向上五度下四度方向生律 6 次，就得到雅乐‘正声’七声音阶，即含‘变徵’的七声音阶。”② 音律名依次为宫、商、角、变徵、徵、羽、变宫。从这里可以看出，按音阶排列顺序来说，恰恰是经过六个音从宫到第七个音变宫，宫到变宫从音律上讲是一种重复。因此，这是无往不复。音律是规律，在古人的观念里是天道，天道中一个很重要的规律就是一年共 360 天，一爻一日。从宫到变宫，按照音律这个天道，第七个音阶就必然是反复、重复。由此，《周易》将其归结为“反复其道，七日来复，天行也”。《国语》曰：“凡人神以数合之，以声昭之。数合声和，然后可同也，故以七同其数，而以律和其声，于是乎有七律。”③ 在《皋陶谟》中有这样的记载：“予欲闻六律、五声、八音、七始咏，以出纳五言，汝听；予违，汝弼。”④ 这里的“七始咏”，吴澄《书纂言》云：“‘七始’，《国语》谓之‘七均。……正声五，变声二，每律用七声为均，相和而均调，故曰七均，七声迭用以终始一调，故曰七始’”⑤。这里的“终始一调，故曰七始”也表明“七日来复”这句话是来源于音律的重复这一规律，另外《周易》泰卦还用了“无平不陂，无往不复”这样的爻辞。《周易》的推衍者为什么会得出这样的结论呢？难道说古人已经知道平整的大地实际上是圆球，因此是“无平不陂”吗？实际上并非如此，这也是从音律的规律得出的结论。

据《国语》记载：周景王就有关的音律问题去问当时著名的音乐家伶州

① 廖名春：《〈周易〉经传十五讲》，第 97 页，北京大学出版社 2005 年版。
② 李玫：《中国传统律学》，第 50 页，福建教育出版社 2008 年版。
③ 陈桐生译注：《国语》，第 145 页，中华书局 2013 年版。
④ 慕平译注：《尚书》，第 42 页，中华书局 2009 年版。
⑤ 慕平译注：《尚书》，第 43 页注⑧，中华书局 2009 年版。

鸠。伶州鸠给他讲了一番铸钟的道理："夫政象乐，乐从和，和从平。声以和乐，律以平声。……物得其常曰乐极，极之所集曰声，声应相保曰和，细大不逾曰平。"[①] "律所以立均出度也。古之神瞽考中声而量之以制，度律均钟，百官轨仪，纪之以三，平之以六，成于十二，天之道也。"[②]

从伶州鸠的上述这段话中可以看出，"平"是指音律中的平和、和谐。《说文解字》曰："平，语平舒也。"[③] 也就是说，在《周易》中的平不是指水平，而是指各语音音阶之间的平缓、平和关系。什么是和呢？"两个乐音，频率相同或可构成简单整数比而共振时，获得了谐和、调和的音响效果，便称作'和'。"而且在古人的观念里必须是"以也平也谓之和"，要由不同的乐音构成的和谐音，这才是和。如果是单一的音节，只能组成单调的、让人乏味的噪音。音律中的"平"，并非是音高完全一样才是平，是"细大不逾曰平"。《国语·周语下》中伶州鸠论乐时用"大"字表示低音，用"细"字表述高音，也就是说高低音的谐和才是平。"平，要实现'和'的理想，取决于用标准高度'律'的调节，这种'调'整就叫作'平'。它是人在主观上能动地去调节一个发音体，使它与另一个发音体产生的共振现象。"[④] 并且音律的变化遵循一定的数学比例关系，是可以通过数学计算出来的。不同的音阶之间存在着音高之间的差异，但却是和谐动听的音乐。因此，六吕六律构成的十二律是"成于十二"。这种平和悦耳的音乐是由高低不同的音律构成的，这叫"无平不陂"，是一种高低有错的音律关系。而构成这个平和悦耳的音乐的音律，当然是一种"无往不复"的音律。如果始终发出相同的音，那就只能是一种非常单调的，甚至是刺耳的声音，只有用这种存在着高低不同，但又是按照一定的数学关系构成的音律组成的旋律，那才是悦耳动听的。因此《周

① 陈桐生译注：《国语》，第137页，中华书局2013年版。
② 陈桐生译注：《国语》，第141页，中华书局2013年版。
③ 许慎撰，徐铉校定：《说文解字》，第101页，中华书局2002年影印版。
④ 陈其射：《中国古代乐律学概论》，第21页，浙江大学出版社2011年版。

易》的推衍者由音律这些特性得出了“无平不陂，无往不复”这样具有深刻辩证法含义的爻辞。

正是由于《周易》的推衍过程与音律有着密切的关系，而音律又是天道，因此古人才用“易”来表示万事万物之间有规律的变化。何为“易”？一是变易，世间万事万物无时无刻不在变化之中。天地运行、寒暑交替、人生物死，没有停息，但是这种变易却是可计算的，是客观规律。二是简易，一阴一阳，就囊括了万种事物之理。有天就有地，有男就有女，有上就有下，有前就有后，都是相反相成、对立统一的，而这一切都是由于古人认识到音律是由高低不同、清浊不同的音构成的，而且发出音律的物体和音律之间存在着对立的统一关系。长大粗的物体发出的声音是低音，而短小细的物体发出的是高音，观察世界万物的生长变化过程，也无不是从小到大，由弱变强，这些现象必然会导致古人得出对立统一的思想。三是不易，世间的事物错综复杂，变化多端，但是有一样东西永远不变，这就是规律不变，变易本身不变。为什么呢？这是因为音律这种数学计算关系是不变的，这是天道，是一种必然性。正是由于《周易》是建立在音律的数理逻辑关系上，故此建立在音律关系上的《周易》必然蕴涵着朴素和谐的辩证思想。除此之外，《周易》的推衍者在爻辞中也提出了许多对立统一的观点。比如泰卦的“泰，小往大来，吉”[①] 和否卦的“否之匪人，不利君子贞，大往小来”[②]。“小往大来”，这是正常的事物发展的过程，从小到大；而“大往小来”则是由盛转衰。这个对立统一的过程，也可以从“易”字本身演绎得出。我们在前面指出，“易”字是由两个正在倾倒液体的相反状态的器皿组成的。如果从空的器皿来看的话，显然，器皿中的水是从少到多，从小到大，是受益的过程。但是从溢出水的器皿来看，显然是从多到少、从大到小的过程，是溢出受损的过程。而“泰，小往大来，吉”，又恰恰反映了周作为小国取代商这个大国的过程。

---

① 《十三经注疏》，第 28 页，上海古籍出版社 2013 年版。

② 《十三经注疏》，第 29 页，上海古籍出版社 2013 年版。

早期的毕达哥拉斯学派仅仅是将各种对立排列在一起，并没有论述对立统一关系。黑格尔说："正如亚里士多德后来那样，他们早就建立了一个范畴表，把抽象的和单纯的概念加以进一步规定，虽然是以一种不合适的方式规定的……没有进一步的演绎或运动系统。……简单的列举，而没有进一步。首先只要对普遍的思想范畴做了一番汇集的工作（像亚里士多德所做的那样），这是很重要的。这是对于对立的详细规定的一个粗率的开始，没有秩序，没有深意，和印度人对原则和实体所做的列举近似。"① 但是《周易》泰卦中九三爻辞的"无平不陂，无往不复"，却不是简单地指出二者的对立关系，而是强调了"平"和"陂"的统一关系，这种关系已经不仅是"简单的列举，是对于对立的详细规定的一个粗率的开始，没有秩序，没有深意"②，而是用"无平不陂（坡）""无往不复"指出了平中有陂（坡）的对立统一关系，指出了二者的变化过程。这显然比毕达哥拉斯学派提出的对立统一有更为深刻的含义。

【拾壹】　对立的咸（感）卦和恒卦

前面已经指出，"《周易》不但阴阳相对，六十四卦和八卦也是两两相对，乾坤、坎离、损益……不但八卦是以'对'的形式出现的，其实全部六十四卦也是以'对'的形式出现的，只不过有的明显，有的隐晦而已"。首先让笔

① 黑格尔著，贺麟、王太庆译：《哲学史讲演录》（第一卷），第226—227页，商务印书馆1995年版。

② 黑格尔著，贺麟、王太庆译：《哲学史讲演录》（第一卷），第227页，商务印书馆1995年版。

者感兴趣的是咸卦和恒卦这对卦。

咸卦和恒卦是《周易》中第十六对，其卦体相反。咸卦（䷞）是下艮上兑，在八卦中，艮卦的取象是山，卦德是止；兑卦的取象是泽，卦德是现。恒卦（䷟）是下巽上震，在八卦中，巽卦的取象是风，卦德是入；震卦的取象是雷，卦德是动。

从咸卦的卦辞和爻辞来看，初看都是讲的男女之间相互感应的现象和过程。“恒卦讲恒久之道，《彖传》《大象传》《序卦传》《杂卦传》的说法都同。帛书易传《衷》篇称：‘恒言不已。’‘已’停止。不停，就是有恒心。意思与《易传》诸篇是一致的。”[①]

为什么《周易》会把这对卦体相反的两个卦命名为咸卦和恒卦呢？除了卦体相反，其中还有什么哲学思想吗？“《杂卦传》：‘咸，速也；恒，久也’。王引之认为：‘卦名为咸，即有急速之意’。‘也可以说，咸，即感，男女相感等于今天的谈恋爱，而恒指成立家庭。比较之下，谈恋爱时间短，而成家立业过日子时间长。’”[②] 笔者认为，两卦的对立统一含义还要从两卦自身的卦体构成才能得出。

咸卦从其卦象来看是下艮上兑。兑卦取象是泽，意思是被驯服的水。艮卦取象是山，卦德是止。咸卦的结构是上水下山。水总是向下流动，其结果就是“润下作咸”[③]。张居正曰：“水惟润下，故浸渍而为咸。”[④] 为什么会“润下作咸”呢？其实咸本意是碱土，在商周时代，土地灌溉已经开始，但是灌溉时间长了以后，土壤就会出现碱化现象，而这种碱化的土壤尝起来有咸味。如果仔细地观察土地的碱化现象就会发现，这种现象总是发生在水浸润并蒸发后，随着水长期的浸润，就会在土壤的表层呈现出白色的碱土。这个过程

① 廖名春：《〈周易〉经传十五讲》，第112—113页，北京大学出版社2005年版。
② 廖名春：《〈周易〉经传十五讲》，第157页，北京大学出版社2005年版。
③ 《十三经注疏》，第188页，上海古籍出版社2013年版。
④ 陈生玺等译解：《张居正讲评〈尚书〉》，第214页，上海辞书出版社2008年版。

就是水润下变成土，恰好就是咸卦上水下山的卦象，这样的土就是咸土。土地碱化现象在《尚书·禹贡》中就有记载："这里是一片白色而土质松软的盐碱地。"[①] "渤海广阔地区都是这种盐碱地。"[②] 其实，把盐碱认为是土这种现象不仅在中国先秦存在，在古希腊也是如此。亚里士多德认为："四元素的本色是单纯的，水和气呈白色，火呈黄色，土的本色为白但不纯正。"[③] 由此可以看出为什么把该卦叫咸卦，其本意就是在水浸润后土壤的表层会出现碱层，也就是说碱层是处在表层。因此，咸卦有表层这样的含义。更为重要的是如果仔细看碱土，它实际上是一种晶体，是盐在结晶过程形成的，很像水结成的冰晶，而晶体总是有光泽的，光泽是显现在表层的。由此，古人很容易得出咸卦有表层这样的含义，因此咸自然就有了表层显现的含义。

从《周易》用水浸润而生成碱土这个过程来表示咸卦，我们可以得出如下的结论：

第一，水无色无味，但是浸润后会在表面留下一个不同于水、有色有味的白色盐晶体。古人由此会得出这样的结论，这个产物是水与山相感应的产物，因为咸是不同于水、也不同于山的另外一种东西，而山又是"止"，故咸是水静止后产生的东西。因此咸卦就具有相互感应而产生他物这样的含义，从而使得人们由咸产生出相互感应这样的概念。

第二，碱总是处在土的表层，是表面的东西。这就使得咸卦有了表面、表层这样的含义。

第三，咸卦是由上水下山组成，从卦象可以得出，山上往下的流水叫高山流水，高山流水是飞流直下，急速而过，因此从卦象也可以看出咸卦有急速之意。既然"易"是用水倾下而表示变易这种概念，而飞流直下的水流自

---

① 陈生玺等译解：《张居正讲评〈尚书〉》，第 62 页，上海辞书出版社 2008 年版。

② 陈生玺等译解：《张居正讲评〈尚书〉》，第 67 页，上海辞书出版社 2008 年版。

③ 汪子嵩、范明生、陈村富、姚介厚：《希腊哲学史 3》（上），第 469 页，人民出版社 2004 年版。

然就有了快速变化之意。

最能表达万事万物之间相互感应而产生他物的自然是男女之间互相感应的恋爱过程，这是人的一种最有代表性的感性活动，因为男女之间的相互感应才能生儿育女。而把人在恋爱中相互感应这一过程表示出来，这是人类认识史的一个进步，因为爱，人类开始有意识地把人作为观察对象，男女相互把对方作为外在的对象进行观察。如果把《周易》的形成过程分成不同的阶段，在伏羲制八卦这个阶段，人们还仅仅把天、地、水、火、雷、山、风、泽这八种事物作为影响人类的对象，还没有把人类自身作为相互影响的对象进行研究。而《周易》咸卦的出现，标志着已经把人自身作为研究的对象，作为相互影响的对象进行研究，直接用男女之间的相互感应、相互爱慕的活动来作为咸卦，以此表示感性活动，这是先秦时代中华先民思想发展的一次飞跃。“因为爱情第一次真正地教人相信自己身外的实物世界，它不仅把人变成对象，甚至把对象变成了人。”① “人由对象而意识到自己：对于对象的意识，就是人的自我意识，你由对象而认识人；人的本质在对象中显现出来：对象是他的公开的本质，是他的真正的、客观的‘我’。不仅对于精神上的对象是这样，而且即使对于感性的对象，情形也是如此。”② “我”对对象有影响，同时对象也影响“我”，这是一个相互感应的过程。这就是为什么直到现在中国人还把谈恋爱称为处对象。“我”这个自我意识把另一个人、另一个自我意识作为对象，这个意识的出现，黑格尔称为“精神这一概念已经出现在我们前面”③ 的阶段。从八卦到《周易》的发展过程也印证了马克思、恩格斯关于意识产生过程的论述：“当然，意识起初只是对周围的可感知的环境的一种意识，是对处于开始意识到自身的个人以外的其他人和其他物的狭隘联系的一种意识。同时，它也是对自然界的一种意识，自然界起初是作为一种完

① 《马克思恩格斯全集》（第二卷），第 24 页，人民出版社 1957 年版。

② 费尔巴哈著，容震华译：《基督教的本质》，第 33 页，商务印书馆 1997 年版。

③ 黑格尔著，贺麟、王玖兴译：《精神现象学》（上卷），第 122 页，商务印书馆 1979 年版。

全异己的、有无限威力的和不可制服的力量与人们对立的，人们同它的关系完全像动物同它的关系一样……因而，这是对自然界的一种纯粹动物式的意识（自然宗教）。……但是，另一方面，意识到必须与周围的人们来往，也就是开始意识到人总是生活在社会中的。”① 八卦没有把人作为对象，仅仅是把天、地、水、火、雷、山、风、泽这八种自然现象作为对象，而到了《周易》，人们把人，把构成家庭的基本因素——男女作为对象，并且用咸卦来描述，这是中华先民意识发展的一大进步。由于人们已经把人自身，把社会关系作为对象进行研究，因此，如何解释社会中存在的“德”“谦”的现象，用什么标准来评价，这些问题的提出，也就推动人们从音律数量中寻找本原。因为，用数与数量之间的关系作为本原，显然比用天、地、水、火、雷、山、风、泽更容易说明“德”“谦”这类社会现象。

另外，能够描述观察主体的感受，这本身也是语言的一个进步。原始社会人类还没有产生能够描写观察主体感受的能力，这一点可以从早期人类的原始语言看出来。列维一布留尔在《原始思维》中这样描述：“我们见到了原始民族的语言‘永远是精确地按照事物和行动呈现在眼睛和耳朵里的那种形式来表现关于它们的观念’。这些语言有个共同倾向：它们不去描写感知着的主体所获得的印象，而去描写客体在空间中的形状、轮廓、位置、运动、动作方式，一句话，描写那种能够感知和描绘的东西。”② 而《周易》中的咸卦却是从观察者主体的感受去描述被观察对象的感受。因此，咸卦的出现，标志着中华先民已经开始关注“我”这个观察主体的感受作用。从咸卦的六爻辞过程来看，表现为从脚到头的接触观察过程。一是观察者的观察角度不断变化，从初六爻辞“咸其拇”，触动对方的足大趾，一直到上六爻辞“咸其辅、颊、舌”，这在咸卦中表现为从脚到头这样一个观察接触感应过程。二是观察主体和外在的对象不断变化的过程。六二爻辞“咸其腓，凶；居，吉”，

① 《马克思恩格斯选集》（第一卷），第35页，人民出版社1973年版。

② 列维一布留尔著，丁由译：《原始思维》，第150页，商务印书馆。

这是外在对象女方表现出来的凶，但也是抓住女方腓股的男方自己内心感受到的凶。而九五爻辞“‘咸其晦，无悔’，是说触动她的脖子，不会引起悔恨”[①]。可见咸卦的表述，除了从外在对象女方的感受方式来描写，更为重要的是从感受主体的男方来表述这一过程。由此可知，人的感性活动并不是外在对象单一的变化活动过程，而是观察者和被观察者之间相互感应作用的一个过程。当然我们这里要指出的是《周易》的推衍者还没有意识到理性思维（心）和感觉之间的区别和联系，还没有注意到在感觉过程中的心理活动。因此，这时的感觉的“咸”还没有衍生增加“心”作为偏旁，作者还用“咸”来表示这种感性活动。

正是由于《周易》是用男女之间的相互感应这一过程来表示咸卦，这说明《周易》的推衍者认为万物的运动变化，不是由于外力，而是由于自身本性相推相摩，这就是交感，用现代语言来说，交感也就是对立面的相互作用。这种相互作用、相推相摩，永不停止，导致“为道也屡迁，变动不居，周流六虚，上下无常，刚柔相易”[②] 这个观念的产生，而男女交感产生子女的现象也助推了这个观念的产生。因此在《周易》推衍者的眼里，一阴一阳并不是一种没有生命力的符号，恰恰相反，在这些古人的眼里，这些符号都是没有脱离具体事物的。这种相互感应的思想，也恰恰是来源于音律的特性，因为音律最为重要的特性就是由差异构成的和谐，而且是相反相成。长的弦、粗的管和大的乐器，发出的是低沉的声音；而短的弦、细的管和小的乐器，发出的却是高昂的声音。这不是外在的对立，而是事物自身内部的对立统一。这种现象自然可以让古人产生这样的观念：事物的运动变化总是由于自身内部的原因导致向着对立面变化。因为音律是“天之道”，既然“天之道”表现出的是对立统一，那“顺天”的万物，其动因也应是对立统一。由于对立面处在相互作用、相互感应中，因此《周易》所谓“吉”的一些卦，一般是上

① 廖名春：《〈周易〉经传十五讲》，第 112 页，北京大学出版社 2005 年版。

② 《十三经注疏》，第 89 页，上海古籍出版社 2013 年版。

下两卦具有交感的性质；所谓“凶”的一些卦，一般是上下两卦不具交感的性质，这里包含了当时人们对世界一般事物变化最原始的理解。《周易》的推衍者根据交感的观念观察万物的变化，认为凡有动象、有交感之象的卦是吉的，有前途的，因为它符合了事物发展的规律。比如泰卦和否卦就是如此。

泰卦（䷊）卦辞：“泰，小往大来，吉，亨……往，去，来，到。”① “小往大来”，意指万事万物都是从小到大，这是符合万物生长，符合自然规律的过程。泰卦的九三爻辞用“无平不陂，无往不复”指出了对立统一的变化过程。

与泰卦相对的是否卦（䷋），从其卦形看，由上乾下坤构成，恰与泰卦卦形相反。反映到卦名上是一泰一否。从卦辞来看，泰卦是“小往大来”，而否卦是“否之匪人，不利君子贞，大往小来”。否卦的“大往小来”和泰卦的“小往大来”也是两个相对立的变化过程。《周易》中的泰卦和否卦无论是从卦形还是语言都已经指出了物极必反、否极泰来的变化关系。《周易》不但把泰卦和否卦作为对立的卦体，更为重要的是，泰卦是由上地下天这种与自然相反的结构构成，否卦却相反，是由上天下地这种与自然相同的结构构成。为什么这种与自然现象相反的结构得出的是泰卦，而与自然现象相同的却是否卦呢？这表明在古人的观念里，天地自身内部具有按其本性发展的动力，由此演变出的是“反者，道之动”②。

泰卦的卦象是地在上，天在下。初看起来与现实不符，这就是矛盾，因为在实际中，是天在上。地在下。天气属阳，地气属阴，但是泰卦却是天在下。正是如此，天要上升回到自己的位置，而地也要下沉到自己的位置，天地在回归运动的过程中要相互交会，这就象征着天和地的交感变化，也就是说正是事物的本性使得事物要发生运动，是事物对立面的统一推动着事物运动。与此相反，否卦是天在上，地在下。天本来就在上，地本来就在下，天

---

① 廖名春：《〈周易〉经传十五讲》，第 82 页，北京大学出版社 2005 年版。

② 楼宇烈校释：《老子道德经注校释》，第 110 页，中华书局 2013 年版。

地都已经在位，在这种情况下就没有运动，没有运动就不会引起上下交感易位的变化。不交感，没有变动，事物就没有发展前途，所以否卦就不如泰卦吉。泰卦和否卦是对立的，一吉一凶。吉和凶是根据是否交感来确定的。这里很重要的就是天和地本身就包含着运动的因素，而不是依靠外在的因素而起到交感作用。我们在前面分析八卦时就已经指出，八卦制作者不仅指出了天地之间是有区别的，更为重要的是天地之间并没有截然分开，反而通过水、火、雷、山种种事物，使得天地相互联系，成为统一体。这也充分说明，在这个时代，人们还是把自然界看作是一个整体，是相互联系和相互作用的。

由上述分析可知，用咸卦来表示感觉和相互感应作用，这应该是一个非常贴切的卦。《周易》贯串了相互联系和相互作用的思想，这比八卦有了很大的发展。在八卦中，天地之间是依靠水、火、雷、山等相互联系，从而表现出相互的统一性，但这是一种外在的联系和统一。而在《周易》中，却是依靠内在的相互感应、相互作用。

分析完咸卦，我们下面再对恒卦进行分析。

恒卦（䷟）是由一个下经卦——巽卦（☴）和一个上经卦——震卦（☳）组成。下经卦巽卦其取象是风，卦德是入。上经卦震卦其取象是雷，卦德是动。从构成恒卦的上下经卦的卦象可以看出，恒卦是由运动和风组成。风是大气运动的表现，气在静止的时候人是感觉不到的。只有运动的气形成风，人才能感觉到。因此，人感觉到的永远都是处于运动的气——风，这恰恰就是恒卦的卦象，上经卦是动，下经卦是风，永恒的就是这运动的风。这就是“恒”，不是不变，而是恒定的，永恒地处于变化之中；这也是“易”，万事万物都处在变易之中，不变的就是“易”。故“恒”通“易”。

在中国的中原地带，每个季节运动的风，和空间方位紧密地联系在一起，而空间方位显然是恒定不变的。这一点很早就被中华先民所发现，如前所述的方位与风神就是例证。也就是说在商代，人们就已经观察到，每个季节风吹的方位都是恒定不变的，古人不仅将此规律总结出来，还把恒定不变的季节风吹方位和天帝联系在一起。

由于中国所处的地理位置，中原地区很早就进入了农业社会，农作物的生长好坏与气候的变化息息相关，这个因素促使中华先民很早就对天象进行观察。更为重要的是，“对于农业经济而言，作为历法准则的天文知识具有首要的意义。谁能把历法授予人民，他便有可能成为人民的领袖”①。《尚书·尧典》曰：“乃命羲和。钦若昊天。历象日月星辰。敬授人时。”河南濮阳考古发现的“天下第一龙”，表明中华先民早在6000多年前就已经对天象有了相当程度的观察和了解，并且很早就从星座在天空的位置、四季风向的变化、鸟兽行为与季节变化之间的关系中总结出规律。并且在古人的眼里，音律是天道，而音乐与风有着直接的关系。音律是客观的，是可以计算的，也是恒定不变的。恒卦的下经卦取象是风，因此古人用风的运动产生音乐，而用音乐中包含的数律关系是不变的这种恒定性来表示恒卦是非常贴切的。另外，天象与风的关系，特别是天上日月星恒定的运行规律、在天空的方位、与四季这种节气变化之间恒定不变的规律，更是一种天道。这种恒定不变的规律，让万物在春天苏醒，农民开始播种，鸟兽开始繁殖交配；让夏天一切生机勃勃，五彩斑斓；让秋天硕果累累，一片金色；让冬天万物收藏，休养生息。因此，《周易》用运动的风这种恒定性来表示恒卦，也是非常有道理的。“象曰，雷风，恒。”② 无论是惊蛰雷动还是四季中不同方位吹来的风，都呈现恒定不变的规律，故《彖传》曰：“恒，久也。刚上而柔下，雷风相与，巽而动，刚柔皆应。恒，亨，无咎，利贞，久于其道也。天地之道，恒久而不已也。”③

《周易》的推衍者将咸卦和恒卦作为一对卦体相反、相互对立的卦，选择了动卦和巽卦组成恒卦，这说明《周易》的推衍者已经知道感觉与恒之间的

---

① 冯时：《百年来甲骨文天文历法研究》，第331页，中国社会科学出版社2011年版。

② 《十三经注疏》，第47页，上海古籍出版社2013年版。

③ 《十三经注疏》，第47页，上海古籍出版社2013年版。

区别，因为感觉到的东西是表面的东西，而这种东西总是处在变化之中。而恒定不变的是内部的因素，是在事物之中的。要认识这些内部的东西，需要选择和深入，只有这样才能得到这个恒定的东西。选择本身就是一种有保留和有放弃的思维方式。万事万物都处在运动变化之中，这些变化的事物中，部分因素是短期存在的，而部分因素却是长久存在的。这个长久存在而且不变的因素，显然就是恒定的因素。要认识事物中这些恒定不变的因素，就要有选择，就必须放弃关注那些快速变易的因素，紧紧抓住变化事物中恒定的东西，这些恒久的因素就是事物的内在本质。这种有选择的思维方式才是睿智的思维方式。这种思维过程，实际上就是一种抽象分析过程，思维表现为一种简化和选择抽象的过程。“抽象作用就是建立这种形式的同一性并将一个本身具体的事物转变成这种简单性形式的作用。有两种方式足以导致这种情形：或是通过分析作用丢掉具体事物所具有的一部分多样性而只举出其一种；或是抹杀多样性之间的差异性，而把多种的规定性混为一种。”① “抹杀多样性之间的差异性”，就是仅仅注意到共同性，这是一种选择性的抽象过程，也是认识过程的开始阶段。“先就认识方面来说，认识起始于理解当前的对象而得到其特定的区别。例如在自然研究里，我们必须区别质料、力量、类别等等，将每一类孤立起来，而固定其特性……譬如，在数学里，量就是排除了它的别的特性而加以突出的范畴。”② 另外，人们总是不满足于认识一些外在、表面的东西，想探索隐藏在事物内部的东西，对这种思维方式，黑格尔也专门进行了论述：“人们对于单纯表面上的熟悉，只是感性的现象，总是不能满意，而是要进一步追寻到它的后面，要知道那究竟是怎样一回事，要把握它的本质。因此，我们便加以反思，想要知道有异于单纯现象的原因所在，并且想要知道有异于单纯外面的内面所在。这样一来，我们便把现象分成两面，内面与外面，力量与表现，原因与结果。在这里，内面、力量，也仍然是普

---

① 黑格尔著，贺麟译：《小逻辑》，第 247 页，商务印书馆 1995 年版。
② 黑格尔著，贺麟译：《小逻辑》，第 173 页，商务印书馆 1995 年版。

遍的，有永久性的，非这一电闪或那一电闪，非这一植物或那一植物，而是在一切特殊现象中持存着的普遍。感性的东西是个别的，是变灭的；而对于其中的永久性东西，我们必须通过反思才能认识。自然所表现给我们的是个别形态和个别现象的无限量的杂多体，我们有在此杂多中寻求统一的要求。因此，我们加以比较研究，力求认识每一事物的普遍。个体生灭无常，而类则是其中持续存在的东西，而且重现在每一个体中。”①

从黑格尔对人类要追寻认识事物中长久的东西，研究事物内部的本质这一段论述，我们自然要问什么是事物的本质？本质，是亚里士多德创造的一个术语（τὸ τι ἦν εἰναι，to ti en einai）。目前比较普遍的观点是认为，亚里士多德用这个术语来表示一个事物中恒久的东西，也就是说事物内部恒久的因素才是本质。黑格尔指出：“反之事物中有其永久的东西，这是事物的本质。”“在德文里当我们把过去的 Sein（存在）（也可翻译成‘是’），说成 Gewesen（曾经是）时，我们就是用 Wesen（本质）一字以表示助动词 Sein（‘是’或‘存在’）的过去式，语言中这种不规则的用法似乎包含着对于存在和本质的关系的正确看法。因为我们无疑地可以认为本质为过去的存在，不过这里尚需指出，凡是已经过去了的，并不是抽象的被否定了，而只是被扬弃了，因此同时也是被保存了。”② 应该说这与亚里士多德关于本质的观点是相同的，这里的本质是指事物中内部恒久的东西。

对照亚里士多德和黑格尔关于本质的论述，我们再对恒卦进行深入分析。恒卦的取象是雷，雷即闪电，是瞬间划破天空、转眼就消失的东西。这意味着古人是用闪电来表示事物外部快速变化和消失的因素。这些因素不是恒定的，恒定的是事物的内部因素。因此要认识恒，重要的是要进“入”到内部，研究长久性的东西，我想这就是内卦卦德为“入”的原因。事物中恒久的因素就是事物的本质，同时，“每物的 to ti en einai（本质）即是那被说成是该

---

① 黑格尔著，贺麟译：《小逻辑》，第 242 页，商务印书馆 1995 年版。
② 黑格尔著，贺麟译：《小逻辑》，第 242—243 页，商务印书馆 1995 年版。

物自身的东西”。同样的道理，研究（进入）一个事物内部的东西，自然也是研究“该物自身的东西”，那当然也是研究事物的本质。事物中的“恒”本身就是事物本质的东西，因此要认识事物的本质，必须研究事物中“恒”的东西。

从上述分析可以看出，恒卦突出的是要进“入”到事物内部研究长久性的因素，这长久性的因素自然就是“恒”。反观咸卦，其外卦是泽卦，光泽总是在事物的表面，碱土层也是出现在土地的表层。因此，《周易》通过把咸卦和恒卦作为对立的两个卦，表明其推衍者已经意识到表面的东西是变化不已的，它是事物表面的、短暂的、快速变化的因素，而事物内在的本质却是长久的。要认识这种内部长久的“恒”，必须有所选择，采用有所扬弃、有所保留的思维方式来认识事物内部长久的东西，这种有选择的思维方式才是睿智的思维方式。故而必须反复思索，采用抽象的思维方式，才能认识事物中本质的东西。只有认识到这种恒定不变的规律，才能正确地用于社会实践活动。但是人的思维方式有可能产生偏差，可能会舍本求末，没有认识到事物中不变的规律，反而抛弃掉事物中恒定不变的本质，这样的思维方式肯定是错误的思维方式，如果用这种思维方式指导人的行动，自然要出问题。而这一点也被恒卦中的初六爻辞指出来了。“浚恒，贞，凶；无攸利。”① “‘浚’，楚简作‘叡’，即‘濬’。”② 我们在后面的分析中将指出，“叡”实际上就是一种抽象的思维方式。正确的思维方式应该是扬弃掉表面的东西，深入到事物的内部，认识到变化事物中不变的本质内容。只有这样，才能“恒，亨，无咎，利贞，利有攸往”③。但是如果思维把“恒”抽象掉了，认识的仅仅是表面的非恒定的现象，这样不利于真正认识事物变化的规律。没有遵循客观规律，行动将会失败，所以，结果自然是“凶；无攸利”。这就是恒卦六爻辞“浚

---

① 廖名春：《〈周易〉经传十五讲》，第113页，北京大学出版社2005年版。

② 廖名春：《〈周易〉经传十五讲》，第113页，北京大学出版社2005年版。

③ 廖名春：《〈周易〉经传十五讲》，第113页，北京大学出版社2005年版。

恒，贞，凶；无攸利”的本意所在。

从上面的分析可以看出，《周易》的推衍者已经知道了感觉和思维之间的差异性，因此才将咸卦和恒卦作为一对对立的卦。通过咸卦来表示万事万物的外在表象是处于不断的变化之中，而事物的本质是较为长久的内部因素，感性认识只能认识事物的表面；而恒卦表征的是，认识“恒”要深入到事物的内部，由表及里，去粗取精，从而认识事物的本质（恒久）。认识事物自身内部恒久的东西，这种认识事物的方式和亚里士多德所说的认识事物的本质是相同的，事物的本质就是事物自身内部恒久的东西。这种认识方式能够帮助人们认识自然，掌握自然规律，当然是“利有攸往”。要认识事物中恒久的东西，就要选择性地认识事物内部的东西，扬弃事物外在的东西，这是人们认识事物的一种思维方式。

当然《周易》的推衍者在这里仅仅意识到不按照这种方法认识事物，就会“浚恒，贞，凶；无攸利”，还没有指出这是一种思维方式。思维活动，特别是濬这种思维方式在《洪范》中才被箕子提了出来。

【拾贰】　洪水中的万物生焉——屯卦

《周易》的推衍者用易表示水的流动性，如同古希腊泰勒斯提出的水是万物本原一样。当然，如果单纯是从易字的构型就判断说《周易》的推衍者已经把水行作为始基或者说本原，似乎理由还不十分充分。但如果联系到《周易》的屯卦和《系辞》的衍字，就更能说明其推衍者已经开始有意识地提出水行是始基的含义。

屯卦，上坎下震。坎，取象为水，引申为陷，即指洪水为患。震，卦德为动。因此，屯卦的取象显然是指水行，乾坤两卦之后就是屯卦，这就是说在古人的观念里，有天地，更有洪灾为患的记忆。天地中万物起始于洪水之中，这指出了一种统一性。八卦的顺序是天、地、水，而《周易》的推衍者把屯卦摆在乾卦和坤卦之后，这些都表明他们已经有了这种意识，即水行从时间上来说是本原和始基。另外，屯卦还有另外一层含义，那就是春天的到来，而春天总是一年的开始。

一年四季分为春、夏、秋、冬。在《尚书》中是以日中来判断春天的到来。日中是指白天和夜晚时间一样长，从二十四节气来说是指春分这一天。也就是说按照《尚书·尧典》的记载，春分代表的是春天，其特征是万物复苏，原野上点点春芽萌动。而春分之前的节气按时间顺序依次是立春、雨水和惊蛰。惊蛰的雷鸣是非常引人重视的，因此，农谚曰："春雷响，万物长。"而这种春芽萌动的物候季节现象在《周易》中就是通过屯卦反映了出来。

"屯（）"，金文象种子破土初生之形。"屯（），难也，象艸木之初生，屯然而难。从中贯一，一，地也。"①

我国在商末周初时期处于农业社会时期，靠天吃饭的农业社会对季节的变化规律依赖性很强。立春到惊蛰之前这段时间，天气仍然是乍寒乍暖，甚至会出现倒春寒。因此，在这段时间里，天气变化会严重地影响各种植物的生长发芽。天气太冷，嫩芽甚至会夭折。如果从卦象来说，屯卦紧接乾卦和坤卦之后，这样的排序其含义是"有天地，然后万物生焉"。在古人的眼里，一年之始在于春，伴随着春天的到来，雨水开始增多，天气逐渐转暖，在雨水的浸润下，万物开始萌动。这个现象被记载在屯卦中。屯卦，上坎下震，从顺序来说应该是从下到上。震，卦德为动，表示伴随着惊雷，万物开始在雨水的浸润下萌动。因此，这是春天的开始。但是从卦象来说，是下雷上水，

① 董莲池：《说文解字考正》，第16页，作家出版社2005年版。

这恰好与实际的季节顺序相反，因为雷表示的是惊蛰这个节气，而水表示雨水。二十四个节气的顺序是雨水在前，惊蛰在后，这种正常节气预示天气越来越热，这是一种正常的天气变化顺序。但是屯卦的组成却是与此相反，下面是惊蛰而上面是雨水。这实际上暗示了一种相反的天气变化，表示这种天气是倒春寒。“冬虽过，倒春寒，万物复苏很艰难。惊蛰节到闻雷声，震醒蛰伏越冬虫。”本卦的组成与正常的季节相反，这就预示着天气不正常，自然会让各种植物的生长屯然而难。故此，才用屯卦来表示万物初生的艰难。显而易见，屯卦形象地反映了农业社会的人们对节气变化的敏感和重视程度。屯卦表征了节气规律的重要性，同时这种自下而上的顺序，反映的是万事万物从小到大、从低到高的必然性。从这里也可以看出，《周易》中已经有了次序和时间的观念。但是《周易》本身还没有提出初始这个哲学概念，还没有把初始和数的逻辑顺序结合在一起。由于屯卦是作为乾卦和坤卦之后的第一卦，它显然是表示一种开始，或至少说是隐含了开始的含义。

《系辞》曰：“大衍之数五十”。[①]“衍”，《说文解字》曰：“水朝宗于海也，从水从行。”[②] 海纳百川，这是一种统一。另外，衍通演，即推演，与计算有关。从《系辞》用衍字表示推演可以看出，“大衍之数五十”中的衍既包含了水行，又包含了数字推演的含义，这说明《周易》中包含了水是本原和数律的原则。因此，这种上坎下震的卦又在《洪范》中用“洪”这个字，作为无限大的水行被提了出来。

---

① 《十三经注疏》，第80页，上海古籍出版社2013年版。

② 许慎撰，徐铉校定：《说文解字》，第229页，中华书局2002年影印版。

小结

前面的分析告诉我们，“周易”二字表示天地万物都是处于变易之中，故“易者变化之总名”。在《周易》的推衍者看来，变化的根源在于数的变化。这说明《周易》的推衍者已经意识到，天地万物的变化中都包含了有规律的数量变化。

《周易》由六阴六阳构成，而周代的十二律也是由六阴六阳组成。这说明《周易》的推衍者把数作为本原的观念是建立在音律基础上的，因此，《周易》的推衍者才采用与计算音律相同的方式来推衍《周易》的每一卦。

音乐是由不同的声构成的，音乐的美妙正在于其千变万化。只有不同的声音，获得了和谐、调和的音响效果，才能称作“和”。可见《周易》的推衍者认为天地万物的变化也像音律这样，遵循一定的规律。按照这个规律筮算，就可以推衍预测未来和解释世界。正是如此，笔者认为，作为中国先秦哲学开端的《周易》是建立在音律的基础上，这个哲学的开端奠定了中国先秦哲学的核心价值即“和谐”。

“龢”，《说文解字》曰：“调也，从龠禾声。”① “龤”，“乐和龤也，从龠皆声。”② 显然，“龢龤”二字也说明，在《周易》推衍者的观念里，建立在美妙动听的音乐基础上的一切都应该是“龢龤”的，周人以此哲学思想制定国策。周代把音律中的黄钟基准音作为统一各项数量的基准数，将音高、长度、容

① 许慎撰，徐铉校定：《说文解字》，第48页，中华书局2002年影印版。
② 许慎撰，徐铉校定：《说文解字》，第48页，中华书局2002年影印版。

量、重量全部统一于“黄钟”标准，以此同律度量衡。周公制周礼，以礼乐取代了殷以大量奴隶、牛羊祭祀的方式。《周易》既济卦曰：“东邻杀牛，不如西邻之禴祭，实受其福。”[①] 爻辞描述的就是“殷纣在东，文王在西，东西为邻。然文王修德，殷纣败德，故神灵所享者不在于祭品丰盛，而在于祭者之有德”[②]。爻辞中的“禴”字，由其构成的字素“龠”也可以得知这种祭礼应该与音乐有关。用“禴祭”这种乐礼来祭祀表明，周的统治者希望：“以六乐防万民之情，而教之和。”[③] “以礼乐合天地之化百物之产，以事鬼神，以谐万民，以致百物。”[④] 从而在此基础上，建立一个人人都讲道德，遵礼仪的和谐社会。

① 《十三经注疏》，第 72 页，上海古籍出版社 2013 年版。

② 杨天才、张善文译注：《周易》，第 550 页，中华书局 2011 年版。

③ 《十三经注疏》，第 708 页，上海古籍出版社 2013 年版。

④ 《十三经注疏》，第 763 页，上海古籍出版社 2013 年版。

第三章 《周易》的发展——《洪范》

【壹】　《洪范》

前面提到，《周易》就是用液体的流动性“易”来表征作为事物变化的总纲，这就如同古希腊的哲学家泰勒斯首先提出“水为万物之原”的概念一样，两者都将一般的流动性即运动性作为万事万物的统一性。《尚书·洪范》更明确地提出了“水行”这个本原概念，而水是本原和始基的含义也通过《尚书·洪范》一文得到了更深的演绎。

《尚书》是一本先秦典籍，“陆德明《经典释文序录》说道‘以其上古之书，谓之《尚书》’”①。这本书“反映的是商周时代，已经产生并且在使用甲金文字，周人记本朝之事，而且将包括殷商在内的前朝传闻或文字资料加以整理，汇辑而成《书》，这大约是在春秋前期以前已经在做，到春秋前期或稍后终于完成的事”②。

《尚书》中有篇文章《洪范》。“洪，大。范，法也。言天地之大法。”③《洪范》除了是一篇讲述治国方法的文章，更是一篇哲学著作。对于《洪范》这篇文章，“刘起釪先生和李学勤先生均认为《洪范》的思想核心是商代的，其大致成形则在西周时期。李学勤先生还以叔多父盘铭文为证，增加了这一结论的可信度。”④ 2002 年发现的豩公盨也说明这一点。豩公盨是一件西周中

① 陈戍国撰：《尚书校注》，第 1 页，岳麓书社 2004 年版。

② 陈戍国撰：《尚书校注》，第 3 页，岳麓书社 2004 年版。

③ 《十三经注疏》，第 187 页，上海古籍出版社 2013 年版。

④ 周宝宏：《近出西周金文集释》，第 194 页，天津古籍出版社 2005 年版。

期青铜珍品。“盨上所铸九十八字长篇铭文叙述了大禹治水和为政以德等内容。”① “豩公盨铭文的出现，进一步支持了这一结论……铭文内容与《洪范》有更广泛更深入的联系相同处。”② “铭文‘畴方设正，降民监德’又与《洪范》的五行大法、洪范九畴、卜筮稽疑诸事相合，具有浓厚的远古宗教色彩，其渊源可追溯到夏商时代。铭文曰：‘民成父母，生我王作臣’，其天命观念与遣词造句又与《洪范》‘天子作民父母，以为天下王’相一致。由此可见，李学勤先生将《洪范》的成书年代定在西周是可信的。”③ 裘锡圭认为：“豩公盨名中的一些词语和思想要以《洪范》为背景来加以理解。这说明在铸造此盨的时代（大概是恭、懿、孝时期），《洪范》已是人们所熟悉的经典了。由此看来，《洪范》完全有可能在周初就已基本写定。”④ 据马士远统计，“《左传》三引《洪范》之文句，均称《商书》，而汉代之后的版本系统，《洪范》均在《周书》内”⑤。“最早引述《洪范》语句的是《左传·文公五年》（公元前622年）”⑥，这足以说明《洪范》的成篇是非常早的。由此可以非常有把握地说，《洪范》提出一为水行这个观点，其年代是远远早于古希腊的哲学家泰勒斯提出水是本原这一观点的。而《洪范》的篇名也很早就出现了，它早在孔子时代就被引述。孔子曰：“‘六誓’可以观义，‘五诰’可以观仁，《甫刑》可以观戒，《洪范》可以观度，《禹贡》可以观事，《皋陶谟》可以观治，《尧典》可以观美。”⑦

为什么说《洪范》是一篇哲学著作呢？下面让我们对《洪范》中的“洪”和“范”二字的本意进行考证和分析。

---

① 周宝宏：《近出西周金文集释》，第177页，天津古籍出版社2005年版。
② 周宝宏：《近出西周金文集释》，第194页，天津古籍出版社2005年版。
③ 周宝宏：《近出西周金文集释》，第194—195页，天津古籍出版社2005年版。
④ 转引自周宝宏：《近出西周金文集释》，第200页，天津古籍出版社2005年版。
⑤ 马士远：《周秦〈尚书〉学研究》，第73页，中华书局2008年版。
⑥ 马士远：《周秦〈尚书〉学研究》，第86页，中华书局2008年版。
⑦ 转引自马士远：《周秦〈尚书〉学研究》，第190页，中华书局2008年版。

"洪范"，"洪，大。范，法也"。洪，《说文解字》曰："洚水也"[①]，"洚，水不遵道"[②]。《尧典》曰："汤汤洪水方割。"《洪范》曰："我闻在昔鲧陻洪水。"[③] 显而易见，洪的含义来源于洪水。真正能称为洪水的，那一定是铺天盖地的大水，所到之处，摧枯拉朽，淹没一切。一眼望去，水天一色，除了水还是水。故此，人们用洪来形容大，如洪水、洪大、洪福、洪荒、洪亮等等。而这个洪是由"氵"和"共"构成的。共，《说文解字》曰："同也。"[④] 这就是说，四周都是水，才能说那是洪水。因此《洪范》一文用"洪"表述了两层意思：第一，是流动不停的水。第二，这不是一般的水，而是洪水，是水天一色，漫无边际。这是一种普遍性、一种共性，是"同也"。在洪水中，一切都被淹没了，只有水这一种物质，这是一种统一性。另外，水是一种透明液体，这是水的同质性，水清无杂质。因此，古人将水理解为一种单纯的物质元素。"水则与土相反，是统一体，是透明体；我们很明显地看出它表现着统一的形式，空气、火、物质等也是这个样子。原则应该是一个，所以必须在自身中具有统一性。"[⑤]《洪范》用"洪"这个概念来表示统一性，而这种统一性是来源于水的流动性和同质性。如亚里士多德论述的一样："这类学说的创始者泰勒斯说'水为万物之原'（为此故，他宣称大地是安置在水上）。"[⑥] 因为希腊地处地中海，受海洋的包围，放眼望去，是一片汪洋大海，因此大海的大和广阔也是泰勒斯提出水是万物始基的重要原因。这和《洪范》中箕子将"洪"作为统一性是一致的。

箕子在《洪范》中用"洪"来表示一种普遍性，这比《周易》中"易"的概念有了更进一步的广泛性，这说明箕子已经认识到，越是普遍的概念，

---

① 许慎撰，徐铉校定：《说文解字》，第229页，中华书局2002年影印版。
② 许慎撰，徐铉校定：《说文解字》，第229页，中华书局2002年影印版。
③ 《十三经注疏》，第187页，上海古籍出版社2013年版。
④ 许慎撰，徐铉校定：《说文解字》第59页，中华书局2002年影印版。
⑤ 黑格尔著，贺麟、王太庆译：《哲学史讲演录》（第一卷），第199页，商务印书馆1995年版。
⑥ 亚里士多德著，吴寿彭译：《形而上学》，第7页，商务印书馆1996年版。

其涵盖的范围应该越大，同时也意识到这种普遍性还应该具有一种单纯的同一性。而水天一色的“洪”最能表示这种单纯的统一性和普遍性。另外，《周易》在数量关系上突出的是周而复始，比如“七日来复”“复自道”，这来源于音律的重复性，而《洪范》提出了数量的无限性。由此也可以看到先秦哲人对数量的各种规律和属性的认识也经历了一个逐步发展的过程。

箕子用“洪”来表示一种普遍性，这一点也可以从远古的神话传说中找到线索，长沙子弹库出土的战国楚帛书中第一篇记载的创世章是这样描述的：“在天地尚未形成的远古时代，大能氏伏羲降生，他生于华胥，居于雷夏，靠渔猎为生，当时的宇宙广大而无形，晦明难辨，草木繁茂，洪水浩渺，无风无雨，一片混沌景象。”① 从这里可以看出，在古人的眼里，洪水浩渺，水天一色，天与地都统一在洪水中，各种事物的差异尚不能分辨，这就是混沌，这就是统一性。因此，脱胎于古老传说的《洪范》，自然会选择“洪”来作为一种普遍的流动性和统一性。

另外，《洪范》开篇就指出了“洪”是来源于洪水的“洪”。箕子曰：“我闻在昔鲧陻洪水，汩陈其五行。”② 由此可以看出当时的洪水非常大，把其他的各种事物的运动方式都打乱了、淹没了。这表示一切都淹没在水中，只剩下洪水四处泛滥，显然在古人的眼里，这就是一种统一，统一在水行中。

从上述分析可以看出，尽管先秦哲学家箕子将“洪”作为一种流动的普遍性，但古人的抽象思维还没有达到能够将“大”这种抽象普遍性和“水”这种具体物完全分开的能力。但是，“洪”在这里已经是作为水流动的一种属性，而且是大水的一种属性，这种属性也是一种否定性的属性，它摧枯拉朽，淹没一切，以一种“当作融合和包容一切实际事物在内的”属性提出来。因此，箕子用“洪”即大水的属性这个概念来表达运动的普遍性和统一性。正是由于“洪”具有一种普遍的流动性和统一性，因此，作为属性，“洪”是没

① 冯时：《中国天文考古学》，第 43 页，中国社会科学出版社 2010 年版。

② 《十三经注疏》，第 187 页，上海古籍出版社 2013 年版。

有界限的，是水天一色。没有界限的这种流动性和统一性又如何能够变成形态万千的各种具体事物呢？《周易》中的“易”是靠器皿的形状来使流动的水有了具体的形状，使变化有了尺度。当然，如同我们前面所指出，《周易》的“易”还没有把水这种质料和水的运动分开，更没有把限制变化的尺度和范型——器皿分开。也就是说由于器皿的大小是有限的，“易”更多的是表现一种变化的周而复始，表现的是空间的有限性。但是，仅仅指出流动和变易性也是不足的，因为水要转化成众多的具体事物。因此，只有无边无际、没有界限、数量众多的“洪”，才从流动性和无界限、无定形性提供了转化成万事万物的可能性。也就是说“洪”的提出，比《周易》中的“易”有了更进一步的发展，这是通过“洪”所具有的巨大数量和无边无际，指出了本原作为一种统一性必须具有的两个因素，那就是流动性中的无界限或者说无定形以及数量的无限性。这也意味着《洪范》明确指出了事物具有的数量关系不是一种实体，而是一种属性。“洪”毕竟不完全等于水，只有大水才是“洪”，只有无边无际才是“洪”，只有水天一色才是“洪”，只有让一切都淹没才是“洪”。但是仅具有流动性，仅有无限数量的水这一种事物，仅仅通过“洪”这个共同性来表示流动变化的普遍性，还是不够的。因为万千事物具有不同的形状和属性，因此，必然要对流动性进行限制，通过具体形状的限制，普遍性的本原才能转化为千姿百态的具体事物。在《周易》中，“易”字本身就包含了流动性和边界的限制性。一方面是具有流动性的液体，另一方面是器皿的形状限制了液体的流动性。这种流动性和限制性作为对立面统一在“易”中。但是到了《洪范》，流动性和限制性发展分裂成为两个概念，“洪”已经作为一种属性从水中分离出来，它仅仅表示流动性和无限制性，而器皿的形也自然要被抽象和分离出来，《洪范》明确提出了“范”这个概念，这是对流动性进行限制的边界，也是具体物的形状。

“范”这个概念来源于先秦时期冶炼生产中的泥范。为了理解这个“范”字，我们先了解先秦时期的铸造工艺。中国古代铜的冶炼技术是非常发达的，

"商代时青铜铸造已经很发达，出土所见商代大量精美的青铜器，令人赞叹惊异"[1]。这时的青铜器有农具、武器和乐器，更多的是作为祭祀用的礼器。殷商时期制造的"司母戊"大方鼎是迄今发现的这个时期世界上最大的青铜器。

在商周时期，青铜器的制作过程采用的是块范法，工匠根据使用者的意图设计构思并创作出需要铸造的青铜器的模型，然后用特定的泥土包裹在这个模型上，待泥土阴干后切割下来，这就是泥范。切割下来的泥范经过烘烤制成陶范，将这些陶范按分割前的原样组合起来，在范内填充泥沙，使之恢复模型的原状，然后削去一层制成内范，把外范套在内范上。范完成后，将熔化的铜合金溶液浇注填满外范和内范之间，就可以铸成青铜器。由这个铸造工艺可以看出，这个泥范是按照设计者心中设想的模型来制造的，显然，范是模型和规范，工匠可以将熔化的铜水浇注在泥范内形成人们所需要的青铜器。由此可知，范的功能是将铜水规范，按照人们所需制造出不同的物品。因此，洪水的"洪"是表示一种统一性、同一性和变易性；而"范"却是将这种没有差异的，但可以变成各种形状的液体规范成不同的物品。如果这个"范"的形状是鼎，那么铜水凝固后就成为鼎；如果"范"的形状是钟，那么铜水凝固后就成为钟；如果"范"的形状是戈，那么铜水凝固后就成为戈。通过"范"将同一的可以变易的"洪"变成了各种不同的事物，因此，"范"是表示差异性。

也正是由于在商周时期，炼铜冶炼技术发达，人们发现可以通过泥范将熔化的铜水制成各种各样的铜器，因此，人们必然就会追问"范"和"水"之间的关系是什么？这就是"洪范"二字的基本含义，也是《洪范》篇名含义的来历。

箕子提出"洪"作为万事万物的统一性，但是流动变易的"洪"如何能转化成形态各异的万事万物呢？自然就需要"范"。"范"，来源于铸造铜器所

---

① 戴吾三编著：《考工记图说》，第104页，山东画报出版社2005年版。

用的泥范，这种泥范的功能就是能将铜水按照人们的要求制成各种各样的铜器，为人所用。因此，推而广之，“范”能治“水”。“范”把铜水限制在一定的范围内，也就是“限”。水的流动变易性使得箕子选择“洪”作为变易的本原，这种本原具有了一种同一性和普遍性。但是仅仅具有普遍性和同一性还是不够的，还必须具有差异性和特殊性。只有这样才能由同一的水转化成不同的事物。而这个“范”又是首先由人们设计出来的，按照人的想象用泥做成的，最后让铜水按照人们的设计成为不同形状的铜器。因此“范”也容易使人联想到“法”，因为法也是由统治者规划并制定的。“范”是对铜水的规范，“法”是对人们行为的一种规范，自然“范”就是“法”。这就是为什么箕子要用“洪范”二字来作为标题的原因所在。一方面箕子指出了文章与大禹治水之间的关系；另外一方面也点明“范”是对“洪”的规范，是治理、限制和尺度。故此，孔子曰：“《洪范》可以观度。”①

《洪范》曰：“初一曰五行，次二曰敬用五事。……五行：一曰水，二曰火，三曰木，四曰金，五曰土，水曰润下，火曰炎上，木曰曲直，土爰稼穑。润下作咸，炎上作苦，曲直作酸，从革作辛，稼穑作甘。”② 从上面这段话可以看出，箕子在为周武王讲解“大法九章”时首先讲出的是初一曰五行，而五行中第一是水行。

“初”，《说文解字》曰：“始也。”③ 中国第一本辞书《尔雅》曰：“初……首……始也。”④《尔雅》不仅对“初”进行了解释，并且将“初”字作为《尔雅》开篇起始第一字。

从《洪范》中箕子提出的“五行”可以看出，箕子明确地把“五行”摆在初一的位置，初即开初、开始，也是第一。而水又为五行之首。为什么呢？

---

① 转引自马士远：《周秦〈尚书〉学研究》，第 266 页，中华书局 2008 年版。
② 《十三经注疏》，第 188 页，上海古籍出版社 2013 年版。
③ 许慎撰，徐铉校定《说文解字》，第 91 页，中华书局 2002 年影印版。
④ 《十三经注疏》，第 2568 页，上海古籍出版社 2013 年版。

因为洪水滔天，无边无际，水天一色，自然就只有水在四下流动泛滥。其他万事万物都被淹没在洪水中，洪水弄乱了金、木、火、土的自然规律，只有水行。因此，第一是水行。正如黑格尔在评价泰勒斯的水是本原这个命题时说的一样："一、它是哲学，因为在这个命题里，感性的水并不是被当作与其他元素和自然事物相对待的特殊事物，而是被当作融合和包含一切实际事物在内的思想，——因此水被了解为普遍的本质。"[①] 这说明箕子提出了水行为第一范畴的观点，因为这里提出的是"五行：一曰水，二曰火，三曰木，四曰金，五曰土"。当然箕子这里还没有把各种质料和运动即"行"分开，这一点是我们必须要记住的。

先秦的箕子和古希腊的泰勒斯都把水作为万事万物的本原，而且提出了普遍的流动性（行），这是先秦和古希腊哲学的相同点。其实有这种共同点并不奇怪，作为进入农业社会的古希腊和中国，水对万物生存的重要性必然会对哲学家的思想和观念产生巨大的影响。亚里士多德就此论述道："这类学说的创始者泰勒斯说'水为万物之原'（为此故，他宣称大地是安置在水上的）。大概他从这些事实得其命意：如一切种子皆滋生与润湿，一切事物皆营养与润湿，而水实为润湿之源。他也可以从这样的事实得其命意：如由湿生热，更由湿来保持热度的现象（凡所从来的事由就是万物的原理）。"[②] 辛普里丘在《〈物理学〉注释》中转述："感性的现象使他们（泰勒斯等）得出这个结论。因为热的东西需要潮湿来维持，死的东西则干燥了。凡是种子都是湿的，所有的食物都充满水分；所以，说每一种事物都以它所从而产生的东西作为营养，是很自然的；而水则是潮湿性质的本原，又是养育万物的东西；因此他们得出这样的结论，认为水是万物的本原，并宣称地浮在水上。"[③] 箕子抓住

---

① 黑格尔著，贺麟、王太庆译：《哲学史讲演录》（第一卷），第185—186页，商务印书馆1995年版。

② 亚里士多德著，吴寿彭译：《形而上学》，第7页，商务印书馆1996年版。

③ 转引自汪子嵩、范明生、陈村富、姚介厚著：《希腊哲学史1》，第160页，人民出版社2004年版。

了“水润”的特性，提出第一是水行的观点，而亚里士多德也用水的湿润来解释泰勒斯水是本原的观点。这说明在农业社会中，水对万物生长的重要性使得哲学家们必然会提出水是万物的本原这个观点。

水无色无味，看起来是一种单一的物质，在古人的眼里可以将其分解到很小，而且水具有渗透性和流动性，更能使其充实到其他物体中。因此，作为流动性和统一性的物质，水自然成为古希腊哲学家和中国先秦哲学家的必选之物。特别是中华先民很早就进入农业社会，具有农耕文化，自然会把水作为统一性的首选物质。

古希腊哲学发源于古希腊的神话，人类早期对自然万事万物变化的理解都是采用神话的方式。亚里士多德在《形而上学》中这样论述：“有些人认为去今甚久的古哲，他们在编成诸神的记载中，也有类似的宇宙观念；他们以海洋神奥启安与德修斯为创世的父母，而叙述诸神往往指水为誓，并假之名号曰‘斯德赫’。事物最古老的最受尊敬，而凡为大家所指誓的又应当是最神圣的事物。这种关于自然的解释，究从远古何时起始，殊难论定，但我们可以确言泰勒斯指陈了世界第一原因。”①

与古希腊哲学一样，中国先秦的哲学也是由中国古老的传说转化而来的。大禹治水是华夏大地一个古老的传说。《尚书·益稷》：“禹曰：‘洪水滔天，浩浩怀山襄陵，下民昏垫。予乘四载，随山刊木，暨益奏庶鲜食。’”②《尚书·禹贡》：“禹敷土，随山刊木，奠高山大川。”③ 由此可以看出，洪水滔天和大禹按照水的运动方式治水给人们留下了深刻的印象，因此，《洪范》直接来自于大禹治水的传说。八卦中有泽卦，水被治理好，用于灌溉，自然带给人们喜悦。《洪范》中，箕子之所以把水行摆在五行之首，是因为“听说从前，鲧用堵塞的办法治理洪水，弄乱了金、木、水、火、土的自然运行规律。

---

① 亚里士多德著，吴寿彭译：《形而上学》，第7—8页，商务印书馆1996年版。

② 《十三经注疏》，第141页，上海古籍出版社2013年版。

③ 《十三经注疏》，第146页，上海古籍出版社2013年版。

上帝震怒，不传给鲧九种大法的治国常理，因此治国之道也就败坏了”[①]。古老的传说在古人的眼里是神圣的，是可以作为原因的，而本原指的就是那最为根本的原因。而最古老的东西是可以作为原因的，同样的道理，中国的先秦哲学也是从中国古老传说中演变而来的，箕子也把古老的传说作为自己提出洪范九畴的理由和原因。

尽管古希腊的泰勒斯和中国先秦的箕子都提出把水作为本原，但二者还是有区别的，其区别如下。

一是《洪范》明确地把水行摆在五行之首，这已经将水行和初始联系在了一起，这就是初一曰五行，五行之首为水行。但是，古希腊的泰勒斯是否提出了始基这个概念，还是一件不能十分肯定的事情。

二是泰勒斯为什么把水作为本原，其缘由都是后人提出的，无论是亚里士多德还是辛普里丘，都是后来的思想家。也就是说，泰勒斯是否具有了这样的思想范畴，或者说是否提出了第一原则，还是不能肯定的。正因为如此，黑格尔在《哲学史讲演录》中这样论述道：“因此，我们只需引用哲学家自己的字句，至于原字句之发展或引申乃是进一步的思想范畴，尚不属于哲学家本人的意识。比如，亚里士多德说过，泰勒斯曾提出：一切事物的原则（arche）是水。但阿那克西曼德才是第一个使用（arche）这个词。所以是见泰勒斯还没有这一思想范畴。”[②] 反观《洪范》，箕子除了明确把水行作为五行之首，作为了解和认识洪范九畴最为重要的一点，还明确地提出水行是第一原因的原则。我们从下面的分析可以看出这一点。

周武王在赢得伐纣的胜利之后，思索殷所以亡的原因，向箕子请教，武王问：“呜呼，箕子。此上天不言而默定下民佑助谐合其安居，使有常生之资。我不知此天之定民常道。”[③]

---

① 陈生玺等译解：《张居正讲评〈尚书〉上》，第212页，上海辞书出版社2008年版。

② 黑格尔著，贺麟、王太庆译：《哲学史讲演录》（第一卷），第47页，商务印书馆1995年版。

③ 《十三经注疏》，第187页，上海古籍出版社2013年版。

箕子回答说："听说从前鲧用堵塞的办法治理洪水，弄乱了金、木、水、火、土的自然运行规律。上帝震怒，不传给鲧九种大法的治国常理，因此治国之道就败坏了，鲧被流放死了，禹继任治水患。上帝赐给禹九种大法，治国常理就定下来了。"[①] 武王和箕子的对话说明了什么呢？为什么武王问治国常理，而箕子却首先讲"鲧用堵塞的办法治理洪水，弄乱了金、木、水、火、土的自然运行规律"呢？其实这就是箕子在回答第一原因是什么。如果从结果追溯原因，就可以看出箕子在追寻第一原则。为什么鲧不知道治国之法，是因为上帝震怒，不传给治国之法。为什么上帝震怒，是因为"鲧用堵塞的办法治理洪水，弄乱了金、木、水、火、土的自然运行规律"。为什么这些自然运行规律会被弄乱了，是因为水行这一规律被鲧违背了。因为"水曰润下"，而鲧则用土堵水，用堵而不是疏导的办法，这违背了水润下的运行规律。因此，水行的规律是第一原则，水行的原因是终极原因。从这里可以看出治天下首先是要掌握洪范九畴，要掌握洪范九畴，必须不能弄乱了五行，而要五行顺其性，就必须首先按照水行的方法治水，因此水行是第一原则。这就是说箕子已经在追问第一原则的含义并且将水行作为第一原则。

无论是泰勒斯还是箕子，都把水作为哲学的开端，这都是用一种特殊的东西来代替世界的统一性。正如恩格斯所指出的："因此，在这里已经完全是一种原始的、自发的唯物主义了，它在自己的萌芽时期就十分自然地把自然现象的无限多样性的统一看作不言而喻的，并且在某种具有固定形体的东西中，在某种特殊的东西中去寻找这个统一，比如泰勒斯就在水里去寻找。"[②] 古希腊的泰勒斯提出水是本原，比较明确地提出了流动性和普遍性这样的概念，提出了万物统一的概念，即"水是万物的本原，并宣称地浮在水上"，这也和古希腊当时所处的地理环境有关。希腊"在地中海的周围，受海洋的包围，他们的生活和生产活动，包括工业、农业和商业贸易，处处都和水发生

---

① 陈生玺等译解：《张居正讲评〈尚书〉上》，第 212 页，上海辞书出版社 2008 年版。

② 《马克思恩格斯全集》（第二十卷），第 525 页，人民出版社 1971 年版。

密不可分的联系。正是在这样的自然环境中，泰勒斯才会认为‘地是浮在水上的’。这种客观条件，应该说是产生泰勒斯的看法的一个重要因素”①。

反观箕子提出水作为哲学的开端，突出的是水行以及它所引起的其他事物的变化，从而提出了寻找万事万物变化的终极原因，这也是受当时所处的历史环境的影响，除了水利设施在农业社会中的重要作用，更重要的是历史上洪水泛滥导致大地万物的变化给先民们留下了深刻的印象。中华文明不同于古希腊文明，后者是一种海洋文明，而中华文明是大河文明，是一种依托大河流域的农耕文明。这种文明最早产生于长江、黄河、辽河等大河流域，这种农耕文明的发展对水资源的依赖很强，同时洪水泛滥又使沿河流域的人民把治水看成是生死存亡的大事。大禹治水留美名的传说是一个例证，也正是由于这个原因，箕子开篇就提出了水灾和治水对万事万物的影响。作为略早于《洪范》的《周易》也记录了水灾的危害，从而将卦象为水的坎卦之卦德选为“陷”，引申为险，反映了洪水带给人们的是恐惧。但是一旦将水治理好后，就变成了利，带给人们的就是喜悦和丰收。

另外，箕子提出了水行这个概念，这是一个统一的概念，但这里还没有把水和水的运动方式完全分开，这就是说在箕子看来，水的运动是不需要原因的，这对箕子而言是一个自然而然的道理。这一点也是与古希腊的哲学家相同的，就像文德尔班总结的：“所有这些学说都假定运动这个概念本身是自明的，不需要进一步阐述。”②

从以上的分析可以看出，尽管古希腊哲学和中国先秦哲学都把水作为哲学的开端，这是两个不同哲学体系开端的共同点，但也由于两个文明不同的历史环境和自然环境，两个开端所突出的重点也是不一样的，泰勒斯突出的是运动的普遍性，而箕子除了提出了统一性，更突出的是终极原因和开端。

---

① 汪子嵩、范明生、陈村富、姚介厚：《希腊哲学史 1》，第 161－162 页，人民出版社 2004 年版。

② 文德尔班著，罗达仁译：《哲学史教程》（上卷），第 79 页，商务印书馆 1997 年版。

泰勒斯本人并没有提出本原（始基）这个概念，但箕子在《洪范》中却明确地提出了五行中一为水行，已经包含有开端的概念。

更为重要的是，箕子在这里把运动变化作为水、火、木、金、土之间相互转化的原因。按照箕子的描述，尽管都是运动，但其运动的方式是有差异的。“五行：一曰水，二曰火，三曰木，四曰金，五曰土。水曰润下，火曰炎上，木曰曲直，金曰从革，土爰稼穑。润下作咸。”

首先是“水曰润下”“润下作咸”。润是润泽，湿润。笔者认为这是箕子通过“润下作咸”这一现象，提出了事物相互转化的方式和原则。事物如何相互变化呢？是通过运动来实现的。“润下作咸”，这是水行通过润下转化为土行。是否如此呢？在商周时代，土地灌溉已经开始，但是灌溉时间长了以后，土壤就会出现碱化现象，而这种碱化的土壤尝起来是咸味。“周代初期经营农业常在肥沃湿润的地方，地下水位比较高，容易产生盐碱侵害。”[①] 在古人的眼里，本来用于经营的农田并没有碱土，土壤也没有咸味，但是随着常年的灌溉，就会出现碱土。因此，古人必然会产生水可以转化成为碱土，水行也可以转化为土行这种观念。这就是《洪范》“水曰润下”“润下作咸”的来历。

又如“土爰稼穑”，从土中可以生长出各种植物，比如稻谷、小麦和各种树木，故曰“土爰稼穑”，也就是说土行可以转化为木行，而土也可以由水转化而成。因此，水通过土而转化成了木，而草木之中也包含了大量的水分。这就是说木行中也有水行。

此外，火与水以及金与水是如何统一或者说是如何相互转化的？

前面提到，商周时期，铜器的铸造技术已经相当发达，可以将熔化的铜水浇注在模型内制成相当复杂的青铜器。人们在铸造过程中可以通过观察熔化的铜水冒出的气体颜色来估计铜水的温度。《考工记》中详细地记载了这一

---

① 陈美东主编：《简明中国科学技术史话》，第 49 页，中国青年出版社 2009 年版。

点。《洪范》将其总结为金行即“金曰从革”。《周易》中有个卦叫革卦，革卦由下离上兑构成。离的取象是火，而兑的取象是泽。也就是说革卦是由上泽下火组成。因此，这里的兑也可以理解为熔炉里熔化的铜水，这是被限制在炼铜炉中的铜水，或者是泥范中的铜水。故此“金曰从革”是通过革卦的上泽下火，从而表述下面是火、上面是熔化的铜水这样一种状况。这个熔化的铜水可以按照人们的意愿浇注成铜器，铜器的形状不同，就有着不同的用途，自然在古人的眼里就是命运的不同。被铸成鼎，那是祭天的命，铸成刀剑，那是杀伐之命，这就是“金曰从革”。金由于火的加热而转化成了铜水，这是一种液体，而在古人的观念里，这是金和水的统一性，二者都是液体。我们在前面已经指出，正是由于铜水作为一种液体能够在泥范中被规范，因此作者才将“洪范”二字作为标题。

另外，也可以从文字的演变中看出古人很早就发现了铜熔化后成为液体和冷凝后成为固体，水冷冻后成冰，冰融化后化为水。因此，在古人的思想里，必然也会产生二者具有统一性的观点。在金文中有个字“”，刘传宾认为：“‘’字是金字的象形，即象两个金属块，是金字最初的写法。后来增加偏旁变为利簋中的形体；随着文字进一步的演变，‘’形逐渐变成饰笔，由‘两点’变成‘三点’或‘四点’，如守簋、吊朕匿等；再往后索性将所有饰笔一并省去，如竞簋等。”①而“”也出现在冰字和凌字中，刘传宾论述道：“《说文·仌部》：‘冰，水坚也。从仌，从水。俗，从疑。’‘仌，冻也。象水凝之形。’金文字从水从，燕耘先生认为‘冰之从亦取金属能由液态转为固态之义’，这种意见是可取的。”②“‘凌’有‘冰’义，帛书《老子》甲乙本‘涣呵其若凌释’，‘凌’今本作‘冰’。‘凌’字从取意与冰字

① 刘传宾：《说“金”字的一种特殊形体》，引自复旦大学出土文献与古文字研究中心网站。

② 刘传宾：《说“金”字的一种特殊形体》，引自复旦大学出土文献与古文字研究中心网站。

相同。”[①] 为什么金、冰、凌字都从呢？马承源先生认为：“，象物体凝结之状，水结为冰，从。陈逆簠冰字作，从水从声，是为形声兼会意。”[②]由此可以看出，“字就是金字的一种特殊形体，当无疑问。它在‘冰’‘凌’二字中用作表意符号”[③]。因此，从金文的冰、凌和金字都与“”有关，可以看出古人已经发现并且认为熔化了的铜是液体，从而得出了水和金也是可以相互转化的。

《洪范》中提到“金曰从革”。《彖传》把革卦说成是“水火相息”[④]。这里的“息”是什么意思呢？“息”是指气息，本意是呼吸时进出的气。《庄子》：“生物之以息相吹也。”[⑤]《说文解字》曰：“息，喘也。”[⑥] 这是因为人喘时，必须大口大口地呼吸。这个“水火相息”也是一种对立统一。当放在陶范中的水被下面的火加热时，就会出现水汽和热气交织在一起这种热气腾腾的现象，这种现象就构成革卦。这就是“息”，是“水火相息”。这时无论是水汽还是热气都是向上蒸发。因此水与火通过“息”也统一起来了。由此可以看出，箕子通过指出五种不同运动方式之间的相互转化，从而将五行统一起来了。水行是本原，水润下转化成土，土爱稼穑转化成木，木燃烧成火，水火通过“息”向上统一起来，水和金通过金被加热成液体统一起来。由此五行通过“行”统一起来了。正是由于事物间通过运动可以相互转化、向对立面的转化这种现象，使得古人产生了对立统一的观念。

需要注意的是箕子的“水曰润下”“润下作咸”的观念，其中隐含的规律是：事物是由于自身的本性而运动变化，由于事物内部矛盾而推动着事物向着对立面转化。水和土是处于对立之中，水是流动的，是变动不已的，是没

---

① 刘传宾：《说“金”字的一种特殊形体》，引自复旦大学出土文献与古文字研究中心网站。
② 马承源主编：《商周青铜器铭文选》（三），第 90 页，文物出版社 1988 年第 1 版。
③ 刘传宾：《说“金”字的一种特殊形体》，引自复旦大学出土文献与古文字研究中心网站。
④ 《十三经注疏》，第 188 页，上海古籍出版社 2013 年版。
⑤ 廖名春：《〈周易〉经传十五讲》，第 330 页，北京大学出版社 2005 年版。
⑥ 许慎撰，徐铉校定：《说文解字》，第 217 页，中华书局 2002 年影印版。

有边界的。而土对水则是一种限制，是对水的一种规范，二者处在对立之中。但水浸润的特性会产生咸土，在《周易》中，咸卦是一个整体，从而咸是水自身的内部因素，这是水自身的本性、自身内部的矛盾。“润下作咸”是水自身产生对立面的过程，这个对立面的产生将限制水自身的变化，限制水无边界地流动变化，这是一种必然性，而不是由于外部的因素推动事物的变化。如果事物的运动是由于事物的外部因素而推动的，那么这就是一种外在的偶然性在推动事物向着对立面转化，而如果是事物内部的矛盾所致，那么这就是一种必然性。在箕子看来，咸是水的内部因素，咸土是由水的运动，即水润下产生的，因此这是事物内部的对立统一推动事物变化运动。

【贰】 对《洪范》中“五事”概念含义的推测

《洪范》提出了许多重要的思想，除了五行之外，还提出：“五事，一曰貌，二曰言，三曰视，四曰听，五曰思，貌曰恭，言曰从，视曰明，听曰聪，思曰睿。恭作肃，从作乂，明作哲，聪作谋，睿作圣。”[①] 这一段话中提出的“五事”特别是“思”等概念，也值得我们进行详细的推测和分析。

我们首先对“事”字进行分析。

“事”，查《甲骨文字典》，在卜辞中，“事（）”这个字，结构为右手持一工具“”。在甲骨文中这个工具为“干”字，“干”为先民狩猎之工具。“事（）”，“从又持干，以搏取野兽。……古以捕猎生产为事，故从又持干

① 《十三经注疏》，第188页，上海古籍出版社2013年版。

即会事意。”[①]（这里“又”也可读为手）从这里可以看出，在先民的观念里，人类的头等大事是用“干”这个工具捕获猎物，这也就是说，事是指人的生产活动，而且是借助于工具所从事的生产活动。显而易见，事是指人的活动，这就是为什么箕子归纳的五事都和人有关。为什么箕子会按照“一曰貌，二曰言，三曰视，四曰听，五曰思。貌曰恭，言曰从，视曰明，听曰聪，思曰睿。恭作肃，从作乂，明作哲，聪作谋，睿作圣”这样的顺序来阐述和归纳呢？我们在这里做一些推测。

“貌”，显然是指人的外形外貌。《洪范》曰“水曰润下”“润下作咸”。我们在前面已经指出，咸土处在土的表层，而且咸土是由卤水凝结结晶而成。因此，咸有外在表面的含义，这是“润下作咸”所产生的。而外貌是指人的外表，故箕子将貌摆在第一的位置，张居正在讲评《洪范》时就提出：“初生时，精之所凝，有形有色，而为貌，貌属水，故居第一。”[②]

为什么箕子会把言摆在第二呢？估计先民们很早就发现，人无论是喘息还是讲话，都是由一种气流引起的，特别是在冬天，人讲话时，嘴里会冒出白气。还有无论是水烧开时，还是金属熔化时都会冒出气泡，发出响声。这就使人们可能会得出这样的结论：人的讲话和一种气流即“息”有关。因此，箕子把言放在第二，就是说这是“水火相息”。而言字在甲骨文中的结构本身也说明了这一点。“言”，“郑樵《六书略》谓：‘言从二从舌，二，古文上字。自舌上而出者言也’。”[③] 这也表明古人在造言字时已经注意到言与舌、口的关系，当然也应该会注意到讲话时口里吐出的热气，正因为这个道理，张居正说：“气之所发，有声有音而为言，言属火，故居第二。”[④] 张居正非常明确地提出声音是气流震动产生的，这是正确的观点。正是由于古人把热气和向上的火气归为同样的东西，因此，才把言归属于火。

---

① 徐中舒主编：《甲骨文字典》，第 316 页，四川辞书出版社 2005 年版。

② 陈生玺等译解：《张居正讲评〈尚书〉上》，第 215 页，上海辞书出版社 2008 年版。

③ 姚孝遂：《姚孝遂古文字论集》，第 100 页，中华书局 2010 年版。

④ 陈生玺等译解：《张居正讲评〈尚书〉上》，第 215 页，上海辞书出版社 2008 年版。

箕子把视摆在第三，如果按照前面的说法，那么显然视就是与木相关的。由此，张居正提出："由是精显于目，则见物而能视，视属木，故居第三。"[①]张居正这个观点是牵强附会的。其实，箕子把视和木联系在一起，是根据文字"相"的字素构成，从而把视和木联系在一起。另外这也是在《周易》观卦的基础上发展而得出的。

"视"，观也，《尔雅》曰："观、指，示也。"[②]"郝懿行《尔雅义疏》：'指者，手之示也。''示''视'古今字。"[③]《周易》中有观卦，该卦是由下坤和上巽构成的。坤取象是地，巽取象是风。地上的风能直接观察到吗？显然不能，风是看不见的，要么是人感觉到吹动的风，要么只有通过树木的摇动才能观察到。因此，地上刮的风只能通过被风吹得摇动的树木才能观察到。"相（𣄃）"，《说文解字》曰："相，省视也，从目，从木。《易》曰：'地可观者，莫可观于木'。"[④] 由此可以看出，箕子在这里把视摆在第三位，是从"相"字的构成和在《周易》的观卦基础上发展而来的。

"相"为什么从目、木而为省视呢？估计古人很早就观察到人的瞳孔在注视一个事物时，这个被看见的事物的影子就会映在人的瞳孔中，这种情况下的注视是非常仔细的观察，当然更是一个人亲眼所见，因此，古人就用木目两个同音的字来表征这样的观察行为。现实中木不可能在眼中，如果木不小心刺在眼里，那么这只眼也就瞎了。由此可见，只有所见木的影子即形状在眼中，才是真正的亲眼所见，也才是真正的注视和省视。故在古人的眼里，目和木应该具有同一性，才能使目中有木而成为"相"，正是这种同一性让古人产生目是属于木的观念，因此箕子把视的顺序摆在了第三。

"听曰聪"，为什么听这个行为排在第四并且和"金行"联系在一起呢？

---

① 陈生玺等译解：《张居正讲评〈尚书〉上》，第 215 页，上海辞书出版社 2008 年版。
② 郭璞注：《尔雅》，第 12 页，浙江古籍出版社 2013 年版。
③ 林寒生：《尔雅新探》，第 43 页，百花洲文艺出版社 2006 年版。
④ 许慎撰，徐铉校定：《说文解字》，第 72 页，中华书局 2002 年影印版。

听显然是听各种声音，而各种声音是否和谐，是否符合标准，用什么来衡量呢？正是用铜铸成的黄钟来衡量的。我们在前面已经分析过，在周代，人们是以黄钟发出的声音为标准，从而“同律度量衡”。

《国语》曰：“律所以立均出度也。古之神瞽考中声而量之以制，度律均钟，百官轨仪，纪之以三，平之以六，成于十二，天之道也。”神瞽作为盲人，看不见只能听，而且神瞽的耳朵也是最灵敏的，能够辨别音律高低和标准。汉代的蔡邕曾经说过：“古之为钟律者，以耳齐其声，后人不能，始假数以正其度。”① 这就是说古人曾经凭借人耳来矫正音律。这其实是采用“度律均钟”，就是以黄钟发出的声音作为一种标准。在先秦时代，先民们把黄钟的标准音高称为律本。“中国古代称之为律本的‘黄钟’标准音高虽因历代律尺的变化而异，但范围始终在 c^1（256Hz）—（435、440Hz）之间。如商以前是 $^{\#}c^1$，春秋战国是 432 音分 a^1。……西方标准音一般采用 c^1 或 a^1。”而范围在 256Hz—435（或 440Hz）之间的音高，即使在今天也是作为一种标准音高。由此，我们推测，箕子把听这个功能摆在第四的位序，就是表明只有王者能够“以耳齐其声”，听出和建立“黄钟（金）”这个律本，只有这样的王者，才能够真正做到对听到的各种言语进行客观公正的判断。因为王者的耳聪是和金铸造的黄钟相同的，而黄钟的声音是标准的音，也是一种悦耳的音。这是“中声”，也是“正声”。“‘中声’是古人对音高区域的称谓，当‘正声’用于音区概念时与其同义。‘中声’是人耳对音高感觉最敏锐、最易辨别的音高区域，古今中外对标准音高的选择均在此范围内。”② 因此在箕子的观念里，只有和“黄钟”同一的耳聪，才能够正确地判断，具有这样耳聪的王，才是正直的王；具有这样耳聪的王，才是以黄钟为律本，把自己的耳聪建立在一个客观和谐音律律本基础上的王，才能是不偏不倚、客观正直的王，也是能够建立起和谐社会的王。箕子这种把耳聪和金摆在同样顺序的思想，也是一

① 陈其射：《中国古代乐律学概论》，第 8 页注②，浙江大学出版社 2011 年版。

② 陈其射：《中国古代乐律学概论》，第 66 页，浙江大学出版社 2011 年版。

种同一律的思想，因为在箕子看来，只有当耳聪是由金构成的，才会成为真正符合和谐标准的耳聪。

箕子提出了人的五种活动，而其中最重要的是第一次提出了人的思维活动即“思”，提出了思维活动是人的一种重要的活动，这是第一次把人的思维活动作为人观察的对象。这一点是非常重要的，如同黑格尔高度赞扬的：“我们必须认为，唯有当思想不去追寻别的东西而只是以它自己——也就是最高尚的东西——为思考的对象时，即当它寻求发现自身时，那才是它的最优秀的活动。”[①]《洪范》中箕子明确地提出把思维活动作为对象，并且指出只有思才能使人睿智。而把人的思维活动作为思考的对象提出来，从时间上来说，箕子是远远早于古希腊的哲学家。

“睿（叡），通达，看得深远。《洪范》视曰明，听曰聪，思曰睿。”[②]《说文解字》曰：“‘叡’深明也，通也。从‘𣦼’，从目。”[③]“𣦼”，《说文解字》曰：“残穿也，从又，从歺。”[④]“歺”，《说文解字》曰：“剔骨之残也。（徐锴曰：剔肉置骨也）。”[⑤]我们在前面提到的豳公盨铭文也有“叡”字，铭文曰：“天命禹敷土，堕山濬川。”[⑥]其中的“濬”字原为叡。按照裘锡圭先生的考证：“叡字从‘𣦼’从‘川’从‘〇’（圆的初文）。《说文解字·十一下·谷部》‘叡，训为‘深通川也’”。分析字形说：‘从谷，从歺。歺地坑坎意也’。《说文解字·四下·𣦼部》训‘𣦼’为‘残穿也’。叡字从‘𣦼’从‘川’，与睿字从叡从谷意近，而且把‘深通川’之意表示得更为明白。”[⑦]周宝宏认为这个叡字是表明大禹“用歺（残骨）挖掘了河流”[⑧]。从上述考证可以看出，

① 黑格尔著，贺麟、王太庆译：《哲学史讲演录》（第一卷），第10页，商务印书馆1995年版。
② 张永言等编：《简明古汉语字典》（修订本），第697页，四川人民出版社2001年版。
③ 许慎撰，徐铉校定：《说文解字》，第85页，中华书局2002年影印版。
④ 许慎撰，徐铉校定：《说文解字》，第84页，中华书局2002年影印版。
⑤ 许慎撰，徐铉校定：《说文解字》，第85页，中华书局2002年影印版。
⑥ 周宝宏：《近出西周金文集释》，第204页，天津古籍出版社2005年版。
⑦ 周宝宏：《近出西周金文集释》，第206页，天津古籍出版社2005年版。
⑧ 周宝宏：《近出西周金文集释》，第235页，天津古籍出版社2005年版。

箕子提出“思曰睿”，无论睿具有通的含义，还是“深通川”的含义，这表明箕子已经开始意识到或者说已经感觉到思维是一个运动变化的过程。这个认识是非常重要的。如果仔细观察我们的思维过程，就会发现它无时无刻不处于变化过程中，不管是集中注意力，还是任思维自由地想象，思维都处于不断的变化之中，就像流水一样。但是流水也有被堵塞的时候，这就是说，也有想不通的时候。我们现在还经常说：“这个问题我想不通。”因此思维活动也需要借助于工具来打通，让思维过程连贯流畅，让思维过程像河水沿着河道一样畅通无阻地运动。濬通水道，大禹濬河川用残骨这种工具，按照水往低处流这种规律挖掘河道。打通思维过程也需要借助工具，箕子在这里并没有指出这种工具是什么，但箕子已经意识到思维也需要借助工具，这就是“思曰睿”。正如培根所说的：“赤手做工，不能产生多大效果；理解力如听其自理，也是一样。事功是要靠工具和助力来做的，这对于理解力和对于手是同样的需要。手用的工具不外是供以动力或加以引导，同样，心用的工具也不外是对理解力提供启示或示以警告。”① 亚里士多德也把论辩和反驳的这种思维训练说成是：“科学和哲学智慧的工具。”② 也正因如此，后人在编撰亚里士多德文集时，把亚里士多德撰写的有关逻辑等相关著作，比如《范畴篇》《前分析篇》《后分析篇》《论题篇》等六篇著作编为《工具论》。而培根针对亚里士多德著的《工具论》，也著《新工具》一书，以此阐明自己要借助于新工具对旧逻辑加以改造，“对心灵本身从一开始就不任其自流，而要步步加以引导”③。而且“叡”是人们使用工具，濬通河川，不让水自由泛滥，而是让水在河道中流动。“睿”的思维过程也是如此，如同培根所说：“心灵本身从一开始就不任其自流，而要步步加以引导。”④ 只不过前一种行为是借助工具

---

① 培根著，许宝骙译：《新工具》，第8页，商务印书馆2005年版。
② 苗力田主编：《亚里士多德全集Ⅰ》，第545页，中国人民大学出版社1997年版。
③ 培根著，许宝骙译：《新工具·序言》，第3页，商务印书馆2005年版。
④ 培根著，许宝骙译：《新工具·序言》，第3页，商务印书馆2005年版。

濬通河川，而后一种行为是借助逻辑睿智思维。从这里的分析可以看出箕子已经意识到思维有自己的规律性，也就是现代人讲的逻辑性。当然对水来说是通过引入河道而使其畅通无阻，思维过程也应该像水在河道中运动一样，按照“道”来思维。这也为后来老子选择“道”作为思维逻辑规律埋下伏笔。这种思维逻辑是什么呢？箕子为什么用睿来作为一种思维方式呢？下面我们就对“睿”字再次分析，看看箕子指出的“睿”中隐含的思维工具是什么？

第一，疏通河道借助残骨这种工具，思维过程借助什么工具呢？根据上文的分析，徐锴对歺字的诠释指出了思维过程中的一种重要特性。剔肉置骨，一是像剃刀一样，剃掉不同的东西，留下相同的部分。形象地说，首先是把肉剃掉，留下骨头，现实中，这叫分割。在思维过程中，这就是一种分析和抽象过程。现实中是把肉和骨头进行分类，在思想中实际上是分析的思维方式。在这里，用“睿”来表示抽象的思维过程是非常贴切的。在研究分析事物时，思维方式就要像刀剔肉一样，将肉和骨头分开，将它们分开进行研究，这种思维分析过程也是一种简化抽象过程。

第二，这种思维方式也是现代哲学中谈到的“扬弃”思维方式。黑格尔曾经盛赞德文中的“扬弃”这个词：“我们顺便须记取德文中扬弃一词的双层意义。扬弃一词有时含有取消或舍弃之意，依此意义，比如我们说，一条法律或一种制度被扬弃了。其次，扬弃又含有保持或保存之意。在这意义下，我们常说，某种东西是好好地被扬弃了（保存起来了）。这个词的两种用法，使得这字具有积极的和消极的双重意义，实不可视为偶然之事，也不能因此便斥责语言产生出混乱。反之，在这里我们必须承认德国语言富有思辨的精神，它超出了单纯理智的非此即彼的抽象方式。”① 箕子在这里用“思曰睿”，就是指出了思维过程也是“睿”的过程，通过“睿”这种思维方式，扬弃掉

① 黑格尔著，贺麟译：《小逻辑》，第213页，商务印书馆1995年版。

肉，保存了骨头，骨头相对于肉来说，是一种长存的东西，而长存的东西也就是本质的东西。

第三，睿又有通、流通和贯通之义。也就是说思维过程是一个流通变易和贯通过程，只有像流水一样流通变易和融会贯通，才能真正称为睿。正如笛卡儿所说："要完成真知，必须以毫无间断的连续的思维运动，逐一全部审视他们所要求探求的一切事物，把它们包括在有秩序的充足列举之中。"[①] 箕子用"思曰睿"表明，思维活动的这个特点已经被他注意到，并且用睿这个字表示了出来。尽管箕子在《洪范》中还没有对思维的详细过程进行研究，但他已经明确地提出思维是一种活动过程，是一种非常值得人重视和研究的活动过程。只有像"睿"这样思维，才能使人的思考通达明智、融会贯通，也只有这样，才会百事皆通，无事不通，从而成为圣人。

我们在前面对《周易》本经恒卦的分析中指出，《周易》本经中已经有了"睿"这个概念，而且是将其和"恒"联系在一起。"浚恒，贞，凶；无攸利"。"'浚'，楚简作'叡'字，即'濬'，义为疏通。'浚恒'，使恒松动而发生改变。"[②] 什么使恒松动呢？《周易》本经没有指出，显然，错误的实践行为可使较为恒定的东西松动，这是一种"浚恒"，但更为重要的是错误的思维方式也会导致"浚恒"。箕子指出"思曰睿"，明确提出"睿"实际上是一种抽象的思维方式。正确的思维方式应该是扬弃掉表面那些短暂变化的东西，深入关注到事物的内部因素，认识到变化事物中不变的本质东西。只有这样，才能"亨，无咎，利贞，利有攸往"。但是如果思维把"恒"抽象掉了，认识的仅仅是表面的非恒久的现象，尽管自然事物的现象是真的，但却不利于真正地认识事物的变化规律，因此，行动将会失败，这就是恒卦六爻辞"浚恒，贞，凶；无攸利"的本意所在。尽管我们在这里指出，箕子已经意识到思维是一种活动过程，但是为什么其子把思和土对应起来呢？这里有什么原因让

① 笛卡儿著，管震湖译：《探求真理的指导原则》，第 34 页，商务印书馆 2005 年版。
② 廖名春：《〈周易〉经传十五讲》，第 113 页，北京大学出版社 2005 年版。

箕子这样归类呢？对此，我们也可以进行一些更为深入的分析和探讨。

思维除了是一种活动过程，更为重要的是思维还具有一种分类和划定范畴的功能，也就是把事物分门别类地纳入到范畴之中。“范”追根溯源就是泥范，自然在箕子的观念里，思维的功能也像泥范这种土壤一样，具有同样的功能，对流动性和普遍性进行限制，有了限制，普遍性就成了特殊性。

“‘畴’，类也。”[①] 畴为什么会具有类的含义，这是值得我们追问和分析的，另外也对我们理解箕子把思和土行联系起来有帮助。

“畴”，《说文解字》曰：“耕治之田也，从田，象耕屈之形。”[②] “畴（）中间一条曲线表示耕田时留下的痕迹或是田垄，左右两个半圆表示耕田的犁具。合起来，表示已经耕过的田地。小篆书写时左边加‘田’。隶书书写时变作‘畴’。”[③] 畴是土地，“土”，《说文解字》曰：“地之吐生物者也。”[④] 董莲池先生解：“今按小徐本物出之上有‘丨’字。又‘土’甲骨文象地上立有土块之形。先民信仰土地之神，立土以象之，祭祀以祈福，故字之本意当表土地之神，即‘社’的初文。土神是土地的代表，故亦用‘土’表示土地之土。后为区别，渐于表示土地之神的‘土’形上追加‘示’旁，即成为‘社’，而以‘土’形专表土地之土。”[⑤] 由此可以看出在先民的观念中，土地是一种有神性的东西，是一种有生命力的东西。在中国古老的传说中也存在着一种叫作息壤的土地，这是一种可以不断生长的土地。而鲧就是用这种土壤来治理水患。《山海经·海内经》说：“洪水滔天，鲧窃帝之息壤以堙洪水，不待帝命。”[⑥] 郭璞注：“息壤者，言土自长息无限，故可以塞洪水

① 《十三经注疏》，第187页，上海古籍出版社2013年版。
② 许慎撰，徐铉校定：《说文解字》，第290页，中华书局2002年影印版。
③ 王朝忠编著：《汉字形义演释字典》，第1109页，四川辞书出版社2006年版。
④ 许慎撰，徐铉校定：《说文解字》，第286页，中华书局2002年影印版。
⑤ 董莲池：《说文解字考正》，第536页，作家出版社2005年版。
⑥ 转引自周宝宏：《近出西周金文集释》，第204页，天津古籍出版社2005年版。

也。"[①] 正是如此，《洪范》提出了"土行"。

不仅在中国的先民观念中，土地是一种有生命力、神圣的东西，在其他古老民族的原始思维中也是这样。列维－布留尔在《原始思维》一书中描写道："土地对于罗安哥的巴菲奥蒂人来说，'不但是他们表演人生的舞台，而且更有过之。在土地里居留着并从那里发出来一种生命力，它钻进一切东西的里面，它把过去和现在联结在一起……一切有生命的东西都从土地那里借来力量……他们把自己的土地看成是他们的神赐给他们占有的封地……土地对他们来说是神圣的'。"[②]

人类社会的发展经历了从采集狩猎到农耕这样一个过程，在采集狩猎时期，对采集狩猎者来说，人所需要采集的植物块茎都分散在不同的树林草原等地方，很难发现所采集的植物会大范围地集中在一块土地上。但是到了农耕时代，人们开荒种地，只要是耕种的土地，人们就会在同一块田中种下相同的植物品种，比如小麦或者稻谷。随之，这块田中也会生长同类的植物，比如小麦或者稻谷。这种现象自然会让人产生在同一土地界限内，产生同类物的思想，因为在这块耕种的田中生长的是同一类植物。而每一块田是以田垄为界限，在这个界限内总是生长同一类的物种。由此，同一个畴内总是同类，先民们自然会选择"畴"字来表示类。这个"畴"字有两层意义和古希腊的范畴概念相同。一是划定了界限，恰如"ρισμὸς（定义）出于动词'划定界限'故又译'界说'"[③] 一样。二是界限内是，是同类的品种。而古希腊中的类本身也有品种的含义。按照翻译《形而上学》一书的吴寿彭的解释："（科属）原为种族之意，在近代生物分类学中此字为'属'，用以统括品种；另在'科''门''类'等为之逐级统辖。亚里士多德用此字包括'科''属''门''类'之意，故译科属，也可译'纲目'或'科目'。与此并举之 eidos

① 转引自周宝宏：《近出西周金文集释》，第 204 页，天津古籍出版社 2005 年版。

② 列维—布留尔著，丁由译：《原始思维》，第 31 页，商务印书馆 1997 年版。

③ 亚里士多德著，吴寿彭译：《形而上学》，第 30 页，商务印书馆 1996 年版。

指事物的本身或形态，西方译本作分类学名词译为‘品种’。如下文‘品种有别’。”[①] 亚里士多德也专门对科属做了哲学上的解释：“‘科属’〈种族〉一词应用于（一）事物的生殖，同型而延续地，例如说‘族类长存’就是‘生命延续’而不绝的意思。”[②] 从这里可以看出，古希腊哲学家也总结出相同的事物具有“同型”，而且科属的含义是指“事物的生殖，同型而延续的”的思想。同样的观念也在先秦哲学家中出现，选择“畴”，不光因为土地有“限”（界），而且在这“界”中的科属产品是同型而延续的。为此，《洪范》中专门提出“土爰稼穑”。这就是生物种类的延续，种瓜得瓜，种豆得豆。这种以畴为类或科属的思维方式和古希腊的思维方式是完全相同的。

其实西方哲学中关于形式与质料之间的关系也曾用土地的概念来形容。布鲁诺在《原因、本原与太一》一文中曾这样描述：“物质（即这几个字所表示的东西）一旦具备了形式，便永远不知餍足。……这物质时而叫作混沌，时而叫作物料，时而叫作材料，时而叫作质量，时而叫作潜能……时而叫作衬底，时而叫作基质，时而叫作休耕地。”[③] 从这段话可以看出，休耕地是荒芜的，是杂草丛生的，在上面生长的是各种各样的植物，因此在这块土地上并没有产生出同类的作物，而只有耕种后的土地，才有了同类的科属、同类的产品。由此可以看出，在同一土地的界限内会产生同样的类属，这种农耕生活方式的思想过程，自然也让先秦时期的哲人们用畴来表示类的概念。

总结上述分析，古希腊语由动词“划定界限”演变出“定义”，这是一种划定范畴的方式。中国先秦哲学也是由从田的“畴”演变出具有分类含义的“畴”字，这样的思维过程，反映了早期农业耕作方式对人类思维方式的影响。

---

① 亚里士多德著，吴寿彭译：《形而上学》，第 97 页，商务印书馆 1996 年版。

② 亚里士多德著，吴寿彭译：《形而上学》，第 114 页，商务印书馆 1996 年版。

③ 布鲁诺著，汤侠声译：《原因、本原与太一》，第 90、91 页，商务印书馆 1998 年版。

笔者之所以花费大量笔墨论述箕子关于五事的顺序以及与五行的关系，实际上就是想说明在箕子的论述中已经开始使用同一律的思维方法。而且《洪范》一文中的思想也是《周易》的延续和发展。把貌与水联系在一起，这是因为水润下，润下曰咸，而咸在《周易》中就有表面、表层的含义。自然，表层就是外貌和外形。而且这个结论直接就是《周易》咸卦的延续和发展。同时，在箕子的观念里，耳之所以能够齐声，是因为耳属金，与金是同一的，故能耳聪善断。眼能观，因眼属木，与木是同一的，自然也可以看见，从而成为视力敏锐之人。

在《洪范》中，箕子把思维活动作为人的活动之一与其他活动分离开了，而在《周易》本经中还没有将此分离开。《周易》本经中仅仅指出了人类相互的感性活动，还没有把人类的思维活动作为研究的对象与其他活动分开，到了箕子，才真正把思维活动单独提出来。这是中国先秦哲学发展的又一大进步，因为注意到这些外在的感性活动当然比认识到人的思维过程要更容易。同时，箕子把思和睿联系在一起，这就把思和恒久联系在一起，尽管箕子还没有明确地提出，但却通过“思曰睿”把两者联系起来了，从而把思和感觉作为对立的两种活动区分开来，这从时间上来说远远早于古希腊哲学家。“从范畴发展史看，最早明确提出一个和感觉相对立的‘思想’（理性思维）范畴的是巴门尼德。”① 古希腊哲学家巴门尼德生于公元前515年—前510年，显然箕子生活的年代是远早于巴门尼德的时代。

按照黑格尔关于认识的形成过程来看，认识的开端首先是“感性的确定性”。《周易》的咸卦表明，其推衍者已经认识到有一个外在的感性对象存在，感性活动是对象之间的相互作用，一方面是“我”对外在对象的活动，另一方面，也是外在对象对“我”的活动。但是《周易》的推衍者还没有把人的

① 汪子嵩、范明生、陈村富、姚介厚：《希腊哲学史1》，第622页，人民出版社2004年版。

思维活动与人的其他活动分离开，尽管这个感性活动本身也是一个认识过程，是“我”在认识对象，和对象发生作用。如同黑格尔所说：“自我是一种认识作用，它之所以知道对象，只是因为对象存在。”① 但是，这种感性活动是变化不定的，随着时间地点的不同而处于变化之中。只有当“我”把对象中本质的单纯的恒定的东西保存下来，认识到这个恒定不变的东西，这才是感性认识所得到的真知，而这种思维方式就是“睿”的过程。把这一过程作为研究对象，作为概念提出来，自然是人类认识能力发展到更高阶段才可能产生。

【叁】　是否有客观规律存在

《洪范》中，箕子指出：“我闻在昔鲧陻洪水，汩陈其五行；帝乃震怒，不畀洪范九畴……鲧则殛死，禹乃嗣兴，天乃锡禹洪范九畴，彝伦攸叙。”②

按照箕子的说法，鲧用堵塞的办法治理洪水，弄乱了金、木、水、火、土的自然运行规律。上帝震怒，不传给九种治国大法，因此治国之道就败坏了。这一段话包含了三层含义，一是客观世界存在着五行，也就是金、木、水、火、土运动变化的自然规律。二是这些规律是不变的，是客观的，不以人的意志为转移，即便是上帝也是无法更改的。否则上帝可以通过更改这些规律来拯救人类。在箕子的观念里，自然界发生的大洪水，即便危急到人类，上帝也无法改变，而只能是把治理洪水以及其他治理国家的方法告诉人类。因此，我们说这不是一个可以操纵自然、干预自然、无所不能的上帝，而是

① 黑格尔著，贺麟、王玖兴译：《精神现象学》（上卷），第64页，商务印书馆1979年版。
② 《十三经注疏》，第187页，上海古籍出版社2013年版。

一个知识渊博的智者。不仅是自然界，在人类社会中也是这样，也有规范社会行为的标准。不仅仅是一般的人，即便是人间的王也有必须遵循的王道，这个王道是有客观标准的，王个人也不能以自己的个人好恶来决定。“无有作好，遵王之道；无有作恶，遵王之路。”[①] 也就是说存在一种普遍性的好和恶的标准。三是对这些客观规律的认识即知识是可以传授的，当大禹继任后，上天就传授给大禹这些知识，传授给大禹治国大法。

既然王有五事，五事是指人的活动，而王作为人，自然也同样有五事这些活动，这些活动是什么呢？显然也就是首脑的行为和举动。因此，《洪范》除了通过“洪”这种普遍性，提出了水是本原这个概念，同时还提出了“道”这个本原，箕子明确提出：“无有作好，遵王之道；无有作恶，遵王之路。无偏无党，王道荡荡；无党无偏，王道平平；无反无侧，王道正直。”[②] 为什么箕子提出的“道”也具有本原的含义呢？这就要从“道”字的结构说起。

“道”，古字为“”，《说文解字》曰：“所行道也，从辵，从首。”[③]

1.“首”字，早期“”，在甲骨文中：“象人首之形，其上部存发形或省形形均同。金文加以简化，已非全首之形，但存发、额，或又省发。”[④] 因此，“首”在古汉语中有头的意思，引申为首脑、元首。《楚辞·九歌》曰：“带长剑兮挟秦弓，首身离兮心不惩。”[⑤]《周易》：“用九，见群龙无首，吉。”[⑥] 从“首”的含义可以看出，由于其中有“人首”之意，从而包含有首脑的意思。

2.“道”字经历过文字演变，如果追溯更早期的“道”字，在甲骨文中就已经出现“”这个字。“癸巳卜，兄贞：丁、辛吉，于并。……由‘’

① 《十三经注疏》，第 190 页，上海古籍出版社 2013 年版。
② 《十三经注疏》，第 190 页，上海古籍出版社 2013 年版。
③ 许慎撰，徐铉校定：《说文解字》，第 42 页，中华书局 2002 年影印版。
④ 徐中舒主编：《甲骨文字典》，第 993 页，四川辞书出版社 2005 年版。
⑤ 陈苏彬译注：《楚辞》，第 59 页，山西古籍出版社 2004 年版。
⑥ 《十三经注疏》，第 14 页，上海古籍出版社 2013 年版。

王卜辞可知，虽然意与出行有关，却不能解释为‘行走’，应将之理解为首领前导的意思更为恰当。也就是说‘王衍’乃指，在祭祀的仪式或在出行时，王在前引导——‘衍于并’（道路至并）。”① “西周早期的《貉子卣》从行从首，象人在路上行走。《金文编》注：‘《汉简》行部（衜）释为道。见于尚书。’……晚期的《散盘》‘首’下增‘止’。”②

早期的“首”主要含义是首脑、元首之意，而“行”即行为和行动。因此可以得出“衜”字就是表示首脑的行动。故《尚书·洪范》是用“衜”字来表示首脑的行为，当然这种首脑的行为方式也是一种需要规范的行为。而周王的行为规范即“衜”，这是引起社会运动变化的本原：既然这种“王道”有标准，那当然要求周王必须“无有作好，遵王之道；无有作恶，遵王之路。无偏无党，王道荡荡；无党无偏，王道平平；无反无侧，王道正直”。这里可以看出王道除了指具体的道路，更是指当政者的行为规范，即王必须按照一定的行为规范决策和办事，这种行为规范就是“王道”。为什么“道”具有王的行为规范的含义呢？就是因为“道”这个字是由首脑和行动构成的，首脑的行动当然就是“王道”，而统治者的行为，是引起社会动变的原因，在古人看来，人类社会的变化，显然是统治者的行为所造成的。古人产生这种思想是非常正常的，即便是现在，在没有掌握历史唯物主义世界观的人们的思想中，也会把统治者的行为看作是人类社会发展变化的主要原因，而统治者和他们的行为两个因素都包含在“道”字中，“首”是首脑即王者，“行”即王的行为。因此“道”因其具有统治者的行为这样的含义而被称为“王道”，这是一种本原，它表示的是社会变化的原因。

“道”作为哲学概念出现是非常早的，在《周易》中有“反复其道，七日来复”。这是用“道”这个概念来表示规律的重复性，为什么“道”可以用来

---

① 郭静云：《由商周文字论“道”的本意》。摘自宋镇豪主编《甲骨文与殷商史》（新一辑），《中国社会科学院甲骨学殷商史研究中心集刊》。

② 张再兴：《西周金文文字系统论》，第238页，华东师范大学出版社2004年版。

表述这种重复性呢？因为在现实中的道路，总是有起点和终点，人可以从这端走到另一端，也可以从另一端返回到这一端，故可以直观地得出“道”的反复和重复性。当然，《周易》中的“道”已经有了客观规律的含义，因为它是一种数学规律，是音律，音律在先民的观念里就是“天之道”。但《周易》还没有把“道”和人的内心行为方式联系起来。涉及人的内心行为时是用“德”字，如讼卦“食旧德，贞”，恒卦“不恒其德，或承之羞，贞吝”[①]，“恒其德，贞”[②]。而在《洪范》中，箕子明确提出“道”作为社会变动的本原。这一点恰恰与古希腊亚里士多德定义的本原是相同的。本原“是事物动变的缘由，动变的事物因他的意旨从而发生动变，如城市政府，寡头政体、王制以及暴君都叫作‘原’（arche），技艺亦然，尤其显明的是大匠师的精于设计者。”[③] 当然，《洪范》中箕子还没有把“道”上升为万事万物变化生成的第一本原，“道”成为第一本原，还要经过一段过程，直到《老子》才完成，这一点我们将在后面进行分析。

我们在前面已经指出，八卦发展到《周易》，通过“易”已经把水的流动性作为一种统一性，也就是说是在一种具体的物体中寻找统一性，同时用建立在音律关系上的数来表明规律性。这是从认识事物的质，进而发展到认识事物的数量关系，是中华先民抽象思维能力提高的表现。但是仅仅有数量的变化，如何能够说明大千世界中各种物质之间质的变化呢？显然这是《周易》本身的缺陷，而这种缺陷也是思想发展过程中必然会产生的。更为重要的是八卦中的八种自然现象，显然不能作为构成万事万物的内部元素。因为直观地就可以看出山中是有土有金，而且在山上长满了各种草木。这可从《山海经》看出，比如：“太山，上多金玉、桢木。”[④] 故此，《洪范》在《周易》的

① 《十三经注疏》，第 47 页，上海古籍出版社 2013 年版。

② 《十三经注疏》，第 47 页，上海古籍出版社 2013 年版。

③ 亚里士多德著，吴寿彭译：《形而上学》，第 83 页，商务印书馆 1996 年版。

④ 《山海经》，第 157 页，中国华侨出版社 2014 年版。

基础上提出了“五行”的概念，这是用五种质之间的相互转化来替代《周易》的数量变化。水行转变为土行，而这种转变是通过“水曰润下”“润下作咸”来实现的。水转变为咸土，这是水的内部的对立统一因素运动的结果。木本身也包含着曲直这样的对立统一因素，因此木本植物自然就可弯可直。木本植物“曲直作酸”，但“土爰稼穑”的稼穑同样是木本植物，其属性却是“稼穑作甘”，甘甜和酸涩又在木本植物中统一了。这种用对立统一的观念来阐释事物运动变化的思想是一种发展和进步，这种思想认为，事物内部包含的质的对立统一导致了事物的各种变化。“与数量规定相比较，质和本质对事物来说是更要紧的规定：质是同事物作为感性的存在直接不可分的；本质则是事物的内在关系和命脉，只有抓住本质才能说明事物的存在、生灭、运动和发展的真正原因；所以要规定万物离不开质，要规定万事万物的真正原因和根源离不开本质。”[①] 正因为如此，《洪范》中有了“润下作咸”“土爰稼穑”这样的生成观点。另外，提出水、火、金、木、土这五行，也包含了五种材料的思想，在此基础上才有可能发展出五材即五种元素的思想。因此，我们说《洪范》是一种过渡，是从外在对立向着内在本质对立统一的过渡。还有，就是《周易》仅仅指出了音律中的“复”，在数量上强调的仅仅是在一个有限范围内的循环重复。而《洪范》却通过“洪”这个概念克服了《周易》的有限数量方面的不足，提出了统一性必须在数量上大，这才是普遍性。《洪范》中明确地提出了“洪”“范”这两个概念，相对于“易”这个概念，也有了发展。前面已经指出，“易”古字有繁简二体，甲骨文的繁体象（用手）持两器皿倾斜注液体形，简体则象直接从器皿中倒出液体形。这个字的形成，自身就蕴含着两层意思，一是水的流动性，这表示的是一般流动变易性的概念，对应的是泰勒斯认为水是本原。二是两个对立的器皿，一个是被注水的器皿，这是一个空的器皿；一个是往外注水的器皿，这是一个有水的器皿。直观地

① 杨适：《哲学的童年》，第96—97页，中国社会科学出版社2011年版。

看，这个“易”无论从器皿和液体来看都是有限的、有尺度的，而且是有形的、有边缘的，它的边缘就是器皿的形状。但是“洪”却是水天一色。“洪”没有边缘，这叫漫无边际；没有形状，就是没有界限。通过指出没有边缘和界限，提出了作为本原的一个重要的属性应该是一种不确定性，从数量上来说就是无限性。

“洪”是水天一色，没有差异性，那么事物之间如何转化呢？箕子在“易”字中包含的“器皿”的概念基础上，更进一步地提出了“范”的概念。“范”，就是对液体流动性的规范、限定。“洪”是无限定的，但“范”却是有限定的。因此，“洪范”本身就是无限定和有限定之间的对立统一，是运动和静止的对立统一，是普遍性和特殊性的对立统一，是具体事物两个不同的属性。在“易”字中包含了液体和器皿，也就是说作为“易”这个概念，其流动属性和限定属性还没有分离，还是一个混沌的概念。但是到了“洪范”，流动性、无限定和固定性、有限定作为对立的属性开始分离，“洪”中包含了运动和普遍性，而“范”却具有静止和特殊性，更为重要的是有“范”就必然有形状，概念“范”中已经具有了“形”这个哲学概念的萌芽。

第四章　史伯的序与『和实生物』

【壹】　气的发现

史伯，即西周末年的王朝太史伯阳父，中国西周末期思想家，生卒年不可考。但早于老子和孔子多年已是不争之实。史伯作为王朝太史，掌管起草文诰、策命诸侯、记录史事、编写史书，兼管国家典籍、天文历法等，为朝廷重臣。

据《国语》记载，周幽王二年（公元前780年），泾水、渭水、洛水流域发生大地震。“伯阳父曰：周将亡矣！夫天地之气，不失其序；若过其序，民乱之也。阳伏而不能出，阴迫而不能烝，于是有地震。今三川实震，是阳失其所而镇阴也。”[①] 烝，升。镇阴，被阴镇住。从这一段话里我们可以看出，伯阳父是用阴阳二气的激烈运动对抗，而不是用鬼神等宗教神话来解释地震这种自然现象的发生，这是中国先秦哲学思想发展又一进步的表现。

在现实中天在上，地在下，这是二者所处的位置和秩序。我们从前面对泰卦的分析就已经知道，泰卦上坤下乾，其卦象是地在上，天在下。正因为其与现实不符，因此天要上升回到自己的位置，而地也要下沉到自己的位置，天地在运动过程中相互交会，这就象征着天和地的交感作用，也就是说正是事物的矛盾作用，使得事物发生运动，这是事物对立面的作用推动着事物运动。在泰卦中乾代表的是天，这是至阳。阳气是热空气，由于自身的必然性而向上运动，因此必然要与居于上位，向下运动的阴气即冷空气相互感应，

① 陈桐生译注：《国语》，第28页，中华书局2013年版。

用今天的话来说就是相互作用，从而天地交而生万物，这是泰卦的本意。但是矛盾也并不都是可以相互调和的，冷热空气的相互作用也并不都是产生和风细雨，有利于万物生长。还有的矛盾是对抗而不可调和的，史伯所处的现实社会状况正是如此，各种社会矛盾激化。“这期间以厉王、幽王为代表的最高统治者，昏聩、残暴、腐朽、荒淫，引起了被压迫阶级的普遍反抗，厉王的被流放，幽王的被杀，就是这种反抗的直接结果。政治黑暗，国危民困，促成了统治阶级内部的矛盾和分化。”[①] “公元前八四一年，是我国历史上有确切纪年的开始。这一年，发生了一次具有重大历史意义的革命事件，就是西周都城镐京的‘国人’发动暴动，赶走了周厉王，成为西周衰落的转折点……周厉王姬胡，是个暴虐的君主，他为了搜刮民财，实行独占山林川泽的‘专利’政策。这样一来，限制了占‘国人’多数的平民的谋生出路，引起了极大的民愤。周厉王采取高压手段……监视‘国人’的活动，禁止‘国人’谈论国家政事，违反的人就杀头……‘国人’暴动说明西周阶级矛盾的尖锐化。”[②] 作为记录史事的史伯，自然对周厉王和周幽王的暴政导致社会冲突不断记忆犹新，从而得出了处于对立的矛盾，不仅像泰卦那样：“泰，小往大来，吉，亨”，另外还存在着不可调和的对抗，就像在自然界中那样，如果阴气压迫阳气，使阳气伏在下面不能上来，就要发生破坏性的地震，从而导致川源闭塞，国家灭亡。史伯的这种思想，正是社会现实中各种矛盾激化，人民纷纷起来反抗这样的现实状况在其思想中的必然反映。

“气”，《说文解字》曰：“云气也，象形，凡气之属皆从气。”[③] “‘气’甲骨文作‘☰’（《合集》九四），以上下两横画长中间一横画短为特征。于省吾云：‘甲骨文之☰即今气字。俗作乞。石鼓文迄字从气，其三画均邪作，为《说文解字》所本……气之初文作☰，看不出象云气之形。甲骨文用法有三：

---

① 清如许、王洁译注：《诗经》，第 4 页，山西古籍出版社 2004 年版。

② 白乐天主编：《中国通史》（第一卷），第 215 页，光明日报出版社 2001 年版。

③ 许慎撰，徐铉校定：《说文解字》，第 14 页，中华书局 2002 年影印版。

乞求之‘气’，迄今之‘气’；终止之‘讫’。不见云气之义。金文也不见云气之义。其形体取象颇难知晓，‘云气’乃假借义。”① 到了东周时期“⺇”字容易与“三”混淆，故将其上下两横加以变化，成为后来的“气”字。

为什么先民早期用“⺇”来表示“气”字，尚无确切定论，笔者认为，其实用三横画表示“气”字是有道理的。估计在先民的眼里，已经观察到自然界中存在着三种不同的气，一是云气，二是雾气，三是火气。《说文解字》曰：“山川气也。”② 雾：“地气发，天不应。”③ 烟：“火气也。”④ 显然在先民的眼里，最能直观看到的是，半山腰水汽缭绕，河面上水汽腾腾，这是山川气；早上起来，雾气弥漫，这是雾气；点燃火，烟雾缭绕，这是火气。农耕社会的人们把向上的烟和云联系在一起，故采用燎祭的方式来求云和雨。甲骨文中对于云、尞以及它们之间的联系就多有记述，例如“尞于帝云，尞于二云，尞豖四云”⑤。总结这些现象自然会得出有三种气，而且这三种气总是存在天上，在空中。这又和八卦中的三横画表示的天相符，故用三横画来表示“气”字，但为了与乾卦相区别，中间一横画短就容易理解了。

“气”字在甲骨文中有乞求之意，这又作何解释呢？其实在早期的农业社会，人们基本上是靠天吃饭。干旱中乞求老天下雨是先民们最大的需要和愿望，这一点被《周易》记载下来。《周易》的需卦由上坎下乾组成。其卦象上面是水，下面是天，天上的水自然就是云。天上的云会变成雨，因此古人已经知道云是水汽形成的。在乞求老天下雨的过程中，人们最大的需要和愿望，就是云变成雨，变成甘露降到大地，浇灌干枯的庄稼。自然这个“气”就是乞，因此气就具有了乞求的含义。为了求雨，还有专门的祭天求雨的《云舞》，“据考证，求雨的《云舞》演出时，以牛尾作道具，一边唱歌，一边交

---

① 董莲池：《说文解字考正》，第 14 页，作家出版社 2005 年版。

② 许慎撰，徐铉校定：《说文解字》，第 242 页，中华书局 2002 年影印版。

③ 许慎撰，徐铉校定：《说文解字》，第 242 页，中华书局 2002 年影印版。

④ 许慎撰，徐铉校定：《说文解字》，第 209 页，中华书局 2002 年影印版。

⑤ 吾淳：《中国哲学的起源》，第 371 页，上海人民出版社 2010 年版。

相传递，手舞足蹈”[1]。从其取名为《云舞》，也可以看出古人乞求云变成雨的愿望是多么的强烈，不但是通过祭祀的方式来求雨，而且为此还专门取名《云舞》，以此来表示求雨的虔诚。

通过祭祀活动求雨甚至成为当时统治者的一项重要活动，《吕氏春秋·顺民篇》曰：“昔者汤克夏而正天下，天大旱，五年不收，汤乃以身祷于桑林，曰：‘余一人有罪，无及万夫；万夫有罪，在余一人。无以一人之不敏，使上帝鬼神伤民之命。’于是翦其发，磨其手，以身为牺牲，用祈福于上帝，民乃甚悦，雨乃大至。”[2] 由此可见人们祈雨需求之强烈，以至于汤以自身为牺牲来祭天求雨。

另外，甲骨文中的气：“象河床涸竭之形，二象河之两岸，加一于其中表示水流已尽，即汔字本字。《说文解字》：汔，水涸也。又滋乳为讫。《说文解字》‘讫，止也，引申为尽。’”[3] 其实从汔字的含义也可以看出水流已尽，关键的含义是没有水，中间加上一横，表示如同河岸一样只有土石而没有水。

尽管气字在甲骨文中就有了，但物质气这一概念的诞生却是在西周时期。《国语》记载了宣王时期（公元前 827 年至前 782 年）虢文公谏宣王不籍千亩时说：“太史顺时脉土，阳瘅瘅盈，土气震发。”[4]“自今至于初吉，阳气俱蒸，土膏其动。”[5]“阴阳分布，震雷出滞。”[6] 也就是说虢文公已经明确提出了气的概念。

据《国语》记载，周幽王二年发生地震，伯阳父曰：“周将亡矣！夫天地之气，不失其序；若过其序，民乱之也。阳伏而不能出，阴迫而不能烝，于是有地震。今三川实震，是阳失其所而镇阴也。阳失而在阴。”从这里可以看

---

① 史昌友编著：《灿烂的殷商文化》，第 140 页，中国社会科学出版社 2006 年版。
② 雷海州主编：《左传　吕氏春秋　战国策》，第 202 页，广州出版社 2006 年版。
③ 徐中舒主编：《甲骨文字典》，第 38 页，四川辞书出版社 2005 年版。
④ 《国语》，第 16 页，中华书局 2013 年版。
⑤ 《国语》，第 17 页，中华书局 2013 年版。
⑥ 《国语》，第 20 页，中华书局 2013 年版。

出，虢文公、伯阳父已经认识到热空气是向上运动的，而冷空气则是向下运动的。虢文公明确地表述说：在太阳的照射下，阳气蒸腾向上。伯阳父更是用阳来表示热空气，用阴来表示冷空气。这也表明“二气说应当是最早出现的有关‘气’的思想”①。

另外，在这个时代，人们不仅具有了物质气的概念，而且对气的各种现象有了非常细致的观察，特别是西周时期，文献中记载的对铸铜冶炼过程的观察也表明了这一点。在《考工记》中就有这种记述：“凡铸金之状，金与锡，黑浊之气竭，黄白次之，黄白之气竭，青白次之，青白之气竭，青气次之，然后可铸也。”② 这段话“描述铜与锡投入熔炉中加热的情景，先是‘黑浊之气’，这是温度较低时的情形。温度较低的情况下，合金主要发射红外线，人的眼睛感觉不到。当温度升到一定数值，可见光的辐射就会被人眼所感知。可见光的波长范围为4000—7700埃，波长不同的光线色感不同，辐射颜色主要决定于单色光发射本领最大值所对应的波长。所谓‘黑浊之气竭，黄白次之，黄白之气竭，青白次之，青白之气竭，青气次之’，真实而科学地表达了用肉眼观察到的合金的单色发射本领最大值自长波段向短波段推移的过程。可以说，《考工记》所言‘铸金之状’，就是用肉眼来观测的一种光测高温技术”③。从这段话中可以看出，一是对气的观察已经是非常的细致，二是把气的颜色和亮度以及温度的变化联系在一起，这种观察总结的结论对我们理解老子的一些观点是非常有帮助的。

气，今天我们称作空气，现代人对此已经有了足够的认识。它有这样一些特性：看不见，摸不着，无色无味。只有通过冷热变化等运动才能被认识到，比如人们可以感受到风吹，可以看见烧开的水冒的水汽、冬天嘴里吐出的热气、半山腰缠绕的水汽等，这些特性势必引起人们对气的关注。另外还

① 吾淳：《中国哲学的起源》，第373页，上海人民出版社2010年版。

② 转引自戴吾三编著：《考工记图说》，第49页，山东画报出版社2005年版。

③ 戴吾三编著：《考工记图说》，第50页，山东画报出版社2005年版。

有一个现象也肯定会引起人们对气的思考，这就是透过窗户、门缝、小孔照射到房间里的光柱中，人们会发现有很小的尘埃在不断运动着，这些一刻也不停歇的小尘埃，你用手去摸是摸不着的。这种现象自然会让人产生这样一些观念，气让人摸不着是因为它们太小，看不见是因为光不足，因为在明亮的光柱中，就可以看见那些运动的小尘埃。甲骨文的明字就为我们揭示了这一点。明，“从月从囧，囧为窗之象形，以夜间月光射入室内会意为明；或从日，则以月未落而日已出会意”[①]。显然，能够观察射入室内光线的人们肯定也能够通过射入窗户的光线观察到运动的小尘埃。而这样的现象也势必会反映在人们的思想中，这是我们后面对老子的一些概念进行详细分析时需要了解的一个非常重要的社会背景因素。

在古人的观念里，阳气这种热气总是向上运动，阴气作为冷气总是向下运动。因此，在泰卦中表示天气的阳气，由于自身运动要向上，必然要与居于上位、并向下运动的地气相互感应，用今天的话来说就是相互作用。在相互作用的过程中，天地交而生万物，这是泰卦的本意。而在否卦中，阴阳不相交，没有相互作用，自然就是一个没有感应生成的卦象，而没有生成，当然就没有变易。

空气是透明的，风由运动的空气构成，在太阳光柱中的小颗粒也运动不止。故《黄帝内经》曰：“天气清净光明者也。藏德不止，故不下也。”（天气是清净光明的，蕴藏其德，运行不止。）”[②] 在这里，天气是一种具有统一性的物质（清净光明，显然是没有杂质并且是透明的，因而这是表示一种纯粹的统一性），这种统一性的物质又由于其内部蕴藏德（德是指属性），从而是一种运行不止的物质，从这里看出，这个时代，人们已经知道了气是运行不止的。

① 徐中舒主编：《甲骨文字典》，第 747 页，四川辞书出版社 2005 年版。
② 伦敏编译：《黄帝内经》，第 8 页，宗教文化出版社 1998 年版。

【贰】　序的提出

史伯曰："周将亡矣！夫天地之气，不失其序；若过其序，民乱之也。"

史伯在这里提出了一个非常重要的概念"序"。"'序'即秩序，次序。《国语》：'夫天地之气，不失其序。'"①

秩序是什么意思呢？在《现代汉语词典》中，秩序是指"有条理、不混乱的情况"②。"秩序是一个词语，意思是有条理地、有组织地安排各构成部分以求达到正常的运转或良好的外观的状态。秩序的原意是指有条理、不混乱的情况，是'无序'的相对面。按照《辞海》的解释，'秩，常也；秩序，常度也，指人或事物所在的位置，含有整齐守规则之意'。从法理学角度来看，美国法学家博登海默认为，秩序意指在自然进程和社会进程中都存在着某种程序的一致性、连续性和确定性。一般而言，秩序可以分为自然秩序和社会秩序。自然秩序由自然规律所支配，如日出日落、月亏月盈等；社会秩序由社会规则所构建和维系，是指人们在长期社会交往过程中形成相对稳定的关系模式、结构和状态。"③

秩序是与无序相对的，也就是有条理、有规矩。我们经常说这里秩序井然，人们遵守规矩。有规矩才能成方圆，因此秩序也就是指有规律。我们也经常说安排得井然有序，有条有理。客观世界有序，人类才能理解和认识。

---

① 张永言等编：《简明古汉语字典修订本》，第936页，四川人民出版社2001年版。

② 《现代汉语词典》，第1624页，商务印书馆2002年版增补本。

③ 摘自百度秩序条目。

“希腊人对宇宙是依据数学设计的，给出了充分的证明。数学实质上存在于宇宙万物之中，它是关于自然界结构的真理，或者如柏拉图所说，是物质世界的客观存在。宇宙存在着规律和秩序，数学是达到这种有序的关键。”① 的确如此，面对混沌的事物，人们会感到无法认识和理解这个事物，如果人们能够用数学来计算和表述事物以及事物的运动过程，那么就会认为这个事物是有序的，也就是有规律的。“毕达哥拉斯学派发现数是万物的本原，从地上的事物到天上的星体，都同样具有数的比率关系，是有秩序的和谐的整体。他们确实是在这个问题上迈开了有决定意义的重大的一步，这是无论如何都不能忽视和否认的。可能正是在他们的影响下，赫拉克利特才提出逻各斯的思想；后来，无论是恩培多克勒、阿拉克萨哥拉和原子论者，或是柏拉图、亚里士多德，都向这个方向发展，探讨整个世界的秩序或规律。”② “毕派的确言中了后来两条证明是极为重要的信条：第一是自然界是按数学原理构成的；第二是数学关系决定、统一并显示了自然的秩序。”③

自然界中存在着大量有序性的事物。伊恩·斯图尔特对自然之秩序做过这样的描述：“我们生活在一个由诸多模式组成的宇宙中，繁星夜夜周而复始地划过天空，一年四季循环更替。这世界上没有两片完全相同的雪花，但所有雪花都具有六重对称性；老虎和斑马身披条带花纹，而美洲豹和袋狼则身着斑点花纹。”④ 克拉默也说：“自然中不断重现的有序性一直令我们着迷：无论是花朵的对称性，还是松果的几何构形。”⑤ 这些都是自然呈现给我们的秩序，使得古希腊的毕达哥拉斯学派得出了这样的结论：“自然是有序的，按完

---

① M. 克莱因著，李宏魁译：《数学：确定性的丧失》，第 21 页，湖南科学技术出版社 1997 年版。

② 汪子嵩、范明生、陈村富、姚介厚：《希腊哲学史 1》，第 345 页，人民出版社 2004 年版。

③ M. 克莱因著，李宏魁译：《数学：确定性的丧失》，第 7 页，湖南科学技术出版社 1997 年版。

④ 伊恩·斯图尔特著，潘涛译：《自然之数》，第 4 页，上海科技出版社 1996 年版。

⑤ 弗里德里希·克拉默著，柯志阳、吴彤译：《混沌与秩序》，第 8 页，上海科技教育出版社 200C 年版。

美的设计而恒定地运行着。”[①] 从史伯提出“序”的概念来看，他也已经关注到自然中存在着客观规律，这就是“序”。我们在前面提到，《周易》的推衍者已经从音乐音律中总结出“七日来复”“无往不复”等规律，各卦的排列也表现出一种秩序和规律。在《考工记》中记载的铸金之状也表明了温度和气体颜色之间的演变规律、顺序关系，这种顺序关系表明伴随着温度的升高，气体的颜色呈现由黑到黄然后到青这样一个顺序关系，这也是一种序，这种序就是规律。《尚书·尧典》曰：“乃命羲和，钦若昊天，历象日月星辰。敬授人时。”这种春夏秋冬的季节变化也按顺序进行，这也是一种规律。《洪范》曰：“五行：一曰水，二曰火，三曰木，四月金，五曰土。水曰润下，火曰炎上，木曰曲直，金曰从革，土爰稼穑。润下作咸，炎上作苦，曲直作酸，从革作辛，稼穑作甘。”这表现为按数的先后排列，这也是一种序。当然，除了自然界存在着秩序，重要的是人类社会中也存在着秩序，只不过这种秩序是由不同的社会阶层构成的。在商周时期这些不同的社会阶层有着不同的生活方式，遵循着不同的礼仪，这些都是秩序。

周克商之后，为使周长治久安，周公制礼乐，规定了王公贵族必须遵守的各项制度和礼仪。农业生产中有籍田之礼，人死后有丧葬之礼，《周礼·春官·宗伯》中的冢人、墓大夫和职丧是专门负责丧葬的职官，其中冢人的职责是“以爵等为丘封之度与其树数”[②]，也就是说是“按照死者的爵位级别来确定死者坟头的大小和坟头上种植的树木”[③]。举行音乐演奏时也按不同的等级规定了具体的天子八佾、诸侯六佾、大夫四佾、士二佾的规则秩序。“孔子谓季氏：‘八佾舞于庭，是可忍也，孰不可忍也。’”[④] 佾是奏乐舞蹈的行列，也是表示社会地位的乐舞等级、规格。一佾指一列八人，八佾八列就有六十

---

① M. 克莱因著，李宏魁译：《数学：确定性的丧失》，第 3 页，湖南科学技术出版社 1997 年版。

② 吕有仁、李正辉译注：《周礼》，第 204 页，中国古籍出版社 2010 年版。

③ 吕有仁、李正辉译注：《周礼》，第 204 页，中国古籍出版社 2010 年版。

④ 《十三经注疏》，第 2465 页，上海古籍出版社 2013 年版。

四人。按周礼规定，只有天子才能用八佾，诸侯用六佾，卿大夫用四佾，士用二佾。季氏是正卿，只能用四佾，他却用八佾。孔子对于这种破坏周礼等级秩序的僭越行为极为不满。佾这种规定表现为一种礼乐规定，实际上就是一种社会等级制度。因此，无论是西周时代生产技术的发展状况，还是社会等级现实，都已经具备了条件，使得史伯能够产生天地有序这个概念。

与先秦的史伯提出天地有序的概念相同，古希腊的毕达哥拉斯也提出了整个天体是一个和谐的有秩序的宇宙——“科斯摩斯”。

“科斯摩斯”的原来意义是秩序，“格思立分析‘科斯摩斯’这个字有四种含义：(a）任何事物的秩序或排列，(b）世界的秩序，(c）作为一种有秩序的世界，(d）指一般的世界。他认为，从（a）到（b）这一步发展不能归之于某一个特定的时期或人物，但这一决定性的发展却使整个世界第一次被展示为可以合理地理解的秩序。虽然阿那克西莫德是被认为早于毕达哥拉斯提出这种用法的，但后者却大大地丰富和发展了这个概念。基尔克、拉文认为从‘科斯摩斯’的原来意义——秩序演变为‘世界秩序’，大约是在公元前五世纪后半叶发生的，它比以前更好地用来描述发现在自然中的秩序，可能是由早期毕达哥拉斯学派完成的；毕达哥拉斯自己则被认为是将‘科斯摩斯’等于‘乌刺诺斯’的人。赫拉克利特所说的κὸσμον τοῦδε（‘那秩序井然的世界’，残篇第三十也就是他的‘逻各斯’思想）可能由此转化来到；后来到恩培多克勒（残篇第一三四）则被更广泛地使用，意义也显得更明确了。可见，‘科斯摩斯’这个字的含义，从原来的‘秩序’转变为‘世界秩序’或‘有秩序的世界’——宇宙，表现了人类早期认识中一次相当大的跃进，即从原来认为是混乱一团的世界，转变为认识到这个世界是有内在的秩序、内在的规律的”①。

当然杨适先生认为直到赫拉克利特提出的“科斯摩斯”范畴都应该理解

① 汪子嵩、范明生、陈村富、姚介厚：《希腊哲学史 1》，第 344 页，人民出版社 2004 年版。

为秩序。“这个到处相同的秩序，不是神也不是人造作来的，而是过去、现在和将来都永远如斯的永恒活火，按尺度燃烧也按尺度熄灭。这里有几个关键词。第一个是κόσμος（英文写作 cosmos），它是由动词κοσμὲς来的，原义为安排、配置、使有条理、有秩序，从荷马、赫西阿德直到德谟克利特都把这个词用于讲军队、政治、音乐这类事情的安排配置上，而用来指世界（world）则是较晚的事。所以赫拉克利特用这个词的含义只应指‘秩序’，那使自然和万物有秩序的根本原因。他说这就是‘永恒的活火’”[①]。

古希腊哲学家提出了“秩序”这个范畴，中国先秦哲学家史伯也非常明确地提出“夫天地之气，不失其序”。天地有序是一个非常重要的范畴，为什么呢？因为这意味着人类开始认识到自己身处的这个世界是有内在秩序和规律的。由此，古希腊的赫拉克利特认为：“时间是在一种秩序中的运动，它有尺度、界限和周期。”[②] 亚里士多德更是认为：“我们也必须考虑，宇宙的本性由那一方式持守其善与至善；自然独立于万物之上，抑即为万物之秩序。也许两个方式都是的……而且万物虽不一律，多多少少各有其秩序——草木禽鱼莫不如是，世上各物并非各自为业，实乃随处相关。一切悉被安排于一个目的；像在一室之内，自由人最少自由，他不做无目的的动作，一切事情或大部分事情业已为他制定了一生的行迹。”[③]

认为这个世界是有序的，这是人类思想发展过程的一个飞跃，只有认识到这个世界是有序的，才有无数的哲学家和科学家把自己的毕生精力都用于探究这个世界的秩序和规律。世界是有序的，怀德海强调：“首先，我们如果没有一种本能的信念，相信事物之中存在着一定的秩序，尤其是相信自然界中存在着秩序，那么现代科学就不可能存在。……肯定地说，自从希腊古典文明时期以来就有许多人，甚至是许多派的人，不接受这种极端的非理性现

---

① 杨适：《哲学的童年》，第 180—181 页，中国社会科学出版社 2011 年版。

② 转引自杨适：《哲学的童年》，第 133 页，中国社会科学出版社 2011 年版。

③ 亚里士多德著，吴寿彭译：《形而上学》，第 255 页，商务印书馆 1996 年版。

象。他们力图把所有的现象都解释成是无微不至的事物秩序所产生的结果。天才人物像亚里士多德、阿基米德和罗吉尔·培根等人必然都具有完全科学头脑。他们本能地认为事无大小，全都可以看作是支配全部自然秩序的普遍原则的体现。”①

我们在前面指出，史伯已经认识到热空气是向上运动的，而冷空气是向下运动的，这是一种秩序，也就是说是一种规律。如果打乱了这种秩序，隐藏在土地中的热气就会爆发，从而引发地震。这种热气推动土动的现象已经被同时代的人，或者是更早的史官发现并总结出来了。如上文所述，虢文公已经知道热气可以推动土的运动，这种结论显然是比《洪范》总结的土行方式更为科学。《洪范》中的息壤是一种带有神性、可以自行生长的土壤，因此箕子从神话中得出了土行的观念。而史伯却提出是冷热气的冲突推动了土的运动，因此引起地震。

有序是与无序相对的，而且序总是确定的，比如前面提到的周天子才能用八佾，诸侯用六佾，卿大夫用四佾，士用二佾，这总是确定的，序总是由具体的数量和结构关系构成的。罗素指出：“序的概念在数学中非常重要。不仅整数有序，就是有理分数和所有实数都有一个大小的次序，而这是它们大部分数学性质的要素……几何学中维的概念就是由序的概念发展而来。”② 研究序就必然要研究数和空间秩序，从数学的角度看，空间秩序也就表现为几何结构。“数和几何图形构成了希腊数学的唯一内容。”③ 也正是因为“我们生活的宇宙不是混沌的，这毋庸争辩。我们观察生命，客体和周围事物并为其命名。这些事物或客体的形状或结构都有一定的稳定性，占有一定的空间位置，最终表现出某种时间周期”④，研究结构也必然要注意到组成物体结构的

---

① 怀德海著，何钦译：《科学与近代世界》，第 4—5 页，商务印书馆 1997 年版。

② 罗素著，晏成书译：《数理哲学导论》，第 32 页，商务印书馆 1999 年版。

③ 怀德海著，刘放桐译：《思维方式》，第 72 页，商务印书馆 2004 年版。

④ 雷内·托姆：《结构稳定性与形态发生学》，第 1 页，四川教育出版社 1992 年版。

要素，也就是说一个物体是由什么内部因素组成的，在古希腊叫元素，在中国先秦时期就叫材。铜鼎是由铜铸造的，泥范是由泥构成的，陶器是由泥土烧结而成的，木床是由木头构成的。更为重要的是伴随着手工业的发展，人们越来越多地使用金、木、水、火、土来制作各种工具、武器和生活用品。人们在生产制造过程中必然会发现，人工制造事物也会造成事物的变化。而这种变化和自然界中存在的动植物生长变化是有区别的，前者是通过人工工艺造成事物的变化，比如把铜矿熔化后铸造成铜鼎，把木头制成桌椅板凳，把泥土烧制成陶器，这些变化显然是人们使用铜、木材和土所造成的，变化是人类生产使用各种材质而导致的，材质本身并不会主动变化。而各种动植物的生成变化却是自然的结果，是内部因素和外部环境相互作用造成的。伴随着手工业的发展，通过生产可以改变自然的活动越来越多，这必然会在人们的思想中将物体的质料和运动分离开，材的概念出现就是必然的了。《考工记》曰："国有六职，百工与居一焉。或坐而论道，或作而行之，或审曲面势，以饬五材，以辨民器，或通四方之珍异以资之，或饬力以长地财，或治丝麻以成之。坐而论道，谓之王公；作而行之，谓之士大夫。审曲面势，以饬五材，以辨民器，谓之百工。"① 因此，《洪范》中的金、木、水、火、土五行势必要分裂为金、木、水、火、土五"材"和"行"。"故《左传》曰：天生五材，民并用之，废一不可。"② 也就是说由《洪范》的五行发展到史伯的五材是社会生产力的提高在思想中的必然反映。《洪范》的五行基本上反映的是自然现象中存在的五种变化，但是史伯提出的五材范畴，应该说是人类生产活动对自然进行改造，社会生产力发展和进步导致人类思想发展的一种必然结果。另外序和五材概念的提出，标志着人们从关注事物的质的相互转化，转为关注事物的内部结构，关注内部元素对事物变化所起的作用。《考工记》记载了工匠们通过改变金属内部成分，从而铸造出不同合金的方式。铸造形

---

① 转引自戴吾三编著：《考工记图说》，第 17 页，山东画报出版社 2005 年版。

② 转引自吾淳著：《中国哲学的起源》，第 191 页，上海人民出版社 2010 年版。

成的合金也由于内部成分的不同，导致这些合金有着不同的特性，可以用于制造不同的物品。“金有六齐，六分其金而锡居一，谓之钟鼎之齐；五分其金而锡居一，谓之斧斤之齐；四分其金而锡居一，谓之戈戟之齐；三分其金而锡居一，谓之大刃之齐；五分其金而锡居二，谓之削杀矢之齐；金、锡半，谓之鉴燧之齐。”① 从这一段记载可以看出，铜与锡如果是 6：1 的比例，那么这种合金用于铸造钟鼎，钟鼎发出的是和谐之音，是祭祀之器。而如果采用 5：1、4：1、3：1 或者是 5：2，那么铸造的是具有肃杀之气的兵器。物体由于内部材的数量变化，导致物体具有不同的属性，这种现象必然会推动人们更多地关注事物内部的因素，以及由于内部因素之间不同的数学比例关系造成事物的不同，从而形成具有不同特性的规律。这是人们从关注外部现象的相互变化，转而开始研究事物的内部结构对事物造成的影响。研究的结果必然推动和导致史伯提出“和实生物”的观点，从这里也可以看出，周代手工业发展的状况也是影响和导致史伯产生新的哲学思想的重要原因之一。

【叁】　和实生物

《国语》载：“史伯曰：‘夫和实生物，同则不继，以他平他谓之和，故能丰长而物归之；若以同裨同，尽乃弃矣。故先王以土与金木水火杂，以成百物’。”②

从史伯这段话可以看出，史伯提出了“物”这个概念，并且生成万物的

① 转引自戴吾三编著：《考工记图说》，第 42 页，山东画报出版社 2005 年版。
② 陈桐生译注：《国语》，第 573 页，中华书局 2013 年版。

方式是“和实生物”。“物”，甲骨文为“”，表示杂色牛，后演变为物质的概念。《荀子》曰：“物也者，大共名也。”[①]《说文解字》曰：“物，万物也。牛为大物，天地之数起于牵牛，故从牛。”[②] 从这里可以看出，“物”这个范畴本身就具有“杂”的含义，表示事物的多种多样，但源于牛的“物”本身也包含有同一的含义。所以，史伯用“故先王以土与金木水火杂，以成百物”中的“杂”字来指出百物之间就如同杂色牛一样，也存在着差异和同一性。

在史伯看来，万事万物是由“土与金木水火杂”构成的，土、金、木、水、火是构成万物的内部元素，但是这种内部元素之间的结构也不是随意的，而是按照一定的数学比例关系组合而成，就像和谐的音律一样，这就是“和实生物”的含义所在，这里“和实生物”中的数量关系必须是和谐的数量比例关系。

我们在前面已经指出，在周代，人们已经知道优美动听、和（龢）谐的音乐是由不同的声音组成的，这些声音有着一定的数学比例关系。什么是“龢”呢？它由一个“龠”和一个“禾”组成，其中的“龠”是指由长短不一的管子组成的乐器，也就是说只有像音律那样由不同高低的音组成的东西才能称为“和（龢）”。可见这里的“龢”是指和谐的数学比例关系。

“实”，《小尔雅》曰：“满也。”[③]《素问·调经论》曰：“有者为实……实者外坚充满”[④]。史伯提出“和实生物”，显然，其中的“实”是指实实在在，占据一定空间的材料。因此，“和实生物”这句话的意思就是天地万物是由各种材料和谐地按照一定的数学几何规律构成的，这就是说史伯已经将构成物体的材料和材料之间的数学比例关系区分开来，材料是实实在在的，占据了一定的空间，构成事物内部的材料的比例多少是不一样的，但都是按照一定

① 孙安邦、马银华译注：《荀子》，第231页，山西古籍出版社2004年版。

② 许慎撰，徐铉校定：《说文解字》，第30页，中华书局2002年影印版。

③ 转引自雷一东：《墨经校解》，第50页，齐鲁书社2007年版。

④ 转引自伦敏编译：《黄帝内经》，第252页，宗教文化出版社1998年版。

的数量关系构成的，就像水是氢和氧按照 2∶1 的数学比例构成的。另外，在金文中“實”字从宀从田从贝，“《散氏盘》从宀从田从贝会意。‘田’即田。《说文解字》‘富也’”①。为什么“實”是富呢？直观地看是有田有贝。田在农业社会是最重要的生产资料，有了田，才可能富裕。还有贝，贝在商周时代是人们用于买卖的货币，自然有田有钱就是富裕了。但是从哲学思想的角度来看，史伯用“和实生物”的“实”字来表征万物是统一和可相互转变的。“實”字中的“田”即田，有了土地，就有了粮食和各种经济植物，史伯曰：“夫水土演而民用也。”② 人民依靠滋润的土地生产出各种各样的财富，“正像威廉·配第所说，劳动是财富之父，土地是财富之母”③。因此，史伯抓住农业社会中土地能够增加财富的重要性，借用来突出土在万事万物构成中的重要作用，由土与金木水火杂构成万物，这看起来也比较合理，因为土看起来也不是单一的，而是混杂的。另外，贝在西周时代作为货币，可以与各种物进行交换。因此，从这里可以看出，史伯用“实”来表述“和实生物”，就是借用“实”字从宀从田从贝的含义，以此表示这个“实”就像货币一样可以生成并转化成万物。如同赫拉克利特所说：“事物的全部是火的交换物，火又是所有事物的交换物，正如物品之于黄金，黄金之于物品。”④

我们在前面已经指出，“序”概念的提出，必然让人们注意到构成物质的结构和元素，或者说结构和材质是如何组成万事万物的。可见先秦时期古人已经得出自然界的万事万物都是由内部不同的五材构成的，用今天的话来说，就是万事万物都是由元素所构成。这是差异中的统一，是对立统一的唯物观。万事万物都是由实实在在的元素按照一定的数学比例构成，正是内部各个组成部分协调地统一为一体，才使事物生机蓬勃。按照史伯的观点，事物如果

---

① 张再兴：《西周金文文字系统论》，第 285 页，华东师范大学出版社 2004 年版。
② 陈桐生译注：《国语》，第 28 页，中华书局 2013 年版。
③ 马克思：《资本论》（第一卷），第 17—18 页，经济科学出版社 1987 年版。
④ 《赫拉克利特著作残篇》，第 101 页，广西师范大学出版社 2007 年版。

由性质完全相同的东西构成，那么必然会被抛弃。这样的观点是朴素的唯物主义辩证法观点，这种思想正确地指出了各种事物都是由内部元素按照一定的数学比例关系构成。实际上现代的化学分析结果表明这种观点是完全正确的，比如水的化学分子式是 H_2O、盐是 NaCl 等等。

有序即意味着有内部结构，也就有体积。史伯认为："夫天地之气，不失其序；若过其序，民乱之也。"正是因为序就意味着存在结构、尺度、界限和周期，因此，才可能由于各种原因导致秩序发生变化，要么变成无序，要么是旧秩序变成新秩序和新结构。比如季氏是正卿，只能用四佾，他却用八佾。由此，孔子谓季氏："八佾舞于庭。是可忍也。孰不可忍也。"这就是破坏旧序，建立新序的行为。因此，提出序的概念，就意味着序是会变化的，一种秩序会向另外一种秩序变化。正如怀德海所说："因为文明是又兴又衰的。我们需要哲学去解释各种秩序的产生，解释从一种秩序到另一种秩序的转化，解释表现在我们的经验中为自明的东西的宇宙中善恶的混杂。"① 序的变化，也许是从有序向无序的转变，也许是从无序向有序的转变，也许是从旧序向新序的转变。西周末期的史伯，正处在社会动荡的时代，用孔子的话讲就是"礼乐崩坏"的时代。所以，史伯认为"若过其序"，"国必亡"。也正是由于序包含着旧序的死亡和新序的产生，因此序的提出必然会让人们更多关注生死存亡的过程，而生死存亡的过程就是从无到有，或从有到无的过程，这也就为"道"这一概念的提出做了铺垫。

总结上述分析，我们可以看出，在中国先秦哲学发展过程中，史伯提出了天地有序和"和实生物"的观点。同样在古希腊哲学史上，毕达哥拉斯学派提出了"和谐"和"秩序"（科斯摩斯）的范畴。亚里士多德曾这样论述道："素以数学领先的所谓毕达哥拉斯学派不但促进了数学研究，而且是沉浸在数学之中的，他们认为'数'乃万物之原。……万物皆可以数来说明。他

① 怀德海著，刘放桐译：《思维方式》，第 72 页，商务印书馆 2004 年版。

们又见到音律的变化与比例可由数来计算，——因此……他们将事物之可以数与音律为表征者收集起来，加以编排，使宇宙的各部分符合于一个完整秩序。”① “毕达哥拉斯学派的一条根本原则，似乎是得到大多数哲学史家的公认的，那就是：他们研究数，特别是在音乐的研究中，发现一定的数的比例，构成和谐。他们将这个思想运用到天体上，认为各个天体之间的距离，也是按照这种数学比例的，因而整个天体就是一个大的和谐……‘和谐’……这个词最初的意思是将不同的事物连接或调和在一起；它用于音乐就成为将不同音调结合调和在一起，成为音阶。这种音乐的意义的和谐在纪元前五世纪初期就已经建立起来了，基本的音程是和简单的数的比例相一致的。”② 尽管中国先秦哲学家史伯和古希腊的毕达哥拉斯学派都提出了“和谐”和“秩序”的范畴，但二者还是有区别的。杨适认为：“毕达哥拉斯派最为重视和追求的就是和谐。所谓‘数’的和谐是同对立面的和谐不能分的，因为他们的‘数’不只是单纯抽象的数量，而且是对立物、对立性质和规定；例如，音乐是由高低对立的音调构成的，健康也是由冷和热、干和湿等对立成分按一定比例形成的。”③ 叶秀山先生认为：“毕达哥拉斯学派的‘数’‘和谐’‘秩序’哲学思想，就具有相当保守的政治内容。它的‘秩序’体现在社会政治方面就是旧制度、旧秩序的保存。它的‘和谐’就是使旧制度、旧秩序、旧风俗‘理想化’‘永恒化’。”④ 也就是说，毕达哥拉斯学派在对立统一秩序中更看重和追求和谐，而中国先秦哲学家史伯除了提出秩序与和谐，还提出了对立面之间还有着对抗的斗争关系。这种内部的对抗甚至会导致秩序被破坏，这就是“过其序”，这是对抗和破坏的运动。笔者认为二者之所以有这种差异，与史伯和毕达哥拉斯学派所处的历史环境的差异有关。毕达哥拉斯学派主要活动

① 亚里士多德著，吴寿彭译：《形而上学》，第12—13页，商务印书馆1996年版。

② 汪子嵩、范明生、陈村富、姚介厚：《希腊哲学史1》，第342—343页，人民出版社2004年版。

③ 杨适：《哲学的童年》，第110页，中国社会科学出版社2011年版。

④ 叶秀山：《前苏格拉底哲学研究》，第62页，社会科学文献出版社2007年版。

在克罗顿，这是由希腊的阿该亚人建立的殖民城邦。“在毕达哥拉斯来到以前，克罗顿由于在萨迦拉战役中被邻邦洛克里战败，处于衰落地位。毕达哥拉斯来到以后，克罗顿在各方面的情况有了改进，以致在一个相当长的时期内，成为该地区最强大的一个城邦。公元前510年，克罗顿战败了锡巴里斯。克罗顿的这些变化，据说和毕达哥拉斯有关。毕达哥拉斯来到克罗顿以后，很快就吸引了一大批门徒，组成了毕达哥拉斯学派的盟会。这个盟会既是一个宗教信仰和研究科学的团体，又是一个政治组织。毕达哥拉斯成为人们崇拜的对象。”① “根据第欧根尼·拉尔修的记载，毕达哥拉斯到克罗顿以后，他在那里为意大利的希腊人立法，他和他的门徒获得极大的尊崇；他们几乎有三百人，出色地治理着城邦，把他们的政制搞成真正的贵族政治。”② 也就是说毕达哥拉斯学派作为当时的统治阶层，或者说是统治制度的参与和制定者，自然希望和强调对立面的和谐统一，并且以这种哲学思想建立一个有秩序的和谐社会。这就如同我们在前面所提到的，西周建立初期提出的是“同律度量衡”，这反映了初期的西周统治者希望建立的社会制度能够像音乐一样和谐。但是史伯身处西周末期，社会动荡，向统治者进言的途径也被堵住。在《国语》中就记载了史伯当时的处境和思想，《史伯为桓公论兴废》记载：“公曰：‘周其弊乎？’对曰：‘殆于必弊者也。《泰誓》曰：‘民之所欲，天必从之。’……王将弃是类也而与剸同，天夺之明，欲无弊，得乎？”③ 此时史伯不可能仅仅只追求和谐，他已经看到社会中存在着不可调和的、处于对抗性的矛盾斗争。正是由于史伯身处的是这样一个时代，因此史伯提出天地有序，但是同样也指出社会中存在着不可调和的矛盾，这种不可调和的阶级矛盾斗争，会导致社会从有序向无序的转变。由于史伯已经有了这样的思想观念，因此他也预见到了西周即将走向衰落的必然趋势。

---

① 汪子嵩、范明生、陈村富、姚介厚：《希腊哲学史1》，第250页，人民出版社2004年版。

② 汪子嵩、范明生、陈村富、姚介厚：《希腊哲学史1》，第252页，人民出版社2004年版。

③ 《国语》，第573页，中华书局2013年版。

小结

周克商之后，为使周长治久安，周公制礼乐，规定了王公贵族必须遵守的各项制度和礼仪。并且“同律度量衡”，希望在此基础上建立起和谐的社会制度。但建立在奴隶社会基础上的社会制度不可能达到和谐，残酷的剥削制度必然导致阶级的对抗。统一的西周必然走向分裂，走向春秋战国群雄并起的时代，用孔子的话讲就是“礼乐崩坏”的时代。这一切必然使人们关注序，关注秩序的变化。由此，史伯提出了序的范畴，这意味着史伯已经认识到人类社会中还存在着不和谐以及对抗的矛盾。

从西周到春秋战国，也是一个生产力不断发展的时代。伴随着生产力的发展，通过生产改变自然的活动越来越多，人们可以用同样的材料，按照人的需要，设计和生产出不同的产品，这必然会在人们的思想中将物体的质料和运动分离开，材的概念出现就是必然的了。史伯提出了五材与“和实生物”的观点，这种思想的产生，应该说是人类生产活动对自然的改造，社会生产力的发展和进步导致人类思想发展的一种必然结果。另外序和五材概念的提出，标志着先秦的哲学家从关注事物的质的相互转化，转为关注事物的内部结构和内部元素对事物变化所起的作用，关注事物内部构成的数量关系。史伯正确地指出了事物内部因素之间存在着一定的数学比例关系，就像和谐的音律一样，这就是“和实生物”的含义所在，这里“和实生物”中的数学关系必须是和谐的数量比例关系，由此可以看出，先秦哲学中的和谐观从音律发展到人类社会，继而扩展到了天地万物。

第五章 『道』

【壹】 《周易》和《尚书》中的道

从前面对《周易》和《尚书》的分析可以看到，尽管人们已经用“道”来表述规律，比如“复自道”，但《周易》没有谈论生死这样的过程。另外，在西周初期，人们还敬天、畏天，天还是人格化了的天。但是到了西周后期，社会黑暗、矛盾激化，这些现象必然要通过一些不得势、受排挤打击的忧国忧民的贵族的思想反映出来，既然周朝的统治者是天子，那么老天为什么要错误地把厉王、幽王这些残暴的天子安排到人间来残害人民？这是人民对上天的质疑。《诗经·节南山》曰：“不吊昊天，乱靡有定。式月斯生，俾民不宁。忧心如酲，谁秉国成。不自为政，卒劳百姓。”① 这种对老天质疑甚至怨恨的思想也必然使人们追问老天降灾的目的所在，因为如果老天是有目的的，那么老天降灾到人间的目的难道是想祸害百姓吗？也正是这种对人格化的天的质疑和否定，使得人们开始产生天是自然的观念，并且已经将天与灾害联系到一起，称作天灾。《左传》：“凡天灾，有币，无牲。”② “天灾流行，国家代有。”③ 这种对天的质疑、怀疑必然导致对天的人格化的否定，这种否定也必然会导致自然天观念的产生，因为只有自然的天，才会以其自身规律的必然性，没有目的地运动变化着。否定天的神性，那么就要关注和总结自然的

① 《十三经注疏》，第 441 页，上海古籍出版社 2013 年版。
② 《左传》，第 192 页，上海古籍出版社 2012 年版。
③ 《左传》，第 284 页，上海古籍出版社 2012 年版。

天。《左传》："天有六气，降生五味，发为无色，徵为五声。"[①]《国语》："及天之三辰，民所以瞻仰也；及地之五行，所以生殖也。"[②] 天是自然的天，人们面对变化多端的自然界，必然要追问各种事物是从哪里来的？它的开端和初始是什么？就像诗人屈原所追问的："上古初期的情况，是谁传给了后代？天地未曾形成，凭什么考察出来？明暗模糊不清，谁能追根究底？大气混沌弥漫，凭什么得以认识？"[③] 这是中国社会的发展推动中华先民意识思维的发展的必然结果。

另外，《洪范》中箕子开始把首脑即王的行为方式上升为王道，已经认识到统治者的行为方式对社会变化所起的作用。随着人们更多地关注人类自身的发展，就必然要关注人们有目的的行为。特别是要说明人类社会的发展过程，而这种历史的发展本身就是由无数人的目的推动着。王的目的性行为是社会变化的原因，是王道，但老天又没有目的，那么自然界包括人类社会在内的世界的本原是什么？其统一性是什么？哲人们还在探索和追求。是否有一个能说明自然和人类社会变化的终极原因，这个问题也同样摆在老子的面前。

老子，"《史记·老子列传》说：'老子者，楚苦县厉乡曲仁里人也，姓李氏，名耳，字聃，周守藏室之史也。'苦县在今河南鹿邑县东，守藏室史是管理王室藏书的史官。"[④] 老聃是史籍中记载的周之史官。"史官担负着'司天'——观察天象的职责……职掌周朝图书典籍，阅读过大量书籍，不但知识渊博，还具有高度的哲学思维能力，并且在'司天'工作中积累了大量的天文知识。"[⑤]

正是因为老子是管理周王室藏书的史官，这就使他能够有机会接触和阅

① 《左传》，第 1201 页，上海古籍出版社 2012 年版。
② 陈桐生译注：《国语》，第 176 页，中华书局 2013 年版。
③ 陈苏彬译注：《楚辞》，第 117 页，山西古籍出版社 2004 年版。
④ 卫广来译注：《老子》，第 1 页，山西古籍出版社 2005 年版。
⑤ 参见谭宝刚：《再论〈太一生水〉乃老聃遗著》，清华大学简帛研究网站。

读大量周王室藏书，从而使得他有可能成为中国先秦哲学发展史上的集大成者。“道家之学，实为诸家之纲领。诸家皆专明一节之用，道家则总揽其全。诸家皆其用，而道家则其体。”①

“道”，《老子》曰：“吾不知其名，字之曰道。”② 也就是说，老子在《道德经》中就已明确地指明“道”是个字，而不是“文”。要理解“道”，就只能对“道”字进行分析，从“道”自身得“道”。

“道”字源远流长，在甲骨文中已有之，本义为“導”。甲骨文的[illegible]、[illegible]、[illegible]、[illegible]、[illegible]都是“道”，其中前几个字形是会意字，而从口的字形应是会意兼形声字。

西周铭文中“[illegible]”字出现在西周早期的大保簋的铭文上。此外西周早期的仲筍簋和伯者父簋也有“[illegible]”。西周中晚期另外出现了数种新的写法：貉子卣把甲骨文‘[illegible]’字的人字旁变成首字旁，变成了从行、首的衜。周宣王时期的塱和厉王时期的散氏盘变成从行、首、止的“衟”。也就是由“首”“行”和“止”构成了“衟”字，“首”“行”和“止”是“衟”字的内部组成部分。从考证可以看出，早期的“[illegible]”从人从行，也就是说“[illegible]”字表示人行的道路。人行有道，水流动也有道，特别是可以人工开凿和挖掘水道，这种行为就是疏导。既然是人行之道，那么同一条道，人可以往返重复，这就是《周易》中的“复自道”。为什么发展到西周的后期，会出现从行、首、止的“衟”字呢？加上“止”的“道”又有何含义呢？其实这个“道”字的出现，标志着中国先秦时期思想的一大发展。下面对此进行详细的分析。

我们从前面的分析已经知道，从“首”字来看，早期的“首”主要含义是首脑、元首之意，因此可以得出“道”字就是表示首脑的行动。既然“道”是指首脑的行为，那么我们仔细观察会发现，王的行为显然是一种由内在目

---

① 吕思勉：《先秦学术概论》，第 26 页，中国人民大学出版社 2011 年版。

② 楼宇烈校释：《老子道德经注校释》，第 63 页，中华书局 2013 年版。

的而导致的外在行为。如果人们再深入地追问，什么让王有了这种外在行为呢？这就让人们把追问的焦点集中在了目的上。

《洪范》中的泥范，首先是由工匠设计出来，然后再制造出来，这制造出来的器皿就是工匠的目的的体现。从工匠制造范的过程来看，最能体现出工匠的目的所在，就是生产的最终产品，目的体现在生产过程的完结之时。因此，这个完结之时就是“止”，也是工匠的目的所在。还有什么最能体现人的目的呢？对于一个走路的人来说，一旦到了自己的目的地，这个人就会停下来。显然停止的地方就是行动者的目的地，这个“止”也就是目的。因此，人们用“止”来表示目的是非常贴切的。

“止”，总是停止在一个确定的空间位置和时间点，而人们测量时间，也是通过对日、月、星辰在空间的位置来测量。因此，“止”除了表示目的，也可以表示时间点。对古人来说，既然人格化的天已经被否定了，那么自然的天是没有目的的，但天有自己的运行时间规律节点，比如二十四个节气。这一切必然让人们得出这样的结论，规律就是时节的准时到来，“时止则止，时行则行，动静不失其时，其道光明。‘艮’其止，止其所也。”① 人们在规律中发现了时节这个“止”，正是这个“止”的含义，使增加了“止”的“衜”字成为统一本原的哲学范畴。

黑格尔认为泰勒斯提出“作为哲学的开端的水”，是“一种有单纯的普遍性或一般流动性的东西”。这就是“行”，是万事万物的运行变化。“衜”的字素中有“行”，这是“一种有单纯的普遍性或一般流动性的东西”，这是本原之一的含义“动因”。另外，“衜”中的“首”具有首领和头脑的意思，在古人看来，这是人类社会发展变化的原因，是事物的目的因。箕子首先根据目的因，提出了“王道”，也就是王的行为目的所在。而“衜”字由于增加了“止”，从而具有了目的因，使得“衜”作为本原的含义更加丰富。

---

① 廖名春：《〈周易〉经传十五讲》，第330页，北京大学出版社2005年版。

史伯提出了“序”的范畴，“序”也是指规律，规律是反复起作用的，只要具备必要的条件，合乎规律的现象就必然重复出现。很多规律表现为周而复始，“道”是周而复始，“复”也有对立统一之意，同一台阶，可上可下。正是如此，在《周易》中已经通过指出规律具有重复这一特性，将“复”和“道”联系在一起了，这就是《周易》中的“复自道”。从《周易》提到的“道”可以看出，“道”在当时已经具有“行”和向对立面转化之意并且具有重复这种规律性。

更为重要的是前面已经指出的，音乐家伶州鸠已经将音律称为“天之道”，也就是说把数学计算的方法称为“天之道”。同时，在《周易》中已经指出“反复其道”。如果从缺失方来看，缺失方被倾入水的过程显然就是一个从无到有的过程。这里将“易”字和《周易》中的“反复其道”结合，必然得出“从无到有”这样的观念，这也是从“易”发展到“道”的必然结果。

【贰】 《太一生水》中的“道”

1993年，荆门市博物馆考古工作人员在沙洋县纪山镇抢救性清理发掘了郭店一号楚墓，在墓中发现了一批楚简，其中有一篇文章《太一生水》，这是一篇阐述宇宙生成的佚籍。谭宝刚认为：“〈太一生水〉可能是春秋时期的作品……是老聃的作品。”① 笔者也同意谭宝刚先生的观点，从思想发展过程来看，“太一”这个哲学概念恰好是“洪范”向“道”这个概念发展过程中的一

① 谭宝刚：《再论〈太一生水〉乃老聃遗著》，清华大学简帛研究网站。

个中间产物，也是对史伯的“先王以土与金木水火杂，以成百物”这个观点的否定和发展，是在否定扬弃的基础上发展出的概念。史伯是西周的史官，要否定和扬弃史伯提出的观点，在知识还掌握在贵族等少数人手里，还没有流向民间之前，也只有老子这样的史官才具有这样的条件。

老子在《太一生水》中对“太一”进行了描述，并将其称为“道”。“是故太一藏于水，行于时。周而又始，以已为万物母；一缺一盈，以已为万物经。此天之所不能杀，地之所不能厘，阴阳之所不能成。君子知此之谓道也。天道贵弱，削成者以益生者；伐于强，责于坚，以辅柔弱。下，土也，而谓之地。上，气也，而谓之天。道也其字也，青昏其名。”① 从这段话里可以看出，“太一”作为“道”是“藏于水中”。《洪范》中水行是第一原则，这就说明“道”是天地万物统一的内部因素，因为它“藏于水中”。我们从前面对归藏二字的分析已知，“藏”是中国先秦哲学中用于描述物体和物体属性之间关系的一个概念。因此，道藏于水中，就是指道是作为统一性物体的内部要发展、运动、回归自己的本质属性，这自然是天地万物的由己的本质属性。

这个“道”，“行于时。周而又始”，“此天之所不能杀，地之所不能厘”，它和天地一样长久，因此它是天地万物的本质因素，“我们以为(τὸ τι ἦν είναι，本质）既有恒久不变的方面……但也有其使该事物成为该事物，即成其所‘是’的原因的方面”②。作为天地万物的本质，它是事物的内部因素。既然是内部因素，它就不能像事物的质那样，直接被认识到，不能单纯凭感官认识。要认识“道”，只能是由表及里，深入到事物的内部，通过分析，才能认识。作为天地万物的内部本质，“太一藏于水中”。“水润下”“润下作咸”，显然，藏于水中的“太一”导致水可以产生咸土，故此老子将藏于水中的“太一”命名为“青昏”。“青昏”就是“清混”，也就是“清浊”。清浊是一对矛盾，一方面，清浊是质的对立，历史上的泾清渭浊现象，使我

---

① 庞朴注译：《太一生水》，原载于《寻根》1999年第2期。

② 汪子嵩、范明生、陈村富、姚介厚：《希腊哲学史3下》，第739页，人民出版社2004年版。

们今天还用泾渭分明来表示界限清楚、是非分明。但老子所说的清浊又是相对的，因为它藏于水中。直观地看，咸水可以是清澈的，但其中却有着咸土成分。因此，清浊是作为万事万物的内部对立统一因素存在着，正是因为清浊作为内部质的差异、对立甚至对抗，其内部因素就以其本性而分裂为两个部分，浑浊部分“下，土也，而谓之地”，这表现为“水曰润下”“润下作咸”；清的部分，“上，气也，而谓之天”。“清”与“浊”割裂开看，有质的差别，我们甚至可以用此来表示是非分明这样的对立。另一方面，二者又能和谐地统一在“道”中，或者说统一在“太一”中。当二者统一在“太一”中时，二者都是“太一”，但二者又是不同的，不仅仅有质的差别，而且有着量的差别。清浊在先秦时期又具有音高的含义，考古发现的曾侯乙编钟中反映了这一点：“表示音高关系的前缀词‘浊’‘清’，在钟铭和传世文献中的含义与用法亦不相同。钟铭中‘浊’作为前缀词表示低一律。……而传统用法多表示低八度，如浊黄钟为黄钟的低八度等。……‘清’应该表示的高一律。而传统用法多表示高八度，如清黄钟为黄钟的高八度等。”① 由此可见，作为藏于水中的清浊，也像音律一样，对立统一地藏于水中。也许，在老子的思想里，清浊不一定是指具体的数量比例关系，但清浊各部分之间存在着数量比例关系却是一定的。更为重要的是，“太一”中的清浊因其量变而会导致质变，故不同的“太一”也可以由清变为浊。

藏于水中的清浊是质的对立统一，《洪范》提出了水行的特性是“水曰润下”“润下作咸”，这就留下一些令人深思的问题。

我们说“水清”，是说水是一种无色无味的液体。“润下作咸”，从颜色变化来说，无色的水变成了白色的碱土，这是一种从无到有的过程。无味的水变成的碱土有了咸味，这也是一个从无到有的过程。

水的无色，中华先民们称之为“素”，无色的水加入红色，就变成红色的

---

① 陈其射：《中国古代乐律学概论》，第 235 页，浙江大学出版社 2011 年版。

水；加入绿色，就变成绿色的水。如果红色太艳，那么加水稀释可以使得红色变浅，这体现了“素”对红色的作用，表现出“素”与红的统一性。红色多一点，表现出红色深一些；水多一些，意味着“素”多一些，表现出红色浅一些。据此，管子提出“素”即五色之质。同样的道理，无味的水加入食盐，变成咸水；加入蜂蜜，变成甜水。如果太咸，那么加入淡水，咸水就会变淡；太甜，加入淡水，会使甜水变淡。“淡”这种无味的“无”，与其他五味可以相互转化，处于对立统一之中。既然《洪范》中箕子将水作为万物的本原，那么水这种无色无味的特性也势必引起人们的注意，而管子正是由此而得出了水的这种统一性。《管子》这样论述道：“准也者，五量之宗也；素也者，五色之质也；淡也者，五味之中也。是以水者，万物之准也，诸生之淡也，违非得失之质也。”[①] 素色用今天的语言表述就是无色，味淡致至也就是无味。在这里，管子提出的“素”和“淡”表示的都是一种基质。素是无色，因为它既不是红色，也不是绿色，而是无色，表现在思维中就是抽象掉具体的红、具体的绿，抽象掉各种具体的颜色，而成为一种抽象的颜色。因此，这是颜色的共性，当然也就是基质。这里管子用“素”来表示无色这种共性和基质，说明管子已经开始提出不确定性的质作为统一性的思维观念。同样的道理，无味也是一种味的共性，既不是咸，也不是甜，更不是辣。表现在思维中，就是去掉具体的咸味、具体的甜味、具体的辣味，抽象掉各种具体的味道，那么这自然就是抽象的味。这是一种纯粹性，是一种同一性，更是一种单一性。因为正是“无”这种不确定性，使得事物相互转化成为一种可能。这是管子从观察水的无色无味这种特性而提出的观点，“无”这种不确定性是一种统一性。

另外，“水曰润下”“润下作咸”，咸是碱土，碱土来源于水，而从水中产生的碱土又使得水的流动性受到了限制。这种限制是“范”，也就是边界。因

---

① 李山译注：《管子》，第206页，中华书局2009年版。

此，水的统一性和普遍性由于土的限制而有了千差万别的形态，从而成为特殊性，被限制的水有了特殊的形状，成为具体的东西。而咸也是水的一个内部因素，由此可见，由清变浊的过程，实际上就是从无到有的过程，是从无色到有色、从无味到有味的过程。

“无”作为否定性的概念，在《洪范》中已经出现，这是用否定的方式来表达一种标准。《洪范》云：“无有作好，遵王之道；无有作恶，遵王之路。无偏无党，王道荡荡；无党无偏，王道平平；无反无侧，王道正直。会其有极，归其有极。”从这种思维方式可以看出，首先是有，然后才是无。比如上面这段话表示的就是首先有好有恶，王根据个人好恶来决定自己的选择，这种行为是不好的。王应该喜好真正的好，厌恶真正的恶。因此，自然要求王“无有作好，遵王之道；无有作恶，遵王之路”，不要根据自己的好恶来选择。偏心、结党营私、反侧这样的行为不符合王道的行为，然后箕子要求王要“无偏无党，王道荡荡；无党无偏，王道平平；无反无侧，王道正直”。从这里可以看出，“无”还是一种对具体行为、具体事物的否定，“无”本身还没有作为哲学的概念出现。

从《周易》中的“易”字来看，尽管本意就包含着盈亏，有和缺失的对立，以及向对立面的转化，但这时的哲人们提出的观点仍然首先是有，然后才是无。是先有盈，然后向其对立面转化。就像《左传》记载的一样：“邓曼叹曰：‘王禄尽矣！盈而荡，天之道也。’”① 这里提出的也是“天之道”是盈而荡，是因为盈然后才荡，从而导致“王禄尽矣”。

总结上述分析可以看出，从《周易》中的“易”字结合“反复其道”，那么从缺失方观察，可以得出从无到有的过程；从水的无色无味这种均质同一性，可以得出“无”具有的不确定性使得对立面的转化变得非常容易。因此，“无”这个概念的出现也成为必然的了。

---

① 左丘明撰，杜预集解：《左传》，第135页，上海古籍出版社2012年版。

【叁】 老子的“道”（本原）

前面提到，《周易》中提出“反复其道”，从而说明“道”字已经具有了规律的含义。“反复其道”这个规律来源于音律，而音律是可以按照数学公式计算出来的。因此在商末周初，“道”就有了数学计算这种逻辑性的概念。《洪范》中也提出“道”，这说明“道”字作为本原已经包含了亚里士多德所说的“城邦的统治，寡头政治、君主政治和僭主政治”这些社会动变的原因。《左传》提出“盈而荡，天之道也”，这时的“道”有了向对立面转化的含义，当然这里仅有从有到无的含义。“日月之行也，分，同道也；至，相过也。在这里，分即春分、秋分；至即冬至、夏至；道即黄道、赤道。在此例中，‘道’（黄道、赤道）的使用不仅赋予天体运行以道路之意，更为重要的是，恰恰可能就是‘道’的这一使用使得天道成为一种常识性的规律概念，也使得‘道’成为叙述自然法则或规律的最有效语词。”[①] 另外，《太一生水》曰：“是故太一藏于水，行于时。周而又始，以己为万物母；一缺一盈，以己为万物经。此天之所不能杀，地之所不能厘，阴阳之所不能成。君子知此之谓道也。”这里的“太一”作为“道”，它的统一性还仅仅是涵盖了自然界的天地万物。但是“道”在《洪范》中就已经具有王的行为、行动的含义，如果将二者的含义综合在一起，那么这个“道”就完全可以作为涵盖自然界和人类社会的终极原因了。

① 吾淳：《中国哲学的起源》，第 344 页，上海人民出版社 2010 年版。

我们在前面也指出，人们面对大自然的变化，必然要追问事物从何而来，要追问这个世界的来源和开端是什么。当然人们对第一本原的认识也有一个过程，这是一个从具体到抽象的过程。古希腊哲学家亚里士多德在讨论本原（ἀρχὴ）时曾指出，它包含了开始、起点，事物的内在基本部分，事物最初的生成和运动的来源。同样，中国先秦哲学家也有这样的思想，本原作为终极原因要具有开端，自身内部要包含运动这种普遍的动因，同时还有目的因这些因素，另外还要包含对立统一这种内部结构。先秦时期人们的抽象思维能力得到发展，这个时代的哲学家必然要寻找更为普遍性的开端和运动。这个开端不是任何具体事物产生的开端，而是一个纯粹的开端。这个运动不是任何具体事物的运动，而是一种普遍性的运动。一旦抽象的理性思维发展到这个阶段，哲学家就会赋予一些概念以新意或者创造出新的概念，而“道”也经过这样一个发展的过程。

“道”字中的字素“首”到了老子生活的年代，已经有了开始、开端、始基的含义，而不仅是只具有首脑的含义。《老子》曰：“夫礼者，忠信之薄而乱之首。”[①] “《尔雅》全篇以‘初、哉、首、基……始也’起始。”[②] 因此“道”字中已经包含有一个完全脱离具体事物的开端和开始，这不是一般具体事物的开端，因为从这个“首”字根本看不出是什么具体事物的开始，它就是一个纯粹的开始，它不是水行这种具体的开始，但又包含了万事万物的开始，因此这表示一个纯粹的开始，也就是开端。

我们从前面的分析已经知道，“道”字经历过文字演变过程。“西周铭文中‘衜’字出现在西周早期的大保簋的铭文上。不过，西周中晚期另外出现了数种新的写法：貉子卣把甲骨文‘𧗟’字的人字旁变成首字旁，变成了从行、首的衜。周宣王时期的塱盨：从行、首、止的‘衟’字以及厉王时期的

---

① 楼宇烈校释：《老子道德经注校释》，第 93 页，中华书局 2013 年版。

② 转引自林寒生：《尔雅新探》，第 26 页，百花洲文艺出版社 2006 年版。

散氏盘。”这里由“衜”增加了“止”而成为“𨔞”（道）字。

“止”，甲骨文“象简化之人足形，早期金文之爵文与甲文同”①。“金文作止，象脚形，即‘趾’的初文。‘趾’字中的字素‘止’表示脚趾，兼表读音。而在歬（前）歷等字中，字素‘止’则都表示行走。”② 因此早期“止”有人行之意，后来有了停止、静止等含义。

《老子》曰：“夫亦将知止，知止可以不殆。”③《庄子·德充符》：“人莫鉴于流水而鉴于止水，唯止能止众止。”④《彖传》曰：“‘艮’，止也。时止则止，时行则行，动静不失其时，其道光明。‘艮’其止，止其所也。”这表明在春秋战国时期，“止”有了行走和停止、到达这两种相反的含义。“如‘止’字的意义引申主要指向停止、阻止、到达等静态；而字素‘止’的构字意义则多指向行走、前进等动态。”⑤“止”字具有的这种相反含义，对构成“衜”的含义是非常重要的，也正是由于“止”字中包含的相反含义，使得老子的“道”在先秦哲学中成为最核心和至关重要的范畴之一。

关于“止”的含义，《大学》中的诠释最为贴切和清楚。“知止而后有定，定而后能静，静而后能安，安而后能虑，虑而后能得。物有本末，事有终始，知所先后，则近道矣。”⑥ 从这句话可以看出，“止”实际上就是人的目的。“知止”，那就是知道自己的目的所在，目的明确，自然就是“志有定向”。这里的“止”就是目的，有目的，有志向，从而推动人生向着自己的目的奋斗，这就是目的因。把“止”和目的因联系起来，在古希腊的哲学家中也有同样的表述。亚里士多德就这样说过：“事物为了什么，这是它的目的。有个目的就是有终点，所以目的因就是最后因，它不能是无限的。目的就是要达到最

① 徐中舒主编：《甲骨文字典》，第125页，四川辞书出版社2005年版。
② 张再兴：《西周金文文字系统论》，第148页，华东师范大学出版社2004年版。
③ 楼宇烈校释：《老子道德经注校释》，第81页，中华书局2013年版。
④ 刘乔周主编：《庄子全集》，第55页，古吴轩出版社2011年版。
⑤ 张再兴：《西周金文文字系统论》，第149页，华东师范大学出版社2004年版。
⑥ 王媛、徐阳鸿译注：《大学　中庸》，第178页，广州出版社2004年版。

好的状态，也就是‘善’。理性（*nous*）要达到善，要有目的，也就是要有界限。”①

“止”是终点，也是界限。因此在古人的观念里，“止”可以用来表示目的因。而我们也可以从“道”字的演变过程看出，首先是“[illegible]”，这表示的是人行的道；然后是“衜”，演变出王道，因为首领的行动当然是王道；再往后变成“衟”，出现了“止”。“衟”是由“首”“行”和“止”构成的，一方面表示首脑的行为目的所在，另一方面按照训诂的方式解读“衟”字，显然“衜”字中就已经包含有开始、运动和停止的含义，因为“衟”字的构成就包含了“首”“行”和“止”，从而使得老子可以用“衟”字来作为本原，作为万事万物的开始。更为重要的是增加了“止”，因此，“衟”又有了停止的含义。“行”必然是从“首”端开始运动变化，尔后停“止”在另一端。但是并不是永远停止在一个地方，因此暂时的“止”仅仅是在等待，即等待时机的到来。由于要不断地“行”，原来的“止”端又成了新的开端。从新的“首”开始运动，然后停“止”在另一端。“道”按照内部必然性，不断地从“首”开始“行”，然后“止”。只有不断从“首”到“止”的运动变化才是完整的“道”。故《老子》曰：“周行而不殆，可以为天下母。吾不知其名，字之曰道。”② 正是由于“道”字本身具有开始、运行变化和停止的含义，并且有首脑的含义，因此伴随着人们对客观事物变化的追根溯源，对客观事物的开端是什么的追问，对人类社会变化的原因的追问，必然要对“道”字给予重视，而“道”也必然要发展成为中国先秦哲学最重要的范畴之一。

另外，老子生活在春秋时期，这个时期是一个社会大变革时期。“周东迁后，实力大为削弱。全国处于分裂割据的状态。见于《左传》的大小国家约有一百二十多个……除以华夏族为主的大大小小国家之外，还有不少戎、狄、

---

① 汪子嵩、范明生、陈村富、姚介厚：《希腊哲学史3》（下卷），第647页，人民出版社2004年版。

② 楼宇烈校释：《老子道德经注校释》，第63页，中华书局2013年版。

蛮、夷交错其间。在长期的相互混乱之中，不少小国被强国所吞并。见于《左传》的一百二十多个余国，到春秋末只剩下原来的三分之一了。”[①] 也就是说在老子生活的这个时代，现实中，除了大自然中各种动植物的生老病死，社会中也出现了剧烈动荡。众多国家的出现和消亡，小国的崛起以及发展到巅峰后又走向衰亡，这一切变化，也必然在人们的思想中反映出来，使人们关注生死存亡，提出和研究生死存亡、国家兴亡的原因和规律。特别是战争中不以人的意志为转移的客观规律已经被认为是国家存亡之道，谁认识和掌握了这种客观规律，谁就能够做到克敌制胜，用孙武的话说："知之者胜，不知之者不胜。"[②] 这种客观规律不仅仅是"道"，而且是"存亡之道"，孙子曰："兵者，国之大事，死生之地，存亡之道，不可不察也。"[③] 生死存亡也是一个过程，这个过程之中也有规律可循，它是"道"，而且是"不可不察"的"存亡之道"。这是老子的"道"成为本原的非常重要的社会大环境因素之一。

我们在前面也提到，从概念的发展来看，箕子在《洪范》中还没有将物质和物质的运动属性二者分割开，因此他提出的是五行，即五种质料的运动。研究运动，必然就要研究开始和结束。而"初一曰五行"中的"初"有了开始的含义。因此，无论是从老子所处的时代还是从概念的发展来看，"道(𨔞)"作为中国先秦时期的核心概念，其产生都是必然的。因为"𨔞"的构成中除了包含"首"，从而具有了"始"的含义，有"行"则包含了运动的含义，而且又增加了"止"，使得"𨔞"有了开始、运动、停止的含义，这就使得老子选择"𨔞"作为本原成为可能。

正是由于"𨔞"由"首""行"和"止"构成，按照会意的方式解"𨔞"就可以得出非常丰富的内容，或者可以通过对构成"𨔞"的内部字素的阐释，

① 白乐天主编：《中国通史》（第一卷），第124页，光明日报出版社2001年版。

② 骈宇骞、王建宇、牟虹、郝小刚译注：《孙子兵法 孙膑兵法》，第3页，中华书局2008年版。

③ 骈宇骞、王建宇、牟虹、郝小刚译注：《孙子兵法 孙膑兵法》，第3页，中华书局2008年版。

从而指出作为整体的“衜”所包含的含义。这种思维方法是一种分析综合方式。它首先是把“衜”作为一个整体，当我们要追问“衜”为什么具有老子所说的特性时，就必须深入到“衜”的内部，从其组成部分上来了解“衜”作为整体的特性。这种方法中国的古人叫会意，实际上是分析综合的思维方式。亚里士多德指出：“对我们说来明白易知的，起初是一些未经分析的整体事物。而元素和本原，是在从这些整体事物里把它们分析出来以后才为人们所认识的。因此，我们应从具体的整体事物进到它的构成要素，因为为感觉所易知的是整体事物。这里把整体事物之所以说成是一个整体，是因为它内部有多样性，有它的许多构成部分。”① 下面我们通过对《道德经》的解读，可以看出老子是如何论“道”的。

“道可道，非常道。”“道”包含了万事万物的生死存亡和运动变化过程，是“存亡之道”，也是“天之道”“地之道”。天道、地道、人道，甚至连“道”字本身也是如此，包含了开始、运动和结束。由于“道”内部有“首”，“首”是开端，是普遍性的开始，从而是天地万物之始。因此从逻辑的必然性来说，从认识的开端来说，“道”都应该居于开始的地位。既然是天地万物之始，那么也就必然是任何知识的开端，也必然是老子的《道德经》文章之始，因为只有这样，才是名副其实。因此老子必然把“道”字作为《道德经》的第一字。这是宇宙、自然界、知识、文字和哲学思维方式的统一，它也表现为一种逻辑必然性。下面首先从文字的角度来分析“道”。

“道可道”，这是同一律的必然推断，因为道和道是完全同一的，这就像我们说“A是A”“红是红”“花是花”一样，或者说，花可以用花下定义，人可以用人来解释。用道来解释道，也是完全可行的。因此，老子在这里实际上是采用同一律的思维方式给出第一原则——“道可道”。另外“道”中的“首”本身就有人首的含义，人首上的嘴总是可以讲话，可以阐释道理。“道”

① 亚里士多德著，张竹明译：《物理学》，第15页，商务印书馆1997年版。

字“实际上在甲骨文中有“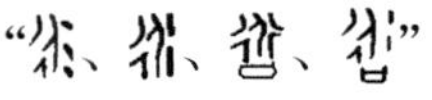”等字形。这些字形虽有一些形上的差异，但它们在卜辞中的用处相同。”[①] 这里可以看出道还有“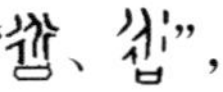”，也就是“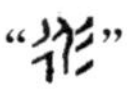”下面有一个“口”字，这是用语言引导之意。这个时期的“道”表达的都是王的行动和言语所起到的引导作用。因此，天道、地道、人道，各种“道”就可以通过“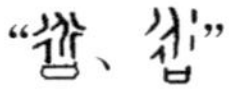”的口一一道来。这显然也是老子试图通过文字构成因素来说明“道可道”，表明老子从语言逻辑关系进行推理，从而得出了“道可道”。

“道可道”中第一个“道”字，是指客观外在世界中存在的“道”，

它可以是天之道，也可以是王道，还可以是反复其道等等。所有的这些道都是客观存在的，是不以人的主观意志为转移的。第二个“道”字在这里是道说的含义，这表明老子认为客观外在世界中存在的“道”是可知的，因为只有被认知到的道，才能被言说，被一一道说。

“非常道”，这里的“常”又作“恒”讲。我们上面的分析表明，“道可道”中的两个道字已经有了差异和变化，第一个“道”是“天之道”“王道”“反复其道”等等，后面的“道”却是道说。“道”有了差异，有了变化，当然就是“非恒道”。

道说出的“道”总是具体的，而具体的“道”只能是普遍的“道”的一个部分，因此道出的各种具体的“道”就不同于普遍性的“道”。另外，因为“道”字中含有“止”，自然说明这个“道”本身就包含有终止之意，有终止，自然就不是恒定的，因此是“非常道”，也就是“非恒道”。

“名可名，非常名。无名天地之始，有名万物之母。”[②] “名”，甲骨文从口从夕。《说文解字》曰：“名，自命也，从口从夕，夕者，冥也，冥不相见，

① 郭静云：《由商周文字论“道”的本意》，引自宋镇豪主编《甲骨文与殷商史》（新一辑），《中国社会科学院甲骨学殷商史研究中心集刊》。

② 楼宇烈校释：《老子道德经注校释》，第1页，中华书局2013年版。

故以口自名。”[1] 实际上“夕”还有一层含义，冥冥中一切都处在朦朦胧胧之中，当人们从这朦胧中辨认出事物，然后叫出这个事物的名称来时，就表示人们从朦胧中分析出了具体的事物。每一个名总是对应一个具体的事物，在《老子》的“名可名”中的第一个“名”是代表外在的具体事物。

既然“道”是客观存在的，而道说出来的东西总是具体的东西，因此具体的“道”代表的就是一种具体的事物，而这种具体的事物被认识到后，就必然可以命名以区分。这就是有物才有名，无物便无名。《墨子·经说上》曰：“有实必待之名也命之。”[2]“告以之名，举彼实也。”[3]“所以谓，名也；所谓，实也。”[4] 在老子看来，具体的事物是实，而这个具体的事物总是可以命名的，因此“名可名”是老子通过同一律推论得出的结论。但为什么说“非常名”呢？一方面作为“名”，总是指称对应着的具体外在事物。另一方面，外在事物会出现变化，特别是在春秋时代，今天是王侯，明天可能就成了阶下囚。因此伴随着外在事物的变化，指称外在事物的名自然也是要变化的，这是“非常名”。此外，同一具体事物，有着各种不同的属性，比如石头是坚硬的，也是白的，那么同一个名——石头，也可以用不同的属性来命名，可以说“石，坚也”，也可以说“石，白也”，从这里可以看出这种命名也是“非常名”。

前面是我们按照逻辑关系对老子的“道可道，非常道。名可名，非常名”做出的一些推论，接下来让我们从书写“道”字的过程中，来看能得出什么样的结论。要写出“道”字，首先要写出“首”字，“道”正是因为有了“首”而有了开始之意，也就是说在刚刚写出“首”时还没有“道”，没有“道”这个名之前，已经有了“首”，这就是开始，它不是一种特殊的开始，不是某个具体事物的开始，甚至不是具体“道”的开始，而是一种普遍性的

---

① 许慎撰，徐铉校定：《说文解字》，第31页，中华书局2002年影印版。

② 雷一东：《墨经校解》，第17页，齐鲁书社2007年版。

③ 雷一东：《墨经校解》，第17页，齐鲁书社2007年版。

④ 雷一东：《墨经校解》，第17页，齐鲁书社2007年版。

开始，因此是包含天地万物的开始。我们说不出这是什么的开始，因为这就是一个“首”，一个开始。它不是什么具体事物的开始，是包含了一切事物的开始，是天地之始。

“首”即开始，作为开端总是包含着有和无，是有和无的对立统一。你说是有，它仅仅是开始，还没有实现，因而是无。你说是无，它却已经有了开端，有了开始，因而是有。正如黑格尔所说：“变易就是有与无的统一。——另一同样浅近的例子就是开始这个观念。当一种事情在其开始时，尚没有实现，但也并不是单纯的无，而是已经包含它的有或存在了。开始本身也是变易，不过‘开始’还包含有向前进展之意。为了符合于科学的通常进程起见，人们可以让逻辑学从纯思维的‘开始’这一观念进行分析。由于这样分析的结果，人们或许更易于接受有与无是不可分割的统一体的理论。”① 正是由于开始是有与无的对立统一体，开始是从无到有，如果再有了“行”，就正是黑格尔强调的“不过‘开始’还包含有向前进展之意”。正因为它是开始，是从无到有，因此老子特别强调“常无，欲以观其妙”②。“微”，“搏之不得名曰微”③，尽管搏之不得，但已经有了“玅”，也就是从无到有，开始有了一个细微的东西，从无到有的变化开始产生了。但这时“道”字还没有形成，因此还无法用“道”来命名，自然是无名，这时只有“道”这个字中的“首”和“行”，也就是说从无到有，已经有了开始。

当写完“首”“行”和“止”，就有了“道”这个字，完整的“道”字就包含从开始、运动变化到结束这样完整的过程。综观天下万物，每一个具体的事物都要经历开始、运动变化直至结束这样一个过程。当写完了“道”字，就可以给“道”字命名了。这个有了名的“道”，就包含了万事万物的从生到死，这就是具体的事物，因为每一个具体事物的历程都是从生长到死亡。正

① 黑格尔著，贺麟译：《小逻辑》，第197页，商务印书馆1995年版。
② 卫广来译注：《老子》，第1页，山西古籍出版社2005年版。
③ 楼宇烈校释：《老子道德经注校释》，第31页，中华书局2013年版。

是由于“道”字形成后，“道”有了“道”这个名，因此，老子将其归纳为“有名万物之母”。完整的“道”包含了开始、行和结束，具有了开端和末端，因此，“道”是万事万物的本原。另外，知道了万事万物开始与结束的整个过程，就认识了该事物。《论语·子罕》曰：“子曰：吾有知乎哉？无知也。有鄙夫问于我，空空如也。我叩其两端而竭焉。”① 程颐曰：“学莫大于知本末始终。”②《管子·白心》曰：“索其端则知其名。”③ 就是说找到了事物的始末，也就知道怎么命名了。《大学》曰：“物有本末，事有始终，知所先后，则近道矣。”这是对老子的“道”最为准确的诠释，正是由于“道”包含了始终，包含了万事万物从开端到结束，从出生到死亡，因此研究掌握了事物的前因后果，研究掌握了事物的运动变化规律，自然就是知“道”。其实，即便在现代，我们也经常用“始终坚持”“始终贯彻”这样的语言来表述如何做好一件事，这就是说，只要是善始善终做一件事，那自然就是做好了这件事。如果我们要清楚地了解一件事，那么我们就要了解这件事从头到尾是怎样的。了解了这件事的来龙去脉，就知道了这件事的真实情况。这也表明人们要了解一件事情，就必须知道这件事情的开始、整个过程和最终的结果。海德格尔也这样认为：“因此在者的一个根本特性就是 to telos，这不是目标之意，不是目的之意，而乃是完之意。‘完’在此绝不可从否定意义来理解，仿佛什么东西因此完而再也不行了，没用了，行不通了。此完是完成意义上的完。”④ 故而有了“首”“行”和“止”，当然就有了“道”字。事物从产生、变化直至结束，这就是得“道”。老子用“道”作为万物的本原，说明他认为可以通过知道万事万物的产生、变化和结束，从而认识该事物，而认识了该事物，自然就知道该事物是什么，当然也就知道万事万物的名，这就是“有名万物

① 《十三经注疏》，第 2490 页，上海古籍出版社 2013 年版。

② 转自席泽宗：《中国科学思想史》（下卷），第 621 页，科学出版社 2009 年版。

③ 李山译注：《管子》，第 197 页，中华书局 2009 年版。

④ 海德格尔著，熊伟、王庆杰译：《形而上学导论》，第 59—60 页，商务印书馆 2007 年版。

之母”。《说卦传》曰：“终万物，始万物者，莫盛乎艮。”[①]“艮”，也是限，有了限，就有了具体的形，根据具体的形状，就能给具体的事物命名。

“常无，欲以观其妙。”这里特别要注意的是老子提出了“常无”这个概念，“常，作恒解”。“恒无”，这里的“无”是现代人理解的一无所有的无，绝对意义上的无吗？如果是，那这个无就是指绝对不存在。但是，老子却说：“常无，欲以观其妙。”这里强调的是“欲”。“欲”，《礼记·乐记》曰：“人生而静，天之性也。感于物而动，性之欲也。”[②]“欲”是“感于物而动”，因此老子在这里提出要有欲望，坚信有“恒无”。作为外在的物，一定会以其“妙”，让人的内心感应产生“欲”。如果老子提出的是绝对的无，那么就不是外在的物，自然就不可能让人“感于物而动”，只有是一种外在存在的物，才能让人有“欲”。通过这个“欲”字，反映了老子对“恒无”的诠释。这里的“恒无”实际上也是外在的事物。也就是说，在老子的思想里，还没有产生什么都没有的绝对的“无”。尽管感官感受不到这个“恒无”，但心中却知道这个“恒无”是存在的，这个观察“恒无”的欲望就是由外在的“恒无”引起的。由此可见，老子认为“恒无”是存在的，否则的话，心中为什么会要有这个欲望呢？因此“恒无”是“有”。

老子曰：“常有，欲以观其徼。”“止”是静止，也是末端、结束，这是一个从有到无的过程。“徼”是边界，也是末端。万事万物都是有生有死，有开始有结束，这就是“道”。另外，老子在这里也告诉了我们一种思维方式，面对自然界丰富多彩的万物，怎么能得到“恒有”这个概念？比如我们面对外在的客观世界，有河，越过河岸是草地，草地就是河的徼。没有河，但是有小草，这也是有。再越过草地是树林，树林就是草地的徼，没有了小草，但有了树林，这也是有。可以看出“恒有”正是这样得到的，有河，有小草，有树林，去掉这些特殊的有，那就是空间上的“恒有”。在得到这种“恒有”

---

① 转引自廖名春：《〈周易〉经传十五讲》，第 361 页，北京大学出版社 2005 年版。

② 《十三经注疏》，第 1529 页，上海古籍出版社 2013 年版。

时，千万不要忘记事物之间的“徼”即差异性。同理，旭日东升，有白天，当夜晚到来时，白天过去了，没有了白天，但是有了夜晚，这也是有。当夜晚过去，黎明到来，尽管没有了夜晚，但有了黎明，这也是有。因此时间上“恒有”也是去掉了白天、夜晚、黎明这些特殊差异性的有，仅仅保持“有”这种单纯恒定的有，这就是“恒有”，故老子告诉我们，面对这种“恒有”，不可忘记它们之间的差异，即“徼”。

我们在前面详细地对“水曰润下”“润下作咸”做过分析。水是无色无味的透明体，这是一种单一的同质体。水作为一种透明体表现为一种普遍性和统一性，洪水浩浩荡荡，水天一色，把一切都融合在其中，这是一种“恒有”。孙武曰：“水无常形。”[①] 无形就是没有明确的边界。但是在中华先民的观念里，从水这种单一透明体中可以产生咸土，从水中产生的咸土又可以限制水的流动性，这个限制就是“徼”，而这个“徼”是从水中产生出的，自然是从“恒有”中产生的。

从“首”到“止”，不断运动变化才是完整的“道”，缺一不可。“开始”是从无到有，“常无”中有妙。“结束”是从有到无，常有中出现徼，是有中出现无。“首”是开始，那么“止”呢？在西周金文中，“‘止’字的意义引申主要指向停止、阻止、到达等静态；而字素‘止’的构字意义则多指向行走、前进等动态”，因此结束是下一次的开始。《说文解字》曰：“‘止’，下基也，像草木出有址。”因此，这叫“归根曰静”。正是有了根，大自然才有了“春风吹又生”。因此老子的“道”字中的“止”并不是一个绝对的静止，而只是一个暂时的停止，只是发展变化过程中的一个阶段的完结，而且又是下一个阶段的开始。

老子在《太一生水》中说道：“行于时，周而又始。”《老子》曰：“知止可以不殆。”我们在前面就已经指出，“道”本身就已经具有了重复、返回的

---

① 骈宇骞、王建宇、牟虹、郝小刚译注：《孙子兵法　孙膑兵法》，第42页，中华书局2008年版。

含义。《周易》:“复,亨。……反复其道,七日来复。”之所以是“反复其道,七日来复”,这是因为音律是“天之道”,音律可以用数学方法计算出来,是一种必然性,所以是“天之道”。而在先秦时代,七声音阶,无论是古音阶还是新音阶都是从宫音开始,到第七个音阶就成为变宫。“七声音节是在五声音节中加进变徵和变宫而成,依次为宫、商、角、变徵、徵、羽、变宫。”古音阶为宫、商、角、变徵、徵、羽、变宫,新音阶为宫、商、角、清角、徵、羽、变宫。无论是古音阶还是新音阶,开始是宫,结束都是变宫。因此从音律这个“天之道”的规律呈现的重复性来看,结束就是重返到开始,因为结束本身就是一种反复,这叫“原始反终”。故“止”就是“首”,当然“首”也就是“止”,故老子曰:“此两者同出而异名,同谓之玄。玄之又玄。”

老子写下了“同谓之玄。玄之又玄”这句话,给人们留下了一个难解之谜。这句话的真实含义是什么?正是这句话,让后人把一些难以理解、神秘深奥的事情说成是“玄之又玄”,把那些难以理解的学问和知识,说成是玄学。因此老子的“同谓之玄。玄之又玄”就非常值得我们分析和探讨,以得出其真实含义。

据考:“‘玄’是由‘幺’字演变分化而来。”① 张再兴认为:“‘幺’以微细之丝的形象表达微的意义。”② 我们在前面已经知道,先秦时,古人已经发现音的频率和数的大小有关,并且已经找到了这种数学规律关系,这就是三分损益的计算方法。最初人们用竹管确定,后来发现用竹管确定音不太精准,就改为用丝弦来定调。在老子的时代,人们已经把音乐中的音律数学关系称为“天之道”。那么音乐中的音律数学关系又是怎样的呢?

《管子·地原》中给出了音律计算的数学关系:“凡将起五音。凡首,先主一而三之。四开以合九九,以是生黄钟,小素之首,以成宫。三分以益之以一,为百有八,为徵。不无有三分而去其乘,适足,以是生商,有三分而

① 董莲池:《说文解字考正》,第155页,作家出版社2005年。
② 张再兴:《西周金文文字系统论》,第191页,华东师范大学出版社2004年版。

复于其所，以是成羽。有三分去其乘，适足，以是成角。”[①] 管子在这里提出的是音律计算的数学关系。这里要问什么是“小素之首”？“‘小素之首’即‘小弦之首’。”[②] 从这里可以看出，音律中的数学关系，恰恰是用小弦黄钟作为定调的开始音，而音律又是“天之道”。因此老子在这里用“同谓之玄。玄之又玄”这句话，是要表示“道”中的规律性就如同音律中的数学关系一样，是“天之道”。道中的“首”就如同音律定调中的“小弦之首”一样，从“首”然后变化到“止”，其运行变化就如同音律一样，有规律可循，包含了数量关系。这是一种可用数学来计算的逻辑规律关系。另外，老子将“道”命名为“清浊”，而“清浊”本身也是表示音律的高低，这也说明老子的“道”是指有数律逻辑关系的规律。

作为“天之道”的“道”，作为“清浊”音律的“道”，它的“首”就如同是“小弦之首”，而且是作为音律定调的“小弦之首”。这是开始，但它不仅仅是开始，而且是包含有数学规律的开始。开始就是变易，正如黑格尔所说：“变易就是有与无的统一。——另一同样浅近的例子就是开始这个观念。当一种事情在其开始时，尚没有实现，但也并不是单纯的无，而是已经包含它的有或存在了。开始本身也是变易，不过‘开始’还包含有向前进展之意。”

老子用“玄”和“之”这两个字，从而组合成“同谓之玄。玄之又玄”这句话，其中包含的用意是十分的精妙。首先让我们从“變（变）”字的构成来看老子这句话包含的用意，然后再从先秦音律来分析这句话的含义。

如果注意这里的“變”字，可以看出，“變”字是由上面的“䜌”这个字素，以及由下面的“夊”字构成，而“䜌”中间是个言。“言”自然也就是

---

① 崔宪：《曾侯乙钟铭“龢”字探微》，转引自乔建中、韩锺恩、洛秦：《中国古代音乐史》，第237页，上海音乐学院出版社2009年版。

② 崔宪：《曾侯乙钟铭“龢”字探微》，转引自乔建中、韩锺恩、洛秦：《中国古代音乐史》，第237页，上海音乐学院出版社2009年版。

"谓"，因为言说就是谓说。两边是"糸"，意思就是小丝，即"玄"。用同一个"言"来表述两个"糸"，自然是表示"同谓之玄"，因此这个"同谓之玄"就可构成"䜌"。"夂"字，其甲骨文"象倒止之形，与止同意，均以示行动之意"①，也就是说加上"夂"字，表示的是"玄"的运动，同时也是"谓"的过程，从文字构成来看，"同谓之玄"就是指"夔"字。但这个"夔"字的含义还包含着相反方向的运动，因为"夔"字下的"夂"字的甲骨文"象倒止之形，与止同意，均以示行动之意"，但它同样是指玄的运动，这是音律的"反复其道"，因此它也是"同谓之玄"。黑格尔在赞赏古希腊的毕达哥拉斯发现音乐中的数律关系时，曾这样说过："音调只不过是一个物体的振动，——一个通过空间与时间的规定；因为除了数——一堆在时间中的振动——以外，不能有决定音调的差别的别的东西。可以藉数来做恰当的规定的，无过于音乐了。"② 黑格尔的这段话，尽管并不是评述老子的"同谓之玄"，但却精确诠释了老子对"夔"的描述。从这里可以看出，老子用"同谓之玄"这样的语言，表明从文字的构成来说，开端和结束都是变易，因为它们都是"同谓之玄"，都是玄的运动和变化，而且是按照音乐数律关系变化的玄的运动。老子正是用这样诗性的语言，"以勇敢的精神第一次说出了这样深刻的话：'有不比无多'，它是同样的少；或者：'有与无是同样的，本质是变。真理只有被认作对立物的统一"③。也就是说老子已经认识到："有与无都只是没有真理的抽象物，第一个真理只是变——这是人们在认识方面所得到的一个伟大的洞见。"④

另外，"夔"字是由上面的"䜌"这个字素，以及由下面的"夂"字构成，也就是说加上"夂"字，一方面表示的是"玄"的运动，这是说事物的

---

① 徐中舒主编：《甲骨文字典》，第 620 页，四川辞书出版社 2005 年版。
② 黑格尔著，贺麟、王太庆译：《哲学史讲演录》(第一卷)，第 239 页，商务印书馆 1995 年版。
③ 黑格尔著，贺麟、王太庆译：《哲学史讲演录》(第一卷)，第 299 页，商务印书馆 1995 年版。
④ 黑格尔著，贺麟、王太庆译：《哲学史讲演录》(第一卷)，第 300 页，商务印书馆 1995 年版。

“變”是有规律的，它就像音律中的数学关系一样，是可认识的；另外一方面，“䜌”中间是个言，“言”也就是谓，加上“攵”字，表示的是“谓说”的过程，这就是说我们的“道说”过程也是有规律的，因为它也是像音律中的数学关系一样，是一种逻辑关系。

上面我们是从哲学思维观念方面，通过对“變”字进行分析得出这样的结论：老子用“此两者同出而异名，同谓之玄。玄之又玄”来表达“變易”，另外也通过文字变化之间的关系来说明“變易”的具体内容。同时这句话表明，“道”是有规律的，它就像音律那样有数律逻辑关系。为了更充分地说明这种音律和文字之间的关系，下面我们再结合音律对此进行分析。

“除五声音阶外，周代民间音乐中也有七声音阶的存在。……湖北随县曾侯乙墓出土的战国编钟乐律铭文中确有‘变宫’一名。……可知七声音阶至迟在春秋战国之际已经正式形成。”[①] 什么是七声音阶呢？“按古代传统，从黄钟出发，用‘三分损益法’向上五度下四度方向生律 6 次，就得到雅乐‘正声’七声音阶，即含变徵的七声音阶。”[②] 这七声音阶分别是宫、商、角、变徵、徵、羽、变宫。从这里可以看出，通过数学计算，从宫音开始，按照同样的逻辑计算，运行推演 6 次，可以得到“变宫”这个音阶。这种数学关系被说成是“天之道”，自然是“道”。而按照“道”，从“宫”可以得到“变宫”这个音阶。因此开始时的“宫”音和结束时的“变宫”音，恰恰就是老子所说的“同出而异名”。开始是“宫”，结束是“变宫”，差异就是多了“变”，而加“变”的音名与古代音乐理论中一样都表示低一律。自然，老子就是用“同谓之玄，玄之又玄”这句话来描述从无到有以及从有到无这样的“变易”过程。更为关键的是，我们在前面已经指出七声音阶，无论是古音阶还是新音阶都是以宫音开始，到第七个音阶就成为变宫。“首”与“止”都有

---

① 夏野：《中国古代音阶、调式的发展和演变》，转引自乔建中、韩锺恩、洛秦：《中国古代音乐史》，第 339 页，上海音乐学院出版社 2009 年版。

② 李玫：《中国传统律学》，第 50 页，福建教育出版社 2008 年版。

宫，只是开始是宫音，结束是变宫，这就是“此两者同出而异名”，差异就是“同谓之玄”的“变”，开始是宫，结束是变宫。《礼记·乐记》曰：“声相应，故生变。变成方，谓之音。”[①] 这里的“变成方”也是“同谓之玄”的含义。可见，老子是用“同谓之玄”表述“道”中包含的数律逻辑规律。

另外，老子除了用“玄”，还用了“之”字，以此构成了“玄之又玄，众妙之门”这句深奥难解的话。实际上，这里的“之”也是与音律有关系的，“之”字也是指音调。“关于宫调命名，历来存在着两种体系。一种是‘之调式’，即任何调式的调高均以其所属宫音阶的宫音高度为准，并以此命名。如以黄钟为宫的宫调式称黄钟宫，以黄钟为宫的商、角、徵、羽调式则分别称为黄钟商、黄钟角、黄钟徵、黄钟羽；实即黄钟宫音阶之商、角、徵、羽调式的意思。另一种是‘为调式’。”[②] 在对曾侯乙编钟进行研究时也发现，“钟上的旋宫实践和‘之调式’体系的旋宫方式回答了我国古代乐律学上的一些重要问题，说明先秦已有顺旋、逆旋两种旋宫方式”[③]。从“之调式”这种音调关系来看，也可以说“玄之又玄”中的“之”实际上也是暗指“之调式”这种音调体系，按照这种音调体系，七声音阶从宫音开始，到第七个音阶就成为变宫。那么就应该成为黄钟宫和黄钟变宫，显然这是同出于黄钟“之调式”，但名字却不同，这就是老子的“此两者同出而异名”，差异就是“同谓之玄”这个“变”。既然都是同样的名，而且是音律，那么当然就是“此两者同出而异名”，是“众妙之门”，因为音律是动听的、美妙的，也是让人心醉的。另外，从前面的《太一生水》中也可知，老子把“道”命名为“清浊”，而“清浊”本身也是表示音律的数量高低规律，因此老子用了如此多的笔墨，就是希望能够说明这个“道”是有规律的，而道说也是有逻辑规定的。总结以上分析，可以得出如下结论：

---

① 《十三经注疏》，第 1527 页，上海古籍出版社 2013 年版。

② 乔建中、韩锺恩、洛秦《中国古代音乐史》，第 344 页，上海音乐学院出版社 2009 年版。

③ 陈其射：《中国古代乐律学概论》，第 228 页，浙江大学出版社 2011 年版。

一是老子通过对“道”的论述，揭示了“道”这个哲学概念包含着开始（首）的含义，因而是万事万物的本原（始基）。

二是因为“道”中有“行”，这就是说“道”变化的原因在内部，“道”的内部本身就有动因。

三是“道”不仅仅包含着动因，更为重要的是这种运动变化（行）是有规律的，它就像音律中的数学规律一样，是可以计算的，因此具有客观规律性，而道说过程是一种逻辑必然性。

四是“道”包含着结束（止）的含义，因此，是一种界限，只有有了界限才是有限之物，也正是如此，才使得事物有了区别，才可以得到辨认，从而有名。但也正是由于“恒无”中有“妙”，故这又意味着新的开始，就像音律中从宫音开始，到变宫音结束一样。因此这个运动变化是不会停止的，是生生不息的，这就是“道”。

五是因为有了这个“止”，“道”中就包含了目的因。

综上所述，老子正是通过“常无，欲以观其妙。常有，欲以观其徼。此两者同出而异名，同谓之玄。玄之又玄，众妙之门”这样的语句表述了“变易”这个辩证法的对立统一原则，揭示出“变易”是有无的对立统一，二者既有区别，又相互渗透，紧密地联系在一起，而这种联系本身就是对立统一的辩证法。

对照亚里士多德提出的“本原”这个概念，老子提出的“道”是和“本原”这个概念在含义上最相吻合的：

1. “ἀρχή的含义有：（一）事物开始的部分，比如一条线或一条路，无论在相反的那一端，都有一个起点。”① 老子的“道”，其组成部分中有“首”和“止”。“首”是起点和开端，而“止”是结束和末端。况且，“道”的基本含义就是道路，道路“无论在相反的那一端，都有一个起点”，因此，老子提出

① 汪子嵩、范明生、陈村富、姚介厚著：《希腊哲学史 1》第 153 页，人民出版社 2004 年版。

的“道”与亚里士多德提出的本原含义是相同的。

2.“事物是从它的某个内在的部分首先产生的。”① 从这里可以看出，亚里士多德提出的本原有开始运动的含义，而“道”的内部也含有“首”“行”，即内在部分开始运动的含义。

3.“运动变化的事物是由于某个东西的意志而产生运动和变化的，例如城邦的统治，寡头政治、君主政治和僭主政治，也都被称作ἀρχή，技术也是这样，特别是建筑术。”② 老子的“道”中的“首”也是首脑的意思，故首脑的行动自然也是本原，这与亚里士多德提出的本原含义也是相同的。

4.“由于它而开始认识事物的，也叫作本原”。”③ 老子的“道”是可道的，可道的“道”总是建立在可认识的基础上，而可以被道的“道”是本原，那么道出来的知识，也是从本原开始的。正是如此，老子把“道可道”作为开篇词，它表明“道”是认识和说明的起点，因为是可道，即可被认识和说明，因此也是认识的起点和说明的起点。更为重要的是“道”包含了事物的目的因，“事物的目的因——因为‘善’和‘美’是许多事物的知识和运动的起点”④。这个道在“名”之前，“无名天地之始”。如果一个事物还没有名，那说明这个事物还没有被人们所认识，只有知道了事物的名，我们才开始认识该事物，因此“道”也是“许多事物的知识和运动的起点”，故老子的“道”和亚里士多德提出的本原含义也是相同的。

5.老子的“道”不仅是本原，而且与亚里士多德提出的原因概念也是相同的。亚里士多德论述完本原的含义后紧接着就论述了原因。“原因也有这么多含义，所有的原因也都是开端。所有的ἀρχή有个共同点，它们是事物的存在产生以及被认知和说明的起点；但它们有的是在事物以内，有的却是在事物

① 汪子嵩、范明生、陈村富、姚介厚著：《希腊哲学史 1》第 153 页，人民出版社 2004 年版。

② 汪子嵩、范明生、陈村富、姚介厚著：《希腊哲学史 1》第 153—154 页，人民出版社 2004 年版。

③ 汪子嵩、范明生、陈村富、姚介厚著：《希腊哲学史 1》第 154 页，人民出版社 2004 年版。

④ 汪子嵩、范明生、陈村富、姚介厚著：《希腊哲学史 1》，第 154 页，人民出版社 2004 年版。

以外的。所以，作为ἀρχή的本性，它是事物的元素，事物的倾向和选择，事物的本质，事物的目的因——因为‘善’和‘美’是许多事物的知识和运动的起点。”①

海德格尔曾对ἀρχή一词做了专门的考证：“这里表示原因和诸原因的，明确地是ἀρχή一词。希腊人从这个词语中多半听出了双重的意思：ἀρχή一方面是指某物由之而取得其开始和开端的那个东西……它作为这种起始和开端立即超出由之而来的它者而掌握了这个它者，因而扣留并且支配着这个它者……同时意味着开端和支配。”②

由于老子认识到万事万物都要经历产生，开始运动变化，直到运动变化结束这样的过程，客观世界无一例外，而“道”具有了这种统一性，故“道”是万事万物的本原。“道生一，一生二，二生三，三生万物。”③ 从老子对“道”的论述也可以看出“道”是万物产生之本原，并且包含有开端的意思。这与亚里士多德定义的本原含义也是基本相同的，亚里士多德认为：“初期哲学家大都认为万物唯一的原理就在物质本性。万物始所从来，与其终所从入者，其属性变化不已，而本体常如。”④ 老子认为“道”是“有物混成，先天地生。寂兮寥兮，独立不改，周行而不殆，可以为天下母”。这就是“万物始所从来，与其终所从入者”，而且是“道生一，一生二，二生三，三生万物”。另外，“道”是“寂兮寥兮，独立不改，周行而不殆”，那也就是“其属性变化不已，而本体常如”。因此我们通过分析可以看出，老子的“道”就是古希腊亚里士多德提出的本原范畴。而且我们也可以看出，不论古希腊哲学和中国先秦哲学之间有着多大的差异，两者都在寻找具有“本原”、具有“道”的含义的范畴，这一点是完全相同的。

---

① 汪子嵩、范明生、陈村富、姚介厚著：《希腊哲学史 1》，第 154 页，人民出版社 2004 年版。
② 海德格尔著、孙周兴译：《路标》，第 285 页，商务印书馆 2001 年版。
③ 楼宇烈校释：《老子道德经注校释》，第 117 页，中华书局 2013 年版。
④ 亚里士多德著，吴寿彭译：《形而上学》，第 7 页，商务印书馆 1996 年版。

正是由于“道”字本身是由“首”“行”和“止”构成，因此老子把“道”这个范畴作为万千世界的本原，这一方面是因为老子已经发现了万事万物都处在运动变化之中，世界统一于运动变化之中，客观世界中的每一个具体事物，无不经历运动变化的过程。另一方面，也是看到“道”字这个范畴包含了这种统一性，而且从“道”字本身就可以推演出万事万物的生存变化直至终结。这就如同黑格尔所论述的一样，这个过程是由这个概念本身必然发展出的。从上面的推论过程也可以看出，我们丝毫没有借助其他的概念，完全是从构成“道”字的内部字素本身的含义发展出来的。因此，老子才说“道”“独立不改”，它不需要借助外界的力量，仅仅是依靠自身的力量而发展，这是它的独立性。

【肆】 老子的“道”与物的关系

壹·道之为物

老子的“道”和亚里士多德的本原具有同样的含义，两者基本上是同样的哲学范畴，但是我们还必须追问老子把“道”作为宇宙万物的本原，这个“道”是完全脱离开感性世界的纯粹思维存在物呢，还是没有和感性世界完全分离的理性感性对立统一物呢？这也是我们必须详加分析和考证的。

我们已经知道，老子的“道”有开始、结束、运动变易这样的含义，这是包含生成、结束、运动的变易原则。作为“天之道”，更是具有数学计算规律和音律关系。那么老子的“道”中包含着物的概念吗？用现代人的语言表述就是，物体和运动在老子的“道”中是否分割开，也就是说“道”就是运动的物体、运动变化的事物呢，还是仅仅指脱离了物体事物的运动规律，这也是一个值得探讨和分析的问题。

老子在《太一生水》中指出，作为“道”的“太一”藏于水，并且取名为“清昏”，其实老子只要按照史伯的“和实生物”的观点，自然可以得出“有物混成”的概念。因为“和实生物”就是“以土与金木水火杂，以成百物”。

老子曰：“有物混成，先天地生。寂兮寥兮，独立不改，周行而不殆，可以为天下母。吾不知其名，字之曰道。强为之名曰大。大曰逝，逝曰远，远曰反。”① 从这段话可以看出老子把“物”和“道”看作是同一个范畴。用现在的语言就是说“道”是运动的物体，或者说“道”是处于生存变化过程中的物，二者是没有分开的。这个先天地生的混成物，是一个运动变化的物，因为它“周行而不殆”。它是客观外界万物的本原，“寂兮寥兮，独立不改，周行而不殆”，“周而又始”。同时这个“物”是具有普遍性的物，老子在这里用的是“强为之名曰大”，这是用大来表示“物”这个概念的外延。并且唯一统一的就是物，没有其他东西，只有“物”，“寂兮寥兮”，先天地而生，“独立不改”，不论如何变，都是物。万物由它产生，产生后由小变大，但到了一定的阶段，就会由强转弱，这就是“远曰反”。但不管如何变化仍然是“物”，这就是本原。

“道”作为运动方式，生成原则和逻辑规律自然也是不同于作为构成物的元素，因为物体和以物体为载体的运动毕竟还是有差别的，因此老子曰：“道之为物，惟恍惟惚。惚兮恍兮，其中有象。恍兮惚兮，其中有物。窈兮冥兮，其中有精；其精甚真，其中有信。”② 从这句话中可以看出，“道”一方面是作为物，另外一方面是作为运动规律。“道”分为载体和运动，但两者还是有区

---

① 楼宇烈校释：《老子道德经注校释》，第 62—63 页，中华书局 2013 年版。

② 楼宇烈校释：《老子道德经注校释》，第 52 页，中华书局 2013 年版。

别的。“物”作为万事万物的大共名，或者说作为一种抽象的“物”，只能存在于具体的事物中，这个抽象的“物”自然是没有形的，因为如果有了形，就意味着这是一个具体的事物，命名者也可以“根据事物的‘相’或‘型’来为这事物命名”①。有了名，当然就知道这具体事物是什么，那么作为大共名的“物”的普遍性也就丧失了。当然，老子认识到了这一点，但却无法用语言表述出来，因此在这里用了“道之为物，惟恍惟惚”。看不出这个物是什么具体的事物，故“惟恍惟惚”。但是惟恍惟惚的“道”仍然是物，并且不仅仅是物，作为物，其中有“象”“精”和“信”。作为大共名的“物”，我们在前面已经讨论了，那么下面就分别讨论什么是“象”“精”和“信”。

贰·其中有象

我们在前面通过分析，已经知道“象”的基本含义就是象这个动物中长久的、内部的、自身的东西，也就是象这个动物本质的东西，推而广之，“象”就是指事物中长久的、内部的、自身的东西，就是事物本质的东西。也就是说老子在这里提出的“道之为物，惟恍惟惚。惚兮恍兮，其中有象”，是指“象”是物自身的、长久的，不能脱离开物而存在的内部因素。因此可以得出，在老子的概念里还没有把外界客观存在的物以及人们依靠思想从物中抽象得出的本质的东西割裂开，也就是说通过抽象的思维活动过程认识到的本质的东西，本身就是客观存在的事物不可分割的一部分，因此是“其中有象”。这就如同在苏格拉底的思想里，“相”这个普遍本质还没有和感性的事物分离开，它是事物存在的原因，但它蕴含在感性事物之中。亚里士多德曾经这样说：“如我们以前所说的，苏格拉底以他的定义激发了这种理论（相论），但是他没有将这些普遍的东西同个别事物分离开来；他不将它们分离开，是一种正确的思想。从后果看也是明白的，因为没有普遍的东西就不可

① 汪子嵩、范明生、陈村富、姚介厚：《希腊哲学史 2》，第 539 页，人民出版社 2004 年版。

能获得知识，但是分离恰恰又是对‘相’产生异议的原因。”①

“象”作为感性事物中普遍的本质的东西，是人通过理性思维抽象认识的结果，因此，如果将这个作为本质的“象”从具体事物中抽象出来，那当然也可以说是“无物之象”。这个“无物之象”是什么？老子仅仅是意识到了，但还无法用语言描述出来，因此说它“是谓惚恍”。另外，伴随着人们对这一思想过程更多的关注，《管子·七法》就将“象”列入七法之一：“则、象、法、化、决塞、心术、计数。根天地之气，寒暑之和，水土之性，百姓、鸟兽、草木之生，物虽不甚多，皆均有焉，而未尝变也，谓之则。义也、名也、时也、似也、类也、比也，状也，谓之象。”② 按照管子的归类方法，“名”“类”，“谓之象”。“象”是事物的本质。按照事物的本质、普遍性的定义给事物命名，这是和古希腊哲学家的观点相同的。比如苏格拉底就认为：“我们要阐明的名词是指事物的本性，这种共同的本质或本性是使一类事物成为这类事物的原因，它对事物的存在具有因果必然性。普遍的本质或本性是原因，这类事物的存在是其结果；事物存在的原因是它们的内部本质或本性。”③ “在《克拉底鲁篇》中苏格拉底认为事物的名字不是约定俗成的，而是根据事物的本性命名。”④ 苏格拉底认为最初的命名者必定是有智能的人，根据他们所理解的事物本性来命名；“他说，命名者为事物命名，名字是人辨识事物的工具，只能根据事物的本性命名。”⑤ 苏格拉底所指的事物的本质究竟是什么呢？实际上就是事物内部的、长久的因素。从这里可以看出，管子把关于名、类和象联系在一起，这与古希腊的苏格拉底把命名和事物的本质、本性联系起来的思维方式是一样的。

---

① 汪子嵩、范明生、陈村富、姚介厚：《希腊哲学史 2》，第 404 页，人民出版社 2004 年版。
② 李山译注：《管子》，第 58 页，中华书局 2009 年版。
③ 汪子嵩、范明生、陈村富、姚介厚：《希腊哲学史 2》，第 401 页，人民出版社 2004 年版。
④ 汪子嵩、范明生、陈村富、姚介厚：《希腊哲学史 2》，第 401 页，人民出版社 2004 年版。
⑤ 汪子嵩、范明生、陈村富、姚介厚：《希腊哲学史 2》，第 408 页，人民出版社 2004 年版。

叁·其中有信

“信”，“河水汛期即至，叫作信水”。[①] 信，这里就是指规律，因此老子认为“道”“其中有信”，这就是指“道”是有规律的，而且这种规律性并不是外在因素影响或者施加的，它是“道”自身就具有的。当然我们前面的分析已经指出，在先民的观念里，“道”中蕴含着数学逻辑关系，蕴含着音律，是“天之道”，自然也就是包含有规律的含义。

“信”除了具有规律的含义外，还通“伸”，即伸展、舒展变化之意。《系辞》曰：“往者屈也，来者信也……尺蠖之屈，以求信也。”[②] 因此这里的“信”，就是指“道”是作为物内部的运动变化因素，这个因素就是信，物依靠自身内部的“信”而不断运动变化。实际上，“信”也就是“道”字中的“行”。构成“道”字的内部字素中有“行”，当然就具有了能够自身运动的因素，正是这个“行”使得“道”行于时，使得万物可以运动生长变化。

另外，《墨子》曰：“信，言合于意也。”[③] 因此这里的“其中有信”，是指“道”是可道之道。它首先存在于物中，是“其中有信”，被人们认识以后，才能被道说，而人们的道说是可以与外在存在的“道”相符的，是可“信验”的，这自然是“道可道”。

---

① 卫广来译注：《老子》，第12页，山西古籍出版社2005年版。

② 杨天才、张善文译注：《周易》，第618页，中华书局2011年版。

③ 雷一东：《墨经校解》，第15页，齐鲁书社2007年版。

【伍】　老子的“道”中包含的思维方法

“道”，作为地上的道路，是一种具体的事物，因为有起点、终点和一条明晰的轨道。但是作为“天道”却并非如此，因为天上并没有一个可以看到的清晰的起点、终点和轨迹，这一切都只能通过理性的思维才能把握和认识到。更为重要的是“道”字无论是作为首领的行为方式，还是由于具有“[illegible]、[illegible]”这样的文字构成方式，从而表达用语言引导之意，这都是和思维方式有关的，“思”在《洪范》中就已经被箕子提出并作为研究关注的对象。因此，老子必然要研究“道”中包含的思维方式，因为“道”本身也是一种语言行为，而语言是思维的物质外壳，是人思维的物质外在表现。故此，我们有必要研究老子的“道”中包含的思维方法。

“道”无论是天道还是人道，都是一种普遍性。作为太阳运行的轨道是不能仅仅通过感官感受到的，这是天道，天道作为一种规律性，作为一种普遍性，只有理性思维才能认识到。因此老子认为：“道之出口，淡乎其无味，视之不足见，听之不足闻，用之不足既。”[①] 显然从这一点可以看出老子也已经认识到道作为普遍性，不是特殊的事物，故此不能单纯依靠感官来认识“道”。

老子自己对“道”有过描述：“视之不见名曰夷，听之不闻名曰希，搏之不得名曰微。此三者不可致诘，故混而为一。其上不皦，其下不昧，绳绳不

---

① 楼宇烈校释：《老子道德经注校释》，第 87 页，中华书局 2013 年版。

可名，复归于无物，是谓无状之状，无物之象，是谓惚恍。迎之不见其首，随之不见其后。执古之道，以御今之有，能知古始，是谓道纪。”[①] 从这一段话可以看出，老子指出，感性的视是看不见“道”的，感性的听也是听不见“道”的，而触觉也不能感性地触到“道”。夷、希和微，这是无法利用感官感受到的，只能采用理性的思维才能认识到。比如太阳在天上运行的轨道，这是眼睛看不到的。物体太小了，就像原子和电子，人的手是搏之不得的，是感觉不到的，人的眼睛也是看不到的，但这并不代表该物体不存在。而这些都只能采用理性的思维方式才能认识到，而不能通过感官感受到。

为什么老子会产生“视之不见名曰夷，听之不闻名曰希，搏之不得名曰微。此三者不可致诘，故混而为一”这样的观念呢？我们在前面已经指出，在老子的时代，人们已经认识到气的存在，而且对气的特性也有所了解。空气的特性就是看不见，摸不着，无色无味，只有通过冷热运动变化才能够被认识到。比如人们可以感受到风吹，可以看见烧开的水冒的水汽、冬天嘴里吐出的热气。这些特性势必引起人们对“气”的关注。另外还有一个现象也肯定会引起人们对“气”的思考，这就是人们会发现，透过窗户、门缝、小孔照射到房间里的光柱中，会有很小的尘埃在不断地运动着，这些一刻也不停歇的小尘埃，你用手去摸是摸不着的，而且只有在光柱中才能看见这些不断运动的小尘埃。这也会让人产生这样的观念，气让人摸不着是因为它们太小，这就是“搏之不得名曰微”。看不见是因为光不足，这叫“视之不见名曰夷”。“夷”，《周易》中有明夷卦，其构成是上为坤，取象是地；下为离，取象是火。直观地解卦，明夷卦就是太阳落到地面下，天变黑了，这叫光明夷灭。因此，夷有消灭、消失之意。在黑暗中一切差别都消失了。其实，这一现象最为贴切地表现了光柱中不断运动的小尘埃，如果这些光柱消失了，也就是明夷现象出现，光明消失了，自然就看不见那些不断运动的小尘埃，因

① 楼宇烈校释：《老子道德经注校释》，第 31—32 页，中华书局 2013 年版。

此老子把这归为“视之不见名曰夷”。正是因为这些尘埃太微小，你即使能够看见它们在运动，也搏之不得，故这是“搏之不得名曰微”。也正是因为这些原因，《老子》曰：“道之为物，惟恍惟惚”，“其中有精，其精甚真”。“精是极细微的物质性的实体。《庄子·秋水》：‘夫精，小之微也。’”[①] 这些“精”是真实的存在着，但是这些“精”也是大小不一的。这就是为什么老子在《太一生水》中把“道”命名为“清昏”，尽管都是“精”，都是“太一”，但“一”具有不同的大小和属性，因此《老子》曰：“昔之得一者，天得一以清，地得一以宁，神得一以灵，谷得一以盈，万物得一以生，侯王得一以为天下贞。”[②]“视之不见名曰夷。听之不闻名曰希。搏之不得名曰微。此三者，不可致诘，故混而为一。”这是老子试图表述抽象同一性的思维过程。“夷”，《说文解字》曰：“平也。”[③] 表示平整、弄平。《老子》曰：“大道甚夷，而民好径。”[④] 意思就是大道是很平坦的，但人们总喜欢走捷径。这里的夷就有平坦的意思，现在的成语“夷为平地”中还包含了这样的含义。原来有建筑，但是现在被夷为平地了。原来有差异，但现在差异被取消了。在一片平整的大地上，没有任何的高低起伏，一眼望不到边，这叫一望无际。没有边际，没有“徼”，也就是没有了差异。

“视之不见名曰夷。”按照《老子》给出的这句话，还可做如下分析。

什么情况下“视之不见”呢？一是本来就没有，也就是“恒无”。没有，自然看不见。但是《老子》在开篇就告诉我们：“恒无，欲以观其妙。”既然老子告诉我们，即便是“恒无”，也不会“视之不见”，而是要坚持相信会“观其妙”。显然，在老子的心中，外界是一个客观存在的世界，是“恒有”的世界。既然是“恒有”的世界，怎么会视之不见呢？这也有两种情况，一

① 卫广来译注：《老子》，第 32 页注④，山西古籍出版社 2005 年。

② 楼宇烈校释：《老子道德经注校释》，第 105—106 页，中华书局 2013 年版。

③ 许慎撰，徐铉校定：《说文解字》，第 213 页，中华书局 2002 年影印版。

④ 楼宇烈校释：《老子道德经注校释》，第 141 页，中华书局 2013 年版。

种就是漆黑一片，这就是明夷状态，当然是视之不见。这在《周易》明夷卦中就已经明确了。但这种状况叫明夷，而不是夷。还有一种状况叫视之不见，那就是认识事物的抽象思维过程。人在认识事物的共性时，就必须要去掉各种事物彼此之间的差异性。比如人有男人、女人、老人、胖人、瘦人等各种各样的人，但是我们要得到人这个抽象概念时，就必须看不见男人的男性特征、老人的老年特征、小孩的儿童特征，对这些差异特征视之不见，要去掉人的各种差异性，才能得到一个没有差异的人的抽象概念。又比如红、黄、青、蓝、紫，各种颜色是有差异的，正是因为颜色的不同，才呈现出五彩缤纷的色彩。但是去掉各种颜色的差异，就有了抽象的颜色概念，而这个抽象的颜色概念，是眼睛看不见的，我们看见的只能是红、黄、青、蓝、紫等具体的颜色。而作为抽象的概念，只能存在在头脑中。另外，《老子》在“视之不见名曰夷”这句话中用了两个不同的字，一个是“视”，一个是“见”。这两种观察方式在先秦时代有何区别呢？据裘锡圭先生考证：“殷墟甲骨文中既有字，又有字，所从人形有跪坐与直立之异，旧皆释为‘见’字。张桂光在八十年代指出二者实为两字，前者为‘见’，后者应为‘望’之异体。新出荆门郭店楚墓竹简《老子》中，‘视’作，‘见’作，可知甲骨文‘’字当释‘视’。释此字为‘视’，有关卜辞可以讲通。西周金文中‘目’下作立人形之字亦应释为‘视’，这从文例上也可以看出来。”①

“郭店简的整理者在考释简本《老子》时，发现简文中上从‘目’‘下部为立人’的字是‘视’字，‘与简文见字作者有别’（《郭店楚墓竹简》114页注〔六〕，文物出版社，1998年5月）。例如：《老子》今本35章的‘视之不足见’，简本就作：之不足《老子》丙5号简，《郭店楚墓竹简》9页。”②

---

① 裘锡圭：《甲骨文中的见与视》，载于复旦大学出土文献与古文字研究中心网站。

② 裘锡圭：《甲骨文中的见与视》，载于复旦大学出土文献与古文字研究中心网站。

我们从裘锡圭先生上面的论述可以看出，“视”是人站立着看，因此才让张桂光先生认为“视”为“望”。人站着遥望远方，这种看的方式才是“视”，显然伴随着观察者和观察对象之间距离的增加，事物之间的差异会变得越来越模糊，就像我们遥望远方，远方的粮田、菜田、草田、甘蔗田的多样性或者说差异性随着距离的增加，都看不出来了，看见的就是“田”。面对着一望无际的远方，甚至天地也融合在一起，当然会出现“视之不见”的状况，在老子看来这种状况也是“夷”。而这种“夷”本身也是由人的目力局限性所导致的。正如《国语》中单穆公曰：“犹目所不见，不可以为目也。夫目之察度也，不过步武尺寸之间。”[①]

《老子》曰：“听之不闻名曰希。”[②] 这句话也是老子通过对乐器吹气发出高低音这种现象进行观察而得出的结论。大、长的物体，发出低沉的声音，而小、短的物体发出高亢的声音，这是物体发音的规律。《太一生水》曰：“上，气也，而谓之天。”[③] 气充满了整个天空，而天是无比的广大，在老子看来，天仿佛也是一种乐器，如此之大的乐器，用数来表示，自然是大数，按照音律数量关系，大的乐器发出的是大音，当然这就是“大音希声”。除了把天看成是巨大的乐器，从而得出“大音希声”这样的结论，也可以从音律和长度的关系得出“大音希声”的结论。

西周时代人们就已知道音律与长度之间存在着数量关系，这是一种客观的数量关系。可以根据一定的计算方法得出音律，以此来处理音乐的大小顺序和发音高低，这样才能“纪之以三，平之以六，成于十二”，即用纪之以三的计算方法得出准确的六律与六吕。“中国古代用竹管来定音律，所根据的是‘三分损益’的原则，取一根 9 寸长的竹管作标准，吹出的音调叫‘黄钟’。然后‘三分损一’（将管分为三等分而去掉一份），剩下 6 寸作为第二根管的

---

① 陈桐生译注：《国语》，第 132 页，中华书局 2013 年版。

② 楼宇烈校释：《老子道德经注校释》，第 31 页，中华书局 2013 年版。

③ 庞朴注译：《太一生水》，原载于《寻根》1999 年第 2 期。

长，再‘三分益一’（将管子分为三等分而增加一份），所得 8 寸作为第三根管长。‘三分损一’就是乘以 2/3，‘三分益一’就是乘以 4/3。这样连续做四次，可以得到 5 根长度不同的管子，吹出中国古代常用的 5 个音：宫、商、角、徵、羽。设第一根管长为 9（3^2），则其他 4 根管的长度依次为 2/3×9、8/9×9、16/27×9、64/81×9。如果定第一根管长为 81 寸（$=3^4$），那么 5 根管都是自然数：81、54、72、48、64。三分损益继续可以得到十二律，但要保持所得的 12 个数都是自然数，就必须取第一根管长为 3^{11}（=177147）。”[①] 另外，音的高低与管子的长度呈相反的变化，管子越长，吹出的音频越低，低到一定程度，人们就很难听到了，这必然让老子得出“大音希声”这样的论点。要保证所有能发出音的管子都是自然数，第一根基准管的长度就必须是一个很大的数，这个大数的管子发出的音自然就叫大音。但是伴随着这个发音管的长度的增加，发出的声音会变得很低，直到最后会变得听不见，因此老子把这叫作“大音希声”。在先秦时代的音律中，“大”表示低音，《国语》中伶州鸠论音乐时说：“大不逾宫，细不过羽”，这里就是用“大”表示低音。另外，“大”本身就是表示低八度的概念，声音低到一定程度后，人耳也就听不见了。可以想象，如果是“至大无外”的物体，那么发出的声音更是听不见的。《国语》中单穆公曰：“耳之察和也，在清浊之间；其察清浊也，不过一人之所胜。”[②] 从这里可以看出，老子得出“大音希声”这个结论是建立在音律数理逻辑的推理过程基础上的。大音“听之不闻，名曰希”，但是这个音却是存在的，只不过是“希声”。

这种理论也被《淮南子·天文训》记载下来：“故黄钟之律 9 寸，而宫音调；因而九之，九九八十一，故黄钟之数立焉。……十二各以三成，故置一而十一三之，为积分十七万七千一百四十七，黄钟大数立焉。‘九之’是以 9 乘之或 9 倍之。‘十一三之’是 11 次以 3 乘之或乘以 3。古代是用筹来运算

① 孙宏安：《中国古代数学思想》，第 36 页，大连理工大学出版社 2008 年版。

② 陈桐生译注：《国语》，第 132 页，中华书局 2013 年版。

的，用数去乘 1，先将被乘数 1 放置好，‘置一而十一三之’，就是乘方运算，11 就是我们现在的指数，整句话包含算式：$1\times 3^{11}=177147$。”[①] 这里的黄钟大数是标准，要保证建立在黄钟大数标准基础上的万物都是自然数，当然这个黄钟大数就是一个“大数”，建立在大数长度上的音自然也是“大音”。

“听之不闻名曰希”，这是老子从两个方面对“希”的表述。一方面，老子从数理逻辑关系推论出“大音希声”。越大的发音体，越长的发音管，发出的声音越低，甚至可以低到人耳听不见。因此这是“大音希声”，“听之不闻名曰希”。另外一方面，声音在老子的观念里是有区别的。“人鸣曰声，物鸣曰音。”[②]《礼记·乐记》曰：“凡音之起，由人心生也。人心之动，物使之然也。感于物而动，故形于声。声相应，故生变。变成方，谓之音。比音而乐之，及干戚羽旄，谓之乐。”[③] 从这里可以看出，按照老子的观念，音是物发出的，但掌成均之法的大司乐在编写乐谱之时，首先心中要有这个与外界相应的音。用现代的语言来说，就是心中要想到这是外界事物发出的音，但心中的音又不是外界具体事物发出的音，故这个音是听不见的，这是一个普遍的抽象的音。这里的大音表述的就是这个普遍的音，在人心中作为乐谱的音，这里老子是用“大”来表示涵盖一切。只有当心中这个音通过人的感官发出，才能成为声。因此“声相应，故生变”，这声是和外界乐器发出的音相应的声。心中的音是普遍抽象的音，是听不见的音，在人没有通过感官发出时，也是听不见的声，这自然也是“大音希声”。

正是古人已经发现音乐与管子的长度之间有一定的关系，所以和谐优美的音乐必须通过长短不一的管子所组成的乐器才能演奏出来。人的耳朵天生的特性，就是能感受到声音是否和谐，而这一点取决于两个音的声波震动的比例是否单纯，越单纯，则这两个音听起来会越和谐，反之则越不和谐。故

---

① 孙宏安：《中国古代数学思想》，第 36 页，大连理工大学出版社 2008 年版。

② 卫广来译注：《老子》，第 3 页注，山西古籍出版社 2005 年版。

③ 《十三经注疏》，第 1527 页，上海古籍出版社 2013 年版。

此《老子》曰："音声相和。"[①] 也就是说老子在这里提出"音声相和"，除了说明事物之间存在着音律这样的"和"，更为重要的是老子认为，人心中的音是感应外界的物而产生的，这是一个普遍的抽象的大音，这个大音也可以通过人的演奏行为而转化成为外界乐器这种物的音，或者人的歌声与演奏乐器相和。因此老子的"音声相和"指出了人心中的音乐概念与外界世界是一致的。

另外，"视之不见名曰夷，听之不闻名曰希，搏之不得名曰微。此三者不可致诘，故混而为一。"为什么通过感观不能直接认识的夷、希和微这三个抽象的概念却可以"混而为一"呢？一方面这是老子从现实中一些物体变化过程中抽象出来的，比如现实中的盐的结晶过程就是如此。当盐溶化在水中时，人看不见，也摸不着，甚至当其浓度很低时，人也尝不着咸味。但是当盐水蒸发而形成盐晶体时，咸味、白色、硬度这些属性却统一在盐粒之中。这种过程在"润下作咸"中就已经表现了出来，这就是"视之不见名曰夷，听之不闻名曰希，搏之不得名曰微。此三者不可致诘，故混而为一"。另外，这种混而为一的方式也是一种联系的思维方式，康德把这种思维方式叫作先天统觉的思维方式，这也是黑格尔指出的人类思维方式中一种非常重要的综合联系的思维方式。"思想具有给杂多的材料带来统一的形式。"[②] "统一性也可以叫作联系，就它假定有一个杂多的东西说来，并且从一方面，杂多的东西仍保持其为杂多的东西说来，那么统一性就是一种联系作用。"[③] "于是内容也就放在这统一性中，因而也就成为一了，而且这种杂多材料的统一性是通过我的能动性而建立起来的。这种能动性就是一般的思维，就是对杂多材料的综合作用。这是一个伟大的意识，一个重要的知识。"[④] 抽象的概念颜色是"视之不见"；抽象的概念"体"是搏之不得，抽象的概念"味"也是无法尝的。

① 楼宇烈校释：《老子道德经注校释》，第 6 页，中华书局 2013 年版。
② 黑格尔著，贺麟、王太庆译：《哲学史讲演录》（第四卷），第 267 页，商务印书馆 1995 年版。
③ 黑格尔著，贺麟、王太庆译：《哲学史讲演录》（第四卷），第 268 页，商务印书馆 1995 年版。
④ 黑格尔著，贺麟、王太庆译：《哲学史讲演录》（第四卷），第 268 页，商务印书馆 1995 年版。

这是三种不同的概念，但是可以“混而为一”，综合在盐中。通过感观不能认识的夷、希和微这三个抽象的概念可以“混而为一”，这种“混而为一”的思维方式和感觉之间的关系，黑格尔做过专门的表述：“范畴绝不包含在当前的感觉里，这诚然不错。例如我们试看一块糖。这块糖是硬的、白的、甜的等等。于是我们说，所有这些特质都统一在一个对象里，但这统一却不在感觉里。”①

正因为老子的“道”不仅仅是外在的客观规律，同时也包含了认识客观规律的思维方式，因此老子要人们用心体“道”。“致虚极，守静笃，万物并作，吾以观复。夫物芸芸，各复归其根。归根曰静，是谓复命。复命曰常，知常曰明。不知常，妄作，凶。知常容，容乃公，公乃王，王乃天，天乃道，道乃久，没身不殆。”② “道生一，一生二，二生三，三生万物。”道化万物，又芸芸反复，各归其根，这是一种复命，是一种必然，而这种逻辑必然性就是道，“道乃久，没身不殆”。

从上述分析我们可以看出，老子尚未把物质和运动分割开，因为“道之为物”，“道”托名为“清浊”，“清浊”就是物体，只是因其中的“精”大小不同而呈现出“清浊”。有物混成，而混本身就是浊，清浊导致质的不同。尽管“清浊”是内部的对立统一因素，但它们之间有着和谐的数律关系。另外在老子的观念里，物体的运动和物体是没有分开的，因为“道”中有“行”，“其中有信”。因此，我们说老子在这里是用朴素的辩证法来解释世界，用诗性的语言来阐释其中隐含的道理。这就像古希腊的赫拉克利特把宇宙比作永恒燃烧的火一样，他们都是用诗性的语言来阐释自己的哲学观点。

---

① 黑格尔著，贺麟译：《小逻辑》，第123页，商务印书馆1995年版。

② 楼宇烈校释：《老子道德经注校释》，第35—37页，中华书局2013年版。

【陆】 道中的常无与常有

“故，常无，欲以观其妙。常有，欲以观其徼。此两者同出而异名，同谓之玄。玄之又玄，众妙之门。”这是《老子》开宗明义就提出的“常无”与“常有”之间的关系。

“常无”“常有”，老子在这里除了提出“有”“无”的概念，关键的是还在“有”“无”前加了一个“常”，提出了“常无”“常有”两个概念。常，恒长，长久不变之意，常无、常有也即长久不变的无和有，这是老子指出的一种无和有。为什么老子会如此表述无和有呢？这里的关键是“常”字。

老子曰：“归根曰静，是谓复命。复命曰常，知常曰明。”从老子的这段话也可以看出，常是静，但却是“复命曰常”。复命，表示的是一种必然性，也表示规律的重复性。因此老子把这叫作归根，它是暂时的终止，又是潜在的开始。一旦春天到来，根部就会发芽，生长长大。也如同太阳年复一年地运行运动，月亮周而复始地阴晴圆缺，“纪之以三，平之以六，成于十二”这种计算长度和音频之间的数学方法，在古人的眼里也是不变的。这些规律是不以人的意志为转移的，是必然要发生的。而要认识到规律是不变的这一点，需要人们不带任何主观的观念去认识这种事物的规律性，这就是“知常曰明”。维科也指出过这种观察方式：“当人类的心灵清楚分明地去认识一个事物之时，就好像在黑夜里借助于灯光来看事物，当他看到事物时，周遭的一切就在他的目光中遗漏了。”[①] 而且老子也有了这样的观念——知识是不会变的，因此这叫“知常”。就如同苏格拉底所说：“如果一切事物都处在变动之中，无物常住……那么我们也不能合理地说有知识；因为这样一来知识就不能继续是知识，除非它能始终常住和存在。但若知识的性质发生变化，在变化发生时它们就不是知识，如果变迁一直进行，那么就一直没有知识，按照这个说法，不会有任何人知道，也不会有任何东西被知。”[②]

从上面的分析可以看出，老子的“常”是“归根曰静，是曰复命，复命曰常”。这里强调的是归根复命，这是静止，但却是暂时的静止不变和潜在的开始。这里的常本身就包含了变化和周而复始。因此，按此理解，“常无”“常有”就是暂时不变的无和暂时不变的有。提出“常无”“常有”这样的抽象概念，应该说这是先秦哲学家的抽象思维水平出现了飞跃发展。因为老子从万事万物的变化中认识到其中也有暂时不变的因素，从而抽象出这种不变的、单一的概念，这本身就要求哲学家必须具有一定的抽象思维能力。这是现象和本质的关系，因为“本质就是单纯的自身同一”[③]。人要得到这样的抽象概念，就必须有一定的抽象思维能力，“抽象的东西也已经包含以下一点，即，为了要保持它，便要丢掉具体物的其他规定”[④]。如何才能丢掉具体物的其他规定呢？这就是老子提出的“视之不见名曰夷”。具体事物的差异要视之不见，要丢掉这些差异性的其他规定，这种思维方式叫作“夷”。正是由于老子的抽象思维能力已经达到了相当的高度，才能提出“常无”“常有”这种单一而抽象的概念。

这里还要指出的就是，老子提出的无，并不是完全脱离物质世界的无，也就是人们一般认为的绝对的无。在老子的思想里，即便是“常无”，也不是

---

① 维科：《论意大利最古老的智慧》，第46页，上海三联书店2006年版。
② 王晓朝译《柏拉图全集》（第二卷），人民出版社2007年，第133页。
③ 黑格尔著，杨一之译：《逻辑学》（下卷），第30页，商务印书馆1976年版。
④ 黑格尔著，杨一之译：《逻辑学》（下卷），第268页，商务印书馆1976年版。

绝对的无，而是其中有“妙（玅）”。“常无”中有东西，是“精”，是“太一”，托其名是“清浊”，因为常本身是暂时的静止和潜在的开始，是“复命曰常”，它不是绝对的没有。只是因其小（像小玄一样）而看不见，摸不着，“搏之不得名曰微”，而老子在这里将其归为小玄，也是有道理的，因为我们在前面提到“道”包含有音律和数学计算关系，而音律的基准定音就是依靠弦长来确定的。另外“清浊”也是表示高低音之间的数律关系，因此老子在这里用弦来表示一种生成原则和逻辑规律。而正是由于其中有“妙（玅）”，自然才引出“同谓之玄，玄之又玄”。

老子提出的无不是绝对的无，这也可以从老子对无的论述中得到证明。《老子》曰：“三十幅共一毂，当其无，有车之用。埏埴以为器，当其无，有器之用。凿户牖以为室，当其无，有室之用。故有之以为利，无之以为用。”①老子这里指出的无均是指空间，车轮中心的毂、器皿中间、居室的窗户和居住的空间，这些都是空间。此时老子已经知道了空间中有“气”。视之不见，是因为光线不足；搏之不得，是因为太微小。也就是说在老子的观念里无是指空间，而不是绝对的无这样的概念。

按照黑格尔的观点，早期的毕达哥拉斯学派列举了各种对立，但是没有论述对立间的关系，还不能说已经明白地意识到对立的统一，黑格尔说毕达哥拉斯学派只是“简单地列举，仅仅是一个开始，没有次序，没有深义”②。“发展的必然性和证明是找不到的，对于二元之由统一中发展出来的理解是缺少的。普遍的范畴只有是以完全独断的方式得到和固定下来的；所以都是枯燥的、没有过程的、不辩证的、静止的范畴。”③ 列宁在《黑格尔〈哲学史讲演录〉一书摘要》中也肯定了黑格尔的这个判断。老子提出的对立是否也是如此呢？是否也是仅仅将各种对立简单地列举出来呢？事实并非如此，老子

① 楼宇烈校释：《老子道德经注校释》，第26—27页，中华书局2013年版。

② 黑格尔著，贺麟、王太庆译：《哲学史讲演录》（第一卷），第227页，商务印书馆1995年版。

③ 黑格尔著，贺麟、王太庆译：《哲学史讲演录》（第一卷），第223页，商务印书馆1995年版。

在《道德经》中就已经明确提出："反者，道之动；弱者，道之用。天下万物生于有，有生于无。"①

为什么老子会提出"反者，道之动"呢？在现实客观世界中，万事万物都是由于对立统一而处于不断地运动变化之中，"因为任何运动都是由一出发点到一终点的"②。比如，人、动物、植物变化过程都是从小到大、从生到死，因此老子从中抽象出这一规律，如老子指出："故有无相生，难易相成，长短相较，高下相倾，音声相和，前后相随。"③ 更为重要的是"道"字本身的字素构成也体现了这个规律。

前面已经指出"首""止""行"是"道"的内部组成部分。"衜"就表示不断地从"首"开始"行"，然后"止"。"行"必然是从开端开始，从"首"端开始运动变化，尔后停"止"在另一端，但是并不是永远地停止在一个地方，因此暂时的"止"仅仅是在等待，等待时机的到来。由于要不断地"行"，原来的"止"端又成了新的开端，从新的"首"开始运动，然后停"止"在另一端。"道"按照内部的必然性，总是不断地从"首"开始"行"，然后停"止"。只有不断地从"首"到"止"，这样的运动变化才是完整的"道"。因此可以看出，"道"这个概念中就包含着由开端向终端运动变化的必然性，这是一种"反者，道之动"。

另外还存在一种"反者，道之动"，"首"作为开端包含有和无，是有和无的对立统一。"开端并不是纯无，而是某物要从它那里出来的一个无，所以有便已经包含在开端之中了。"④ 当然老子这里的"有"就是"妙"，但开端仅仅是开始，《墨经·经上》曰："始：当时也。时或有久，或无久，'始'当无久。"⑤ 如果说开端是无，它却已经有了开端，因而是有。《墨经·经上》曰：

---

① 楼宇烈校释：《老子道德经注校释》，第 110 页，中华书局 2013 年版。
② 亚里士多德著，张竹明译：《物理学》，第 139 页，商务印书馆 1997 年版。
③ 楼宇烈校释：《老子道德经注校释》，第 6 页，中华书局 2013 年版。
④ 黑格尔著，杨一之译：《逻辑学》（上卷），第 59 页，商务印书馆 1976 年版。
⑤ 雷一东：《墨经校解》，第 19 页，齐鲁书社 2007 年版。

"端：体之无序而最前者也。"[1] 开端总是意味着从无到有，当我们写下"道"的"首"和"行"，就已经是从无到有。末端总是意味着结束，因此是从有到无。这是一种变易，但却是与开端这种从无到有相反的另外一种变易，因而这里出现了两个相反的变易。这是两个对立统一的变易，都是变易，这是二者的统一性。但二者又有差异，一个是从无到有，一个是从有到无。开端是从无到有，末端是从有到无。两个都是"道"，都是由过程体现的完整的"道"，都有了"首""行"和"止"。一个是从"首"行向"止"，但每一次从静止开始运动都是从"止"向"首"的转化，这是从"止"行向"首"。无论是从开端行向末端，还是从末端行向开端，都是向着对立面的运动，都是"道"的自我肯定，故老子把这说成"反者，道之动"。现实事物的发展过程总是从出生到结束，这是从首端向止端变化的"道"。人们追问事物发展变化的原因，却又总是从止端追向首端，从现在追向过去，这是追根溯源，这也是道。这是两个真正的"道"。前一个"道"是事物变化发展的变化之道，而后一个"道"是人们追问事物变化，由结果追问原因之道。这也是"反者，道之动"。

"道"只有"行"走出"首"端，才是真正的有。对于有生命的事物，有才真正地意味着生（从无到有），人们把这叫作"出生"；但"道""行"运动变化进入"止"端，就真正进入结束。对于有生命的事物，这是从有到无，人们把此叫作"入死"。故《老子》曰："出生入死。"《韩非子·解老》曰："人始于生而卒于死，始之谓出，卒之谓入，故曰出生入死。"[2] 这也是不同的"反者，道之动"。

由此可以看出老子的"道"不仅有了开始这个本原，而且已经包含了把对立统一作为本原的含义，这就是黑格尔的第一原则。

---

① 雷一东：《墨经校解》，第15页，齐鲁书社2007年版。

② 高华平、王齐洲、张三夕译注：《韩非子》，第212页，中华书局2010年版。

【柒】　“道”与逻各斯

通过前面的分析，我们知道“道”就是古希腊哲学中的本原，我们下面的分析表明，除此之外，它还具有希腊哲学中逻各斯的含义。

首先来看古希腊的逻各斯含义。

按照叶秀山先生的观点，赫拉克里特采用的逻各斯这个概念，就是指事物变化的客观尺度。叶秀山先生在《前苏格拉底哲学研究》一书中是用标题来表明这个观点“逻各斯——变化的客观尺度”。叶秀山先生说：“根据我们现在掌握的资料，我们认为，赫拉克利特的‘logos’，可以读作‘尺度’，这就是说，‘logos’是万物（包括始基火、灵魂在内）变化的普遍尺度。这个意思已经很接近‘规律’了，但为了谨慎起见，我们还是用‘尺度’，因为‘logos’在赫拉克利特那里大多的场合还是指‘数量上’的关系。”[1]“在哲学思想的发展上，我们认为还应该注意到一点，即赫拉克利特的‘logos’与毕达哥拉斯的‘数’的观念的关系……事物（包括始基）的变化运动，是有‘数’的关系的，并不是‘无定的’，而是‘有定的’。我们认为，从毕达哥拉斯的‘数’，很容易过渡到赫拉克利特的‘logos’，虽然后者在哲学上很反对前者。事物的变化、运动是有‘数’的关系的，而这种‘数’的关系，又具体表现为一定的‘尺度’”[2]。“‘logos’是多义的，但作为一个哲学范畴，我们主张基本上读作‘尺度’……在注意到它的‘数’的关系时，我们也不反

---

① 叶秀山：《前苏格拉底哲学研究》，第76页，社会科学文献出版社2007年版。

② 叶秀山：《前苏格拉底哲学研究》，第78页，社会科学文献出版社2007年版。

对把它读作‘规律’。”[①] 按照叶秀山先生的上述论述，可以看出，赫拉克利特提出“逻各斯”这个哲学范畴，是因为这个概念中包含了“数量”的关系。这样的观点也是大家比较公认的一种观点。范明生等也提出这个观点：“赫拉克里特认为万物是永远变动的，而且这种变动是按照一定的尺度和规律进行的，这就是他的逻各斯学说。”[②] “由此我们可以说，如果在赫拉克利特心中有一个基本的抽象概念的话，这个概念就是：万物的运动，无论是火的燃烧和熄灭以及万物的生成和互相转化，都是按照一定的逻各斯进行的；这种逻各斯主要就是一种尺度、大小、分寸，即数量上的比例关系。”[③]

总结起来说，古希腊赫拉克利特提出逻各斯这个观点，其中的规律含义是建立在数量上的比例关系这个基础上的。同样老子提出的“道”是否也包含着数量上的比例关系呢？

我们在前面已经指出，《周易》中的“反复其道，七日来复”本身就来源于音律数学关系。老子的“道”托其名是“清浊”，而“清浊”本身就是表示音律之间的数量比例关系。因此，“道”包含的规律性含义，也是直接来源于数学计算的逻辑必然规律性。还有，“道”有“首”“行”“止”，自然就包含了万事万物从开始运行变化到结束这样的过程。而包含了开始和结束就有了尺度。开始、结束本身是一种量的关系，因为“运动事物是由一处运动到另一处的”[④]。而要量度两端之间，就必须要用数量。“显示两处之间的间隔，即一个量。”[⑤] 量，亚里士多德定义：“量〈量元〉的命意是凡事物可区分为二或更多的组成部分。”[⑥] 时新指出：“量的相对性的另一含义是指量总是处于事物运动的初始端和终极端的对立之中。比如长度与距离是起点与终点的对立，

---

① 叶秀山：《前苏格拉底哲学研究》，第 78 页，社会科学文献出版社 2007 年版。

② 汪子嵩、范明生、陈村富、姚介厚：《希腊哲学史 1》，第 454 页，人民出版社 2004 年版。

③ 汪子嵩、范明生、陈村富、姚介厚：《希腊哲学史 1》，第 459 页，人民出版社 2004 年版。

④ 亚里士多德著，张竹明译：《物理学》，第 124 页，商务印书馆 1997 年版。

⑤ 亚里士多德著，张竹明译：《物理学》，第 124 页注①，商务印书馆 1997 年版。

⑥ 亚里士多德著，吴寿彭译：《形而上学》，第 102 页，商务印务馆 1996 年版。

重量是两物体之间的引力作用，生命是生与死的对立，数学量是思维次序中的起点与终点的对立等等。”[①]《管子·七法》曰：“刚柔也、轻重也、大小也、实虚也、远近也、多少也，谓之计数。”[②] 从这里可以看出，这些量的关系，总是可以从测量开始到结束来决定，可以通过逻辑推算出来。因此，这也决定“道”中自然就包含有逻辑的含义。这就是为什么老子提出“道生一，一生二，二生三，三生万物”的原因之一。如果“道”中没有这种数的逻辑关系，那么怎么能从道中产生出一、二、三这种严格的数量逻辑关系呢？

另外，老子提出“道生一，一生二，二生三，三生万物”这样的观点，还有一层含义，那就是从文字的演变过程来论述这样的逻辑必然性。前面我们已经提出“道”是由“首”“行”“止”构成的，那么“道”从“首”开始运动，从开始运动画上一道，首先出现的就是“一”。如果我们仔细地观察写出中国汉字“一”的过程，就可以看出这一过程把“道生一”表现得极为充分。从开始（首），画（运动）出“一道”直线到结束端“止”，这就是“一”。书写“一”的过程也就是“道生一”。“道”本身不是“一”，但“道”行之而成一“道”。故“一”又是真正意义上的“道”，是“道”化其身为“一”。“道”化为“一”，将自己隐身入“一”中，这个过程完整地体现了“道”。以至于人们可以将这称之为“一道”。因为这是第一个“一”，故曰“天一”。《老子》曰：“天得一以清”。[③]“清”是纯洁同质之意。这是用“清”这样的性质来表示“一”，这是一种同一而没有杂质的状态。因此，从文字“一”的形成过程可以得出“道生一”，而第一个“一”又恰好符合古人“天一，地二”的顺序，同时又通过“一”这种同一性表现出“天清”这种纯洁同质之意，而这又恰恰表现出了“一”的同一性。

老子的“道生一，一生二，二生三，三生万物”这句话中还包含有一层

---

① 时新：《序：量的存在方式》，第 61 页，山西人民出版社 1998 年版。

② 李山译注：《管子》，第 58 页，中华书局 2009 年版。

③ 楼宇烈校释：《老子道德经注校释》，第 106 页，中华书局 2013 年版。

含义，那就是“道”本身就包含有开始、中间和结束这样三个阶段，而万事万物都毫无例外地具有这样三个阶段，因此这叫“三生万物”。其实亚里士多德也有这样的观点，黑格尔这样谈论道：“亚里士多德说得非常确定，凡是圆满的，或具有实在性的，都是在三元中：开始，中间和终了。开始是单纯者；中间是它的变易（二元、对立）；统一（精神）是终了：终了是从开始的对方回到统一。”①

开端是从无到有，末端是从有到无。两个都是“道”。两个都是由过程体现完整的“道”。都有了“首”“行”和“止”，一个是从“首”行向“止”，一个是从“止”行向“首”。无论是从开端行向末端，还是从末端行向开端，都是向着对立面的运动，都是“道”的自我肯定。现实事物的发展过程是从出生到结束，这是从首端向止端变化的“道”。人们追问事物发展变化的原因却又是从止端追向首端，从现在追向过去，这是追根溯源，这也是“道”。这是两个真正的“道”。开端向末端的运动变化产生一，末端向开端的反向运动也产生一，但这是不同的一，老子把这叫作“进道若退”。② 由此有了两个一，“道生一，一生二”。一个一是“⚊”，两个一是“二”，也就是“⚋”。“⚊”是阳爻，“⚋”是阴爻，“一阴一阳谓之道”。第二个“一”也是一，故曰“天一，地二”。因此，《老子》曰：“地得一以宁。”

一和二相加为三，有了天，有了地，天地相交万物生，故《老子》曰：“道生一，一生二，二生三，三生万物。”

任何事物都只能生存在三维空间，都有三相。静止的道，作为开端是无线、无面，更无体。恰如《老子》所描述的：“视之不见名曰夷，听之不闻名曰希，搏之不得名曰微。”因此只有有了三，有了体，才能有万物，才能有真正的物体。

老子正是从“道”演变出一、二、三，从而生成万物这样一个过程，揭

① 黑格尔著，贺麟、王太庆译：《哲学史讲演录》（第一卷），第 234 页，商务印书馆 1995 年版。
② 楼宇烈校释：《老子道德经注校释》，第 112 页，中华书局 2013 年版。

示出事物的运动是符合一定的数量关系，从而指出了“道”字所涵盖的逻辑必然性。从上面的分析可以看出，“道”中包含了轨道、尺度和数量关系，从而与古希腊的逻各斯具有相同的含义。

古希腊的逻各斯包含有规律的含义，这是建立在逻各斯中有尺度及数量关系的基础上。那么中文的规律这个概念本身又是建立在什么含义基础上呢？下面对此进行分析。

什么是规，规是先秦时古人画圆用的木工工具。金文字形是从聿从周，本义是画圆的器具，今指圆规。《荀子·赋》曰：“圆者中规，方者中矩。”①《荀子·劝学》曰：“木直中绳，𫐓以为轮，其曲中规。”② 当人们用圆规画圆时，只要确定了圆心和半径，笔沿着圆心运动一周，就可以画出一个标准的圆，或者说笔尖这个点的运动轨道就是一个圆。也就是说从开端运动到末端，这样一个规“道”的形成过程就可以画成一个圆。由此可以看出，只要按照一定的数学关系，按照这种数学公式运动所描绘的图案，结果就自然会形成“道”，因此“道”的含义中就包含了规的意思。另外，古人按此制作工具，就可以重复地画出规则的图形，这也就是说从开端运动，然后运动到末端，只要这个末端和开端重合，那就是一个标准的图形，比如圆、矩形、三角形等等都是如此，而沿着这种封闭的图形运动就能“周行而不殆”。

什么是律，其基本含义就是音律、乐律。什么是音律呢？“用数学方法规定一系列乐音高度的体系就是律制，这个体系中每个单位称为‘律’，音阶是按照音程关系的一定规格从律制中选出若干律而构成的音列，其中每个单位称为‘音’，‘音’与‘律’合称‘音律’时，除指律制外，还指在高度上作精确规定的所有乐音。”③

我们在前面已经指出古律是将一个八度分为十二音，故称“十二律”，其

---

① 孙安邦、马银华译注：《荀子》，第 242 页，山西古籍出版社 2004 年版。

② 孙安邦、马银华译注：《荀子》，第 1 页，山西古籍出版社 2004 年版。

③ 李玫：《中国传统律学》，第 5 页，福建教育出版社 2008 年版。

中单数称“律”，双数称“吕”（亦称“同”）。由此可以看出“道”包含了音律中的数学规律。中国先秦时期的古人已经发现数与音乐之间的关系，并且以此制作乐器。中国古人造出的“律”字完全涵盖了现代规律的含义，而包含了“律”的“天之道”，自然也是具有规律的含义。从现代科学的发展来看，天体在宇宙间运行的路线，叫轨迹；物体运动的路线呈现出一定的规律性，比如抛物线等，其运动的路线如果符合一定的规则，就叫轨道。另外行动应遵守的规则、程序或范围，这些都可以叫“道”。

从几何特别是笛卡儿建立起来的解析几何可以看出，如果发现一个事物的运动变化规律，那么建立起该事物的运动变化规律，就是写出数学函数公式，反映在平面上就是一条轨迹曲线，也就是轨道。比如德国天文学家开普勒发现太阳系的行星是绕着太阳呈椭圆轨道运行的，因此行星的轨道可以用表示椭圆的数学公式来表示。意大利科学家伽利略发现投掷的物体是沿着抛物线运动的，其规律可以通过抛物线的数学公式来表示。

从这里可以看出，事物运行的轨迹或者轨道本身就表现为规律，因此“道”作为从开始运行到结束从而留下的轨道，就是规律。有些轨道是可以看见的，比如车在地面驶过，要留下车辙这种轨道。但相当部分事物运动的轨道是看不见的，比如太阳运行的轨道，空中抛物的轨道，都是看不见的，但却是一种呈现规律性的轨道。这种规律性是通过事物运动变化的反复出现而总结出来的。比如黄道，天文学上把太阳在地球上的周年视运动轨迹，即太阳在天空中穿行的视路径的大圆，“就是地球上的人看太阳在恒星之间所走的视路径”①，称为“黄道”，天上的这个视路径，眼睛是看不见的，这只是人们总结出来的一种规律性的视路径，但是可以计算出来，因此从可计算性，轨道、规律的可重复这些方面的特性，“道”字必然会被老子选择作为规律的概念。

---

① 陈美东主编：《简明中国科学技术史话》，第41页，中国青年出版社2009年版。

综上所述，“道”和“规律”这两个概念，都是建立在数学关系的基础上，这就充分说明老子“道”的含义也建立在数学关系的基础上，从而使得“道”字具有了尺度、规律的含义。但是古希腊的赫拉克利特提出的逻各斯概念没有包含“始基”“本原”的含义，而老子的“道”却是融开始、变易、结束、尺度和运动规律为一身，也就是说老子的“道”是包含了古希腊的本原和逻各斯两个概念的哲学概念，这不得不说是老子这位先秦哲学家在更高抽象程度上提出的一个哲学概念。正是如此，我们认为很有必要将中国的老子和古希腊的赫拉克利特进行比较，因为在古希腊哲学和中国先秦哲学发展史上，这两位都是具有里程碑意义的哲学家。

第六章　老子与赫拉克利特

【壹】　万事万物都在运动之中

关于赫拉克利特，恩格斯曾这样评价："当我们深思熟虑地考察自然界或人类历史或我们自己的精神活动的时候，首先呈现在我们眼前的，是一幅由种种联系和相互作用无穷无尽地交织起来的画面，其中没有任何东西是不动的和不变的，而是一切都在运动、变化、产生和消失。这个原始的、素朴的但实质上正确的世界观是古希腊哲学的世界观，而且是由赫拉克利特第一次明白地表述出来的；一切都存在，同时又不存在，因为一切都在流动，都在不断地变化，不断地产生和消失。"恩格斯对赫拉克利特作出这样高度的评价，源于赫拉克利特万物皆流的观点。赫拉克利特曾这样说："我们踏入又并非踏入同样的河流；我们是亦不是。"① 柏拉图借苏格拉底阐释了赫拉克利特的这个论点："赫拉克利特说过：一切皆流，无物常住；他把事物比作一道川流，说你不可能两次走下同一条河。"②

同样，老子也用"道"来表示万事万物都在运动、变化、产生和消失。我们在前面已经分析和指出，"道"由"首""行"和"止"构成，因此老子的这个"道"就表示万事万物都不断地从"首"开始"行"，然后"止"。"行"必然是从开端开始，从"首"端开始运动变化，尔后停"止"在另"一端"。开始是生成，停止是结束。但结束不是永远的停止和静止，而是"归根若静"，"周行而不殆"。这显然指出了万事万物都服从同一"道"的规律，处

---

① 《赫拉克利特著作残篇》，第 62 页，广西师范大学出版社 2007 年版。

② 王晓朝译：《柏拉图全集》（第二卷），第 83 页，人民出版社 2007 年版。

在运动、变化、生成和消失之中。

如果对两位哲学家提出的论点进行详细分析，也可以看出二者的差异性。赫拉克利特是用河流来比喻万事万物都处在运动变化之中，或者是用永恒的火来比喻世界秩序。也就是说他采用一种比喻的方法，用具体存在的事物来比喻万事万物都在运动这样的观点。他在这里明确地提出了万事万物都在运动，但还没有明确地提出开始和消失这样的概念。反之，老子提出的“道”除了运动变化这个概念外，还提出了生成、开端、死亡、末端这样的概念。在这一方面，老子的思想深度是高于赫拉克利特的。

【贰】　对立统一的观点

黑格尔曾经高度赞扬赫拉克里特：“以勇敢的精神第一次说出了这样深刻的话：‘有与无是同样的，本质是变。真理只有被认作对立物的统一。”“赫拉克里特说一切皆变；这个变就是原则……绝对对立的范畴联成了一个东西；在里面我们发现了有，也发现了无。不仅发生属于变，而且消灭也属于变，二者不是孤立的，而是同一的……这是关于从有过渡到变的伟大思想，它还是抽象的，但同时它也是第一个具体的思想，是相反的范畴的第一个统一。所以在这种关系里，这些（相反的）范畴是不安宁的，因为生命的原则存在其中。”关于对立统一的观点，赫拉克利特的原话是：“我们踏入又并非踏入同样的河流；我们是亦不是。”另外，赫拉克利特认为：“对立冲突产生结合，从不一致的音调里产生出完美的和谐，一切事物都是通过斗争产生的。”① 从这些话中可以看出赫拉克利特提出了有与无是同一的观点。如果我们用黑格尔的这段话来赞赏老子对有无的论述，应该说也是当之无愧的。老子曰：“常无，欲以观其妙。常有，欲以观其徼。”这里老子明确地提出了无中有有、有中有无的观点，而这样的观点也包含了生命的原则，因为从无到有自然是一个生成的过程。而且指出了“首”和“止”，此两者是同一的，因为二者都是“变”。“首”是从无变成有；而“止”是从有变成无。这里老子从哲学思想和文字两方面揭示了开始和停止，或者说生成和消失都是变易，而这种变易有规律可循。因为这里的数量关系就像音律一样，可以用数量来量度。“首”和“止”都是“变”，故是“同谓之玄，玄之又玄”。

【叁】　永恒的运动

赫拉克利特明确地提出了宇宙是处在永恒运动中这样的哲学观点。他这样表述：“（有序化了的?）世界，对所有人都是同一个，不由神或人造成，但它过去一直是、现在是、将来也是一团持续燃烧的火，按比例点燃，按比例熄灭。”② 从这段话可以看出，赫拉克利特把宇宙比作活火，而火随时都处在燃烧运动变化之中，火不是一种物体，而是各种物体的运动变化。因此赫拉克利特这里把宇宙比作活火，明确地提出宇宙像活火一样处于永恒的运动之中。

① 杨适：《哲学的童年》，第 137 页，中国社会科学出版社 2011 年版。
② 《赫拉克利特著作残篇》，第 41 页，广西师范大学出版社 2007 年版。

老子在《道德经》中也同样提出了永恒运动的观念。老子曰："有物混成，先天地生，寂兮寥兮，独立不改，周行而不殆，可以为天下母。吾不知其名，字之曰道，强为之名曰大。大曰逝，逝曰远，远曰反。故道大，天大，地大，王亦大。域中有四大，而王居其一焉。人法地，地法天，天法道，道法自然。"① 从这段话中可以看出，人、地、天都是按照"道"的规律处在运动之中，同时这种运动也不是什么天帝推动的，这一切都是自然运动的结果，因为"道法自然"，这个物"先天地生，寂兮寥兮，独立不改"。它并不需要上帝的推动，仅仅依靠自己的内部矛盾运动，从而"周行而不殆"。

以上我们将古希腊的赫拉克利特和先秦的老子做了详细的比较，这是因为在笔者看来，这两位哲学家在哲学发展史上都是属于里程碑式的人物，他们提出的哲学思想对后人的影响都是巨大的。苏格拉底认为："他（赫拉克利特）所了解的是深邃的，他所不了解而为他所信仰者，也同样是深邃的。"②"柏拉图曾经特别勤勉地研究过赫拉克利特的哲学。"③ 黑格尔自豪地说："没有一个赫拉克利特的命题，我没有纳入我的逻辑学中。"④ 同样，老子是中国先秦哲学发展史上的集大成者。"老子的学说对中国哲学、美学、逻辑学、伦理学的发展有很大的影响，后来的各种哲学派别都从不同的角度吸取阐发他的思想。"⑤ 比较结果告诉我们，中西方哲学的发展都经历过以勇敢的精神喊出"有与无是同样的"，有与无是"同出而异名"的阶段，都提出了"第一个真理只是变"的伟大洞见，都经历过用晦涩的诗性语言表达自己深邃哲学观点的阶段。只是这一切都长久地被淹没在历史发展的长河之中，特别是老子的思想，需要我们去发掘，拭去掩盖其上的尘埃，还其本来面目，这也是笔者的目的所在。

---

① 楼宇烈校释：《老子道德经注校释》，第 62—64 页，中华书局 2013 年版。
② 黑格尔著，贺麟、王太庆译：《哲学史讲演录》（第一卷），第 298 页，商务印书馆 1995 年版。
③ 黑格尔著，贺麟、王太庆译：《哲学史讲演录》（第一卷），第 298 页，商务印书馆 1995 年版。
④ 黑格尔著，贺麟、王太庆译：《哲学史讲演录》（第一卷），第 295 页，商务印书馆 1995 年版。
⑤ 张岱年主编：《中国哲学大辞典》，第 476 页，上海辞书出版社 2012 年版。

小结

在本书中，笔者希望通过对古汉字的训诂，通过考证中国先秦哲学产生时的社会生产条件以及社会大环境，尽可能地还原中国先秦哲学的一些基本概念的含义，比如书中所详细论述的“周易”“洪范”“象”和“道”等哲学概念。通过本书的分析可以看出，中国先秦哲学与作为西方哲学的源头——古希腊哲学相比较，两种哲学体系尽管有着很大的差异，但也有着许多惊人的相似之处。

壹·万物皆“易”

古希腊的泰勒斯提出“水是本原”，这是古希腊哲学的开端。古希腊的哲学家是用水的流动性来表示万事万物都是变化的。作为中国先秦哲学的开端，作为《周易》标题的“周易”两字，也是通过液体在一盘一匜中的倾倒这一过程，形象地用水的流动性表示了“变易”，表示了世间万事万物无时无刻不在变化之中。“易者变化之总名。”天地运行，寒暑交替，人生物死，没有停息，但是这种变易却是可计算的，具有客观规律。两种哲学开端的惊人相似之处，揭示了同处于农业文明时代，人们对水的依赖和重视。这种生产生活方式必然会在人们的思想中、在两种哲学开端中反映出来。正是如此，古希腊和中国先秦时期的先哲们才会不约而同地选择水作为一种统一物。

八卦是用八种自然事物的属性来诠释世界，而《周易》以筮数说明事物现象的生成变化。《周易》的推衍者把数作为天下万物变化的本原，这就如同古希腊的毕达哥拉斯一样，把数作为万物的始基本原。《周易》的推衍者和毕达哥拉斯为什么会产生把数作为万事万物的始基（本原）呢？很重要的原因就是他们都发现了优美动听的音乐中有着数量关系。正如伯奈特指出的一样："有充分理由假定，毕达哥拉斯是这样推论的：要是乐音能归结为数，那么其他任何东西为什么不能归结为数呢？"① 通过计算来预测一切，说明《周易》的推衍者已经具有了用理性来解释客观世界的思想，意味着《周易》的推衍者试图把统一性建立在数量和数量关系的基础上。因此，《周易》的推衍者采用数和卦象结构（空间结构）的变化来解释和推测客观世界、人类社会的变化规律，这就如同现代人通过计算来设计未来的事物一样，总是认为能够计算出的才是科学。这是把数作为客观世界变化根本原因的哲学思想，是一种理性的思想。更为重要的是音乐有着对立统一的特性，宏、大、粗、长的振动体对应低的声音，而微、小、细、短的振动体则对应高的声音。故此，依据音律筮算出的《周易》必然处处都会体现出对立统一。

《周易》的推衍者产生从数量中寻找统一性的思想，不仅将此用于推衍《周易》，更为重要的是，还把这种一切都统一在音律基础上的哲学思想用在社会实践中，周朝建立的"同律度量衡"证明了这一点。古人为了追求和谐，甚至用音律来统一一切，他们将音高、长度、容量、重量全部统一于"黄钟"音律标准的基础上。

贰·对立统一的"洪范"

《周易》的推衍者提出了"周易"，以此表示无物不在变易之中，并且认为万事万物的变易都是可以通过计算来预测的，这种规律性建立在音律"周而复始"的基础上，但数量规律并不仅仅局限于音律中的数量关系，并不仅仅只是"周而复始""无往不复"这样的音律数量规律。数量特性很重要的一

① 汪子嵩、范明生、陈村富、姚介厚：《希腊哲学史 1》，第 274 页，人民出版社 2004 年版。

点就是它的大和无限性。笔者通过第三章对《洪范》的分析说明了这一点，在《洪范》中，箕子提出了“洪范”的范畴。洪的含义显然是来源于漫天大水，也就是洪水。洪是水的属性，是漫无边际，没有确定的边界、限制。因此，箕子提出的“洪”抓住了水具体的哲学特性，是“易”这个范畴的发展，恰如叶秀山先生论述阿那克西曼德的ἄπειρον概念一样，“阿那克西曼德的ἄπειρον这个概念是承上启下、合乎历史的和思想的发展规律的。‘ἄπειρον’我们暂先把它译成‘无定形的’，阿那克西曼德之所以提出这个概念，正是为了进一步解释泰勒斯提出的万物之始基——水的具体哲学特性”。[①]“我们认为，这个概念应该如实地被解作：没有边缘的、无定形的、无定状的，在这个意义下可以解作‘无限的’。‘水’是无定形的，它本身没有‘边缘’，它是活动的，变化的。”[②] 箕子正是通过提出“洪”这个水的属性，指出水流动着没有边界，没有具体的形，因其有“洪”“大”，所以才能产生万物。更为重要的是，箕子还提出了“范”，这是限制，是形。从“易”这个概念发展分裂出流动性和限制性两种属性，“洪”表示的是流动性和无限制性，“洪”作为属性从水中分离出来，限制“洪”的“范”也自然会被抽象和分离出来，这是对流动性进行限制的边界。由此可以看出，箕子提出“洪范”这个对立统一的范畴，说明中国先秦哲人已经认识到作为开端的水不仅仅是具有单纯的流动性，更为重要的是，水通过浸润，从自身中分裂出限制水流动性的咸土，这是事物内部具有的无形和有形的对立统一，也是箕子揭示的水行中所包含的对立统一原则。

① 叶秀山：《前苏格拉底哲学研究》，第 35 页，社会科学文献出版社 2007 年版。
② 叶秀山：《前苏格拉底哲学研究》，第 37 页，社会科学文献出版社 2007 年版。

叁·追求和谐的先秦哲学思想

对贾湖骨笛的考证证明，音乐理论和实践对先秦哲学的产生和发展起到了很大的影响。从本书的第二章对数字卦的分析，周建立的“同律度量衡”，到第四章的“和实生物”，无不表明这一点。几千年前，中国先民用贾湖骨笛吹奏那天籁之音开始，就标志着中华先民在发展过程中追求的和谐与美这个“天之道”。对立统一、和谐与美这种思想很早就融入了中华文明的发展过程中，这种思想也必然反映在先秦哲学之中。先秦时期的哲人始终都提倡求同存异，追求的是差异中的和谐和统一。我们的先民不仅仅是用“龠”构成了“龢龤（和谐)”两个字，甚至在音律中用“和”来作为律名。这表明在古人的观念里，只有这种存在着差异，但又统一、优美的事物才能称为“和谐”。

追求和谐和美的思想，发展到了老子，更是达到一个高峰，无论是老子命名为“青昏”的“道”，还是“同谓之玄，玄之又玄”的“道”，“道法自然”的“道”，老子都认为与音律一样和谐美妙，是“众妙之门”。因此老子用“同谓之玄，玄之又玄”这句话来描述从无到有以及从有到无这样的变易过程。无论是开端还是结束，在老子看来，“此两者同出而异名”，二者都是变易。这个变易的过程，如同音律一样是美妙、让人心醉的，因此这当然是“众妙之门”。

通过本书的追根溯源，我们发现，从先秦时起，追求和谐就深深地嵌入中华文明思想意识的核心价值中，追求和谐，这是始终贯穿中华文明，延绵不断的一个重要的核心价值观。一个追求和谐社会、和谐世界的民族能不生生不息、兴旺发达吗?

这就是本书通过考证和分析所得出的结论。